# PELAS ONDAS DO RÁDIO

CLAUDIA MORAES DE SOUZA

# PELAS ONDAS DO RÁDIO

Cultura popular, camponeses
e o rádio nos anos 1960

Copyright © 2013 Claudia Moraes de Souza

*Grafia atualizada segundo o Acordo Ortográfico da Língua Portuguesa de 1990, que entrou em vigor no Brasil em 2009.*

PUBLISHERS: Joana Monteleone/ Haroldo Ceravolo Sereza/ Roberto Cosso
EDIÇÃO: Joana Monteleone
EDITOR ASSISTENTE: João Paulo Putini
PROJETO GRÁFICO E DIAGRAMAÇÃO: Lígia Gurgel do Nascimento
CAPA: João Paulo Putini
REVISÃO: Agnaldo Alves
ASSISTENTE DE PRODUÇÃO: Camila Hama
ASSISTENTE ACADÊMICA: Danuza Vallim
*Imagem da capa:* Disponível em: <sxc.hu>

*Este livro foi publicado com o apoio da Fapesp*

---

CIP-BRASIL. CATALOGAÇÃO NA PUBLICAÇÃO
SINDICATO NACIONAL DOS EDITORES DE LIVROS, RJ

S716p

Souza, Claudia Moraes de
PELAS ONDAS DO RÁDIO: CULTURA POPULAR,
CAMPONESES E O RÁDIO NOS ANOS 1960
Claudia Moraes de Souza. – 1. ed
São Paulo: Alameda, 2013
248 p.; il.; 23 cm

Inclui bibliografia
ISBN 978-85-7939-226-9

1. Radiodifusão – Brasil – História.
2. Camponeses – Brasil – História.
3. Camponeses – Brasil – Condições sociais.
I. Título.

13-04487  CDD: 305.5633
          CDU: 316.343

---

ALAMEDA CASA EDITORIAL
Rua Conselheiro Ramalho, 694 – Bela Vista
CEP 01325-000 – São Paulo – SP
Tel. (11) 3012-2400
www.alamedaeditorial.com.br

*Aos meus pais, amor sem condição.*
*Ao Renê, amor presente.*
*Ao meu filho Renan, amor infinito.*
*Dedico.*

*Aos trabalhadores do campo e da cidade que ainda hoje lutam pelo direito a alfabetização.*
*Ofereço.*

"A lembrança da vida da gente se guarda em trechos diversos, cada um com seu signo e sentimento, uns com os outros acho que nem se mistura. Contar seguido, alinhavado, só mesmo sendo as coisas de rasa importância. De cada vivimento que eu real tive, de alegria forte ou pesar, cada vez daquela hoje vejo que eu era como se fosse diferente pessoa. Sucedido desgovernado. Assim eu acho, assim é que eu conto."

(Guimarães Rosa)

# SUMÁRIO

Prefácio 11

Apresentação 19

Introdução 27

**Capítulo I: Cultura e modernização** 37

    Uma escola para o homem rural 39

    Como funcionou o MEB 42

    Sobre as razões do MEB 47

    Lugares e homens 55

    Imagens do Nordeste no Movimento de Educação de Base 63

    O MEB e a cultura popular 67

    O popular encenado 72

**Capitulo II: Vida e trabalho no mundo rural** 79

    O camponês do MEB 81

    O camponês em Nazaré da Mata 87

    Trabalho e trabalhadores 91

    Mulheres no MEB: a condição feminina 99

    O olhar do camponês sobre o seu lugar 109

    A voz do camponês 117

**Capitulo III: Cotidiano e resistências** 123

    ... E a escola chegou 125

    A escola e os poderes 135

    Construindo a autonomia 146

## Capítulo IV: A escola e costumes  155

A escola e os costumes  157
O calendário escolar  160
Hábitos, costumes e Educação de Base  170
Camponeses, sindicato e o MEB  181

## Capítulo V: Pelas ondas do rádio  191

A voz redentora do rádio  193
Um professor, um microfone, milhares de homens...  203
Queremos nosso nome no rádio  217

## Considerações finais  225

## Referências  233

## Agradecimentos  243

# PREFÁCIO

## Pelas ondas do rádio e linhas das cartas

O trabalho de Claudia Moraes de Souza analisa a atuação das escolas radiofônicas criadas pelo Movimento de Educação de Base (MEB) entre os anos 1961 e 1968 nas comunidades camponesas – especialmente nos estados do Nordeste – e as *releituras, apropriações e insurgências* que os camponeses criaram na relação com esta proposta de educação.

A criação das escolas pelo MEB insere-se num contexto mais amplo, no qual a educação e a cultura popular foram compreendidas por vários mediadores – Igreja, movimento estudantil, educadores, sindicatos e partidos políticos – como instrumentos de superação do atraso e emancipação política. Para a autora, as escolas surgem num ambiente de modernização conservadora da sociedade brasileira. Se por um lado esta modernização agudizava as contradições de classe, por outro abria caminhos de enfrentamento com o poder. Neste contexto, a cultura foi pensada como ferramenta política para as lutas sociais.

Na *leitura* desse contexto pelo MEB, a inserção das escolas em ambientes marcados por uma cultura da dominação e pelo autoritarismo das elites objetivava a atualização histórica do homem do campo, interferindo e reorientando práticas culturais e políticas. Entretanto, o vivido nas escolas demonstrou que os camponeses não apenas compreenderam as possibilidades da iniciativa, mas também foram capazes de produzir suas próprias *leituras* das noções de modernização e emancipação social.

Neste trabalho, o foco das tensões reorienta-se para um plano que adentra ao cotidiano das relações entre os mediadores (monitores, professores, padres, episcopado) e os camponeses. É neste plano que, para Souza, o camponês do MEB elaborou representações políticas singulares, dentre as quais vigoraram: um sentido para a escola, um papel para o sindicato e para a participação política preceitos do direito à terra e dos direitos do trabalho, assim como sentidos múltiplos para o uso do rádio, como meio de comunicação, informação e lazer.

A compreensão deste processo de *insurgência do uso* das escolas radiofônicas foi possível graças à análise sensível e atenta que Souza faz das cartas produzidas durante o período de vigência das escolas. Escritas por monitores e professores, demonstram a proximidade desses mediadores com os camponeses. Nelas, há um universo de informações acerca do cotidiano das comunidades que permitiu que a pesquisadora desvendasse as formas pelas quais os camponeses também se apropriam desse instrumento.

Através das cartas, Souza demonstra como os sujeitos que, em tese, seriam apenas descritos e representados fazem *se representar*, tomando a dimensão ativa do processo de comunicação. Suas questões, dúvidas, discordâncias e demandas sobre conteúdos escolares, práticas pedagógicas, ações políticas e papéis sociais são registradas nas correspondências, alterando a dinâmica e conteúdos dos programas radiofônicos e a relação dos mediadores com os camponeses.

Na análise minuciosa que a autora faz de seus conteúdos, apreendemos as diferenças e contradições entre a proposição modernizadora presente na proposta originária das escolas e a cultura popular. Pelas cartas, emerge um universo de práticas, costumes, tradições e hábitos presentes nas comunidades rurais. Estas dimensões do vivido demonstram as bases pelas quais os camponeses apropriaram-se da lógica do moderno e inscreveram nela suas identidades.

O desvendamento empírico dessa trama só foi possível pela maneira com que a autora opera neste trabalho suas influências teóricas. Souza apresenta uma consequente apropriação de um dos mais importantes interlocutores do marxismo no século XX: Henri Lefebvre. De sua extensa obra, quero inscrever aqui algumas considerações sobre *Hegel, Marx y Nietzsche: o el reino de las sombras*, (1976). Neste estudo, Lefebvre discorre sobre como o pensamento crítico a cerca da modernidade adentrou ao século XX cindido. Em sua análise, a questão do Estado em Hegel passou pela crítica radical de Marx que, ao analisar a dinâmica econômica do capitalismo e as contradições sociais, propôs outra possibilidade explicativa para as questões do poder e suas conexões com a modernidade imposta pelo capitalismo em seu tempo.

Segundo Lefebvre, o Ocidente é historicamente triádico. Da dialética (que remonta à cultura grega) à santíssima trindade (cristianismo), o pensamento triádico influencia até hoje a forma pela qual compreendemos as relações sociais. O diálogo Marx-Hegel produziu uma díade com potencial explicativo significativo, mas algo esteve fora dessa relação: a cultura. Nesta obra, Lefebvre retoma Nietzsche como um interlocutor importante para pensar as questões relacionadas ao corpo, aos desejos, à tradição, e como tantos outros elementos tangíveis e intangíveis informam igualmente as práticas sociais.

Na *ausência* de Nietzsche, a tríade Estado-Economia-Cultura não se constituiu como uma questão discutida pelo pensamento crítico no século XIX, apontando para o século seguinte várias áreas de sombras para a compreensão sobre os desdobramentos e transformações no âmbito da sociedade capitalista. A não constituição da tríade explicativa da modernidade possibilitou, por outro lado, que durante o século XX as questões relacionadas à cultura – seus condicionantes, influências, potencialidades e aprisionamentos – fossem tema de um sem-número de leituras e interpretações dentro e fora do campo marxista.

De Gramsci a Raymond Williams, de Lefebvre a Canclini, de Reich a Boaventura de Sousa Santos, de Bloch a Paulo Freire, não há como descrever aqui a variedade de abordagens sobre a noção de cultura produzida por historiadores, antropólogos, psicólogos, educadores e cientistas sociais das mais variadas vertentes ou mesmo suas filiações e contendas.

O fato é que a cultura – e suas derivações: popular, erudita, de massas etc. – emerge no século XX como um campo a ser compreendido, dada a sua força e influência tanto nas sociedades industriais quanto em contextos rurais. No Brasil, a história social inglesa – especialmente E. P. Thompson – foi importante para delimitar um campo compreensivo sobre a Cultura Popular. Penso ser desnecessário aqui apresentar este autor ou sua obra; por outro lado, alguns apontamentos sobre sua noção de cultura são importantes.

A história social inglesa possui fortes conexões com o marxismo e um viés empírico muito sagaz do qual emerge seus estudos. Thompson – um historiador que analisou vários aspectos da sociedade inglesa no século XVIII – analisou em *A formação da classe operária inglesa* que as identidades das classes populares constituem-se nos processos de resistência social, opondo-se à ordem burguesa a partir ou em conexão com ritos e tradições presentes em seu cotidiano. Esta obra de Thompson é sempre lembrada quando ele aponta para o fato de que a consciência de classe erige-se num processo de *fazer-se* constante e não pela imposição ou difusão de formas de pensamento exógenas.

Em Thompson, a cultura popular emerge como um campo importante na análise dos processos sociais e especialmente na compreensão das ações das classes populares. A cultura popular é permeada por resistências, tradições, hábitos e costumes, mas ao mesmo tempo não se constituiu enquanto totalidade fechada ou refratária a influências advindas de outros âmbitos da cultura (erudita, das classes dominantes etc.), produzindo um campo de inter-relações no qual releituras e ressignificações entre a cultura das classes populares e a cultura hegemônica são possíveis.

Nesta perspectiva, a cultura popular não é algo que possa ser transformado, atualizado ou negado por agentes ou sujeitos *externos* a ela. Do ponto de vista político, trata-se da defesa de suas singularidades, ao passo em que, nelas, estão inscritos os potenciais elementos de crítica à cultura pretensamente hegemônica. Importante frisar que, em Thompson, a cultura popular não é impermeável à absorção de elementos aparentemente pertencentes ao moderno. O potencial crítico da cultura popular reside justamente no fato de sua capacidade em trabalhar com estes elementos (absorvendo-os, refutando-os, ressignificando-os) de maneira ativa e crítica.

O trabalho de Claudia Moraes nos auxilia no entendimento de que a atuação do MEB é originada a partir de uma totalidade ampla na qual os elementos da política (Estado) da estrutura do latifúndio (Economia) e da Igreja, escola e seus mediadores (Cultura) conformam um campo por vezes complementar, por vezes concorrente e contraditório. Em outros termos, a tríade Estado-Economia-Cultura possui, como toda relação dialética, imensa possibilidade de combinações, e destes possíveis emergem tanto proposições conservadoras quanto transformadoras. No âmbito deste estudo, a ação das comunidades camponesas foi fundamental para definir um sentido crítico a esta tríade. Assim, Souza compreende a modernização da sociedade brasileira como um ambiente no qual a operação da tríade lefebvriana é eficaz.

Por outro lado, para a análise das relações que os camponeses tiveram com o projeto do MEB, as contribuições de Thompson foram particularmente importantes. Mesmo transpostas da Inglaterra setecentista para realidade rural brasileira de meados do século XX, as proposições de Thompson foram operadas pela autora de maneira sensível e arguta. Souza desvenda em seu estudo outros níveis do *fazer-se* da consciência camponesa, outras dimensões das inter-relações entre a cultura popular e a cultura pretensamente hegemônica, outras resistências e alternativas para adentrar à modernidade.

Pelas ondas do rádio e linhas das cartas, temos outra dimensão possível para compreendermos este trabalho: a cultura e suas dimensões intangíveis (ou imateriais) e materiais. O projeto do MEB e suas escolas radiofônicas conectaram dois elementos intrínsecos na constituição da cultura. De um lado, as ondas do rádio e sua intangibilidade adentraram àquelas comunidades levando ideias, preceitos e ensinamentos; por outro, a materialidade do vivido daqueles sujeitos e também os elementos intangíveis que os informam (história, tradições), ao entrarem em contato com o *novo*, ressignificam tanto este *novo* quanto sua própria cultura e identidade.

A experiência do MEB, retratada neste livro, é um ponto de partida para outras dimensões no estudo da cultura popular. A cada novo contato entre dimensões singulares da cultura (popular e erudita ou hegemônica), novas dimensões são erigidas e outras questões são colocadas. Em outros termos, este estudo demonstra que, apesar das singularidades, as relações culturais são um campo híbrido de múltiplos tempos, influências e conexões. Em certa medida, este trabalho também é influenciado pelos estudos sobre a cultura popular na América Latina – presentes na trajetória acadêmica da autora –, como Nestor Garcia Canclini. Para ele, a cultura não é um círculo fechado, possui temporalidades múltiplas e é constitutiva de conexões pretéritas quase infindas.

Por fim, a reflexão de Souza aponta uma questão incômoda no tempo presente. A cultura tem sido objeto de um sem-número de apropriações. A partir dela, erigem-se *projetos culturais*; criam-se noções (como o *multiculturalismo*) que mais parecem demiurgos frágeis para explicar a complexidade do real; delineiam-se políticas e propostas de *inclusão social*. Em certo sentido, o deslocamento da cultura para um campo desconectado de outras dimensões do vivido (política, economia, sociabilidades insurgentes) extrai dela seu conteúdo crítico e radical. A leitura deste livro desvenda não apenas um momento importante da história brasileira, mas também nos alerta para os dilemas que temos que enfrentar no presente.

*Pelas ondas do rádio: cultura popular, camponeses e o rádio nos anos 1960* é resultado de um esforço intelectual que condiz com a capacidade e seriedade acadêmica da autora. Com ele, temos mais uma excelente interlocução para o campo dos estudos culturais.

*Odair da Cruz Paiva*
Historiador
Universidade Federal de São Paulo – Unifesp

# APRESENTAÇÃO

O trabalho de Claudia Moraes Souza, defendido como tese de Doutorado no Programa de Pós-Graduação em História Social na Faculdade de Filosofia, Letras e Ciências Humanas da Universidade de São Paulo, agora editado em livro, marca um momento de maturidade na pesquisa detalhada e farta sobre as populações rurais no agreste pernambucano, inovando de maneira radical o olhar dos pesquisadores na relação Estado/Sociedade.

Sempre apareceu como ponto central no processo educacional brasileiro o momento de criação do Movimento de Educação de Base (MEB), uma parceria entre a CNBB e o MEC, como um primeiro programa de política pública no processo de qualificação dos trabalhadores rurais para normas civilizadas, propedêuticas e qualificadoras para a inserção desses sujeitos na dinâmica do Brasil Moderno. Alfabetização à distância por meio do rádio, programa avançado e definido nos marcos de programas da Unesco para países periféricos. Para os representantes do MEB, era central

> desenvolver nos nossos camponeses operários e suas famílias as riquezas da educação de base, fundamental educação que chamaríamos de educação popular, a qual tem a força de fazer o homem despertar para os seus próprios problemas e encontrar soluções, defender sua saúde, manter boas relações com os seus semelhantes, andar com seus próprios pés, decidir seus destinos, buscar sua elevação cívica, moral e espiritual.[1]

Claudia, entretanto, resolveu questionar a vasta documentação produzida pelos intelectuais para essa grande mobilização, uma verdadeira campanha de alfabetização de adultos, colocando foco em indícios pouco refletidos até então. Ao analisar o conteúdo de quatro mil cartas enviadas pelos monitores locais às

---

[1] Plano Quinquenal do MEB. MEB Nacional. Fundo MEB-CEDIC, [19--].

escolas de rádio do MEB, a autora percebeu como aquela população expressava sua ampla expectativa de direito ao letramento e como, mesmo contra a vontade dos proprietários das fazendas, esses homens e mulheres abraçaram o projeto para se apropriarem da escola radiofônica e se alfabetizarem, interferindo nos objetivos e nas formas preparadas pelos elaboradores da ação educativa.

Deste primeiro movimento, apoiada nos pressupostos teóricos da *History from below*, conforme definida por E. P. Thompson, debruçou-se sobre as cartas para analisá-las com detalhes. Estas lhe ofereceram as provas da condição de sujeito dessa população até então desqualificada, mesmo quando se pretendia protegê-la e educá-la. A violência sofrida na produção de cana-de-açúcar e nas durezas do lugar era ignorada; seus desejos e seu sentido particular do que era ou não justo para sua dimensão de direitos não tinham nenhuma relevância, uma vez que o foco das ações destinava-se ao desenvolvimento econômico e não à reversão das desigualdades. Claudia percebeu que essa população estava segura de seus valores e que trabalhadores e camponeses demonstravam isso ao se organizarem em movimentos, nas retiradas para lugares longínquos ou se rebelarem contra a imposição do foro e do cambão, formas de aprisionamento ao domínio dos coronéis.

O texto se dedica a tratar da cultura do homem comum. É possível observar a presença de uma consciência política ou uma identidade política na produção cultural nordestina, seja no artesanato de Mestre Vitalino, na xilogravura de J. Borges, na literatura de cordel. Nestas manifestações, a temática da seca e dos problemas sociais atinge o ápice da expressão comunicativa, enquanto crônica, narrativa, protesto político-social, jornalismo. Até meados do século XX, tanto os folhetos quanto os poetas populares, que improvisavam, contavam e cantavam nas feiras-livres nordestinas os casos e os causos, exerciam a função comunicativa que hoje cabe à mídia, em particular ao rádio e à televisão. É importante lembrar que a população, cuja sobrevivência depende intimamente da relação homem/natureza, e que convive no seu cotidiano com as estiagens prolongadas e com as secas periódicas, continua sendo aquela dos menos favorecidos economicamente, quase sempre com um mínimo grau de escolaridade ou analfabetos, mas que usa tecnologia e equipamentos rústicos de conhecimento empírico do saber tradicional e informalmente transmitido através das gerações. Permanecendo à margem do processo criativo do conhecimento científico e do saber socialmente aceito. Parcela considerável da população brasileira encontra no saber popular apoio para a sua sabedoria, refletindo-se no pensar, sentir e agir coletivo. A música de Patativa do Assaré, cantada por Luiz Gonzaga, talvez seja a síntese de tudo que pode acontecer e se relacionar à seca, não passando despercebido da sensibilidade do poeta popular, conforme se observa nos versos abaixo:

**A Triste Partida**
Setembro passo
Outubro e novembro
Já tamo em dezembro
Meu Deus que é de nós?
Assim fala o pobre
Do seco Nordeste
Com medo da peste
E da fome feroz!

A 13 do mês que ele fez experiência
Perdeu sua crença na pedra de sal
Mas noutra experiência com força se agarra
Pensando na barra do alegre Natal
Rompeu-se o Natal, porém barra não *veio*
O sol bem *vermeio* nasceu muito além!
Na copa da mata buzina a cigarra
Ninguém vê a barra, pois barra não têm...
Sem chuva na terra descansa janeiro,
Depois fevereiro e o mesmo verão
Entonce o nortista, pensando consigo
Diz: isso é castigo, não chove mais não.

Apela pra março que é mês preferido
Do santo querido, o Senhor São José.
Nada de chuva, tá tudo sem jeito
Lhe foge do peito o resto da fé!

Agora pensando ele segue outra trilha
Chamando a família começa a dizer:
Eu vendo meu burro, meu jegue, o cavalo
Nos vamo a São Paulo, vivê ou morrê.
Nos vamo a São Paulo que a coisa tá feia,

> Por terras alheias nos vamo vagar
> Se o nosso destino não for tão mesquinho
> Pro mesmo cantinho nós vamo voltar
> E vende seu burro, o jumento o cavalo
>
> Inté mesmo o galo vendero também!
> Pois logo feliz o fazendeiro
> Por pouco dinheiro lhe compra o que tem (...)

O conhecimento do saber popular e de sua importância levaram José Saramago, em seu discurso ao receber o Prêmio Nobel de literatura, a afirmar que o homem mais sábio que havia conhecido não sabia ler nem escrever. Evidentemente Saramago não fazia apologia do analfabetismo, mas criticava a concepção reinante nos meios intelectuais de que o domínio das letras e o acesso à cultura erudita e à ciência lhes garantiam inteligência e superioridade sobre os demais. O desprezo às tradições orais, ao campo cultural como espaço do fazer humano que foi sendo registrado na literatura de cordel, permitiram ao intelectual português encontrar suas raízes profundas em saberes fundamentais de sua tradição camponesa, para que ele mesmo pudesse, já na maturidade, transformar-se no autor de *Levantado do Chão*, escrito na fronteira entre o erudito e o popular.

Esses poetas populares tornaram-se, conforme indicação de Alfredo Bosi, guardiães da memória e, de fato, por esses códigos literários, as cartas deixadas pelos monitores, foi possível à Claudia perceber como estudantes, após dias intensos de trabalho, acorriam nas noites à escola radiofônica, e em torno de lampiões a óleo nos espaços permitidos, mas vigiados pelos senhores de engenho, foram paulatinamente se apropriando da tecnologia utilizada como ferramenta na alfabetização, adequando seu uso segundo seus interesses e necessidades.

Num primeiro movimento, recados, votos de carinho em festas e demais comemorações, acesso a músicas de suas preferências, orientações aos parentes distantes, filhos ou compadres. Depois, discussões sobre modo de vida, valores, comportamentos sociais. Finalmente, o rádio permitia ainda a organização das lutas e articulação entre os movimentos e suas representações parlamentares. Esse foi o processo encontrado nessa vasta correspondência analisada. Com elas pode-se perceber o protagonismo desses sujeitos que se rebelaram no Engenho da Galileia e em Santo Antônio do Conde, em Pernambuco, dando origem às Ligas

Camponesas. A criminalização dessas lutas sociais interromperam importantes manifestações na história do protagonismo popular por seus direitos. Impedidos pelo golpe civil/militar que se impôs em 1964 no Brasil, os trabalhadores foram reprimidos, suas organizações fechadas, as lideranças presas ou assassinadas, e os direitos à cidadania, às liberdades de criar, pensar e realizar efetivamente a emancipação colonial dos saberes foram silenciados por mais de vinte anos.

A publicação deste trabalho pela Alameda Editorial permitirá aos leitores perceberem a importância do reconhecimento do uso das tecnologias no processo educacional, as potencialidades da educação, mesmo à distância, e a dependência para sua eficácia, do compartilhar entre os saberes preexistentes dos sujeitos para uma interação entre culturas e modos de vida. O trabalho de Claudia, que tive a honra de compartilhar desde o princípio, cumpre um papel central em nossas tarefas de aprendizagens mútuas pela riqueza do coexistir com as diversidades.

*Zilda Márcia Gricoli Iokoi*
Historiadora – Universidade de São Paulo

# INTRODUÇÃO

INTRODUÇÃO

No período entre o início da década de 1960, com o tumultuoso ano de 1964 até o movimentado ano de 1968 – dito por alguns "o ano que não terminou" –, figuraram, na cena brasileira, importantes movimentos voltados à cultura popular. Movimentos que marcaram época: os Centros Populares de Cultura (CPCs) – da União Nacional dos Estudantes (UNE); o Movimento de Cultura Popular (MCP) de Pernambuco – nas dimensões municipal e, depois, estadual do governo Miguel Arraes; a Campanha *De Pé no Chão Também se Aprende a Ler* – do governo do Rio Grande do Norte; o Movimento de Educação de Base (MEB), que conquistou posição de destaque entre todos, dados seu caráter de movimento oficial, sua extensa dimensão territorial e na inovação tecnológica advinda das proposições da radiodifusão educativa.

Tempo de ação, criação, invenção, construção de utopias. A juventude engajada, militantes a postos, homens e mulheres dispostos a construir a história com suas mãos. Este livro recupera histórias desse tempo. Tempo múltiplo e diverso constituído na articulação entre modernidades prementes – a urbanização crescente, a industrialização, o aumento da escolaridade da população – e a presença incômoda da ampla exploração do trabalho das classes subalternas urbanas, ausência de direitos do trabalho no campo, analfabetismo, mortalidade infantil e miséria social.

Dentre as muitas histórias desse tempo, uma em particular chamou atenção: aquela que reuniu jovens estudantes, militantes católicos, intelectuais de esquerda, padres e freiras e um sem-número de trabalhadores e trabalhadoras rurais do Nordeste brasileiro em torno do Movimento de Educação de Base (MEB) e seu projeto de construção de um Movimento de Cultura Popular emancipador.

O MEB foi o mais longo movimento de cultura popular dentre todos os seus pares. Oficializado por decreto em 1961, resistiu ao golpe militar de 1964, mantendo seu funcionamento até 1968 e conseguindo resistir, com formato diferenciado, até hoje. Definiu o Movimento de Cultura Popular como um projeto político em que *"a cultura autêntica do povo"* deveria ser retomada como forma de combate a uma cultura da ideologia dominante. A noção característica de Cultura Popular originou-se no MEB a partir de um escopo filosófico e teórico do pensamento católico e do seu encontro com o culturalismo brasileiro que florescia no Instituto Brasileiro de Filosofia (IBF), desde meados da década de 1940.

A proposição deste livro percorre os anos 1960. Instala-se entre intelectuais, militantes de esquerda e, no seio da Igreja Católica, entre padres, freiras e camponeses. Analisa a forma como a temática da Cultura Popular tomou espaço público e nacional e como foram incentivadas práticas de aproximação entre comunidades locais, buscando na cultura do povo brasileiro as possibilidades de emancipação política popular e da tão sonhada modernização.

O tema, que cerca os problemas da identidade política brasileira e suas relações com a cultura e a participação popular, tem sido visitado por diferentes autores da história e das ciências sociais, e, para contribuir ao debate, este estudo propõe uma mudança de perspectiva teórica em relação aos sujeitos históricos.

Teoricamente, esta análise adota a noção de construção de uma história vista de baixo, segundo proposições de E. Hobsbawm e E. P. Thompson. A ideia é a de compreender o movimento cultural não mais, e unicamente, sob a perspectiva das representações culturais e políticas das instituições e agentes institucionais em questão – a Conferência Nacional dos Bispos do Brasil, Ministério da Educação e Cultura, militantes da Juventude Universitária Católica. Ao longo destas páginas transparece o tratamento de temas e questões que levem a conhecer como pensava, o que realizou e de que forma agiu todo um conjunto de homens e mulheres levados a ações culturais e políticas diante das modificações propostas ao seu modo de vida, no processo da modernização brasileira da década de 1960.

No momento histórico que baliza o livro, homens e mulheres comuns estiveram submetidos a experiências no sentido de reformar seu universo cultural, sua vida cotidiana, seu pensamento, representações, hábitos e valores sociais. Supunha-se que a alfabetização e uma ação cultural direcionada suplantariam problemas do desenvolvimento e da conscientização das comunidades de trabalhadores rurais ou comunidades pobres urbanas, desconsiderando-se as possibilidades de contribuição efetiva desses homens e mulheres comuns na transformação social e política do país.

Sem dúvida alguma, o estudo da cultura popular e suas interfaces com a cultura dominante têm se constituído, cada vez mais, em um campo privilegiado para o resgate das resistências políticas e das transformações sociais. Seguindo as considerações de E. P. Thompson, quando a cultura popular resiste, ela demonstra o movimento de cima para baixo realizado pela classe dominante, no sentido de submeter lógicas diferenciadas de pensamento e representações, além de revelar complexos e contraditórios movimentos da transformação histórica e a capacidade política dos subalternos.

A proposta do livro centrou-se em recuperar experiências culturais vividas pela população camponesa, deslocando o olhar para a cultura popular, para o processo de produção de significados no cotidiano do homem comum; para o complexo e ambíguo espaço da experiência e do vivido. Procurou-se encontrar sujeitos e práxis sociais, demarcando que a ação do camponês e seu engajamento político, sejam no MEB, nos sindicatos rurais, nas Juventudes Agrárias Católicas (JACs), no MCP e nas mais diversas instâncias dos movimentos sociais do período, compuseram o processo de modernização conservadora brasileira sob uma lógica própria e peculiar.

Em outras palavras, se a modernização foi pauta das instituições, organismo políticos, partidos e do governo desenvolvimentista brasileiro, não se pode desconsiderar o projeto político dos movimentos sociais nessa história, sendo o camponês, naquele momento, um portador de ideias e de uma noção própria da modernização.

O MEB, em seu tempo, tornou-se um polo referencial de fabricação de representações que se disseminaram em fazeres, cujo entendimento depende do resgate das práticas geradas e produzidas em um nível da vida social responsável por colocar em contato direto elementos diversos da cultura, da política, da produção e das representações sociais – o Cotidiano. Uma vez diante da oportunidade de manter a escola de rádio, frequentá-la e reproduzi-la em sua comunidade, o camponês do MEB elaborou representações políticas singulares, dentre as quais vigoraram: um sentido para a manifestação cultural, um papel para o sindicato e para participação política, preceitos do direito a terra e dos direitos do trabalho, assim como sentidos múltiplos para o uso do rádio como meio de comunicação, informação e lazer. Assim se constituem as formas e conteúdos da cultura popular camponesa presentes no MEB e seus conteúdos políticos.

Com o intuito de tratar dessas singularidades, o livro se divide em cinco capítulos. No primeiro capítulo, *Cultura e Modernização*, parti do entendimento, mesmo que genérico, das origens do MEB e de alguns temas pertinentes a sua organização, objetivos, espacialidade e funcionamento. A ideia central é a de que as representações do MEB, acerca do território e do desenvolvimento brasileiro, contribuíram para a construção de uma imagem do Nordeste e do camponês como representações do atraso econômico e cultural. Essas imagens geraram um sentido intervencionista que o Movimento cultural almejava alcançar sobre os sujeitos e os espaços em questão, sentido que se funde com representações já sedimentadas do camponês em relação a si e ao seu lugar.

O capítulo *Vida e Trabalho no Mundo Rural* trata do camponês, da situação fundiária e das condições de trabalho daqueles que participaram do Movimento de Educação de Base, procurando analisar sua situação político-econômica e organização social. Além disso, foi realizado um resgate da diversidade de trabalho no campo, apontando o sentido político que a identidade camponesa adquiriu no momento da modernização da economia canavieira nordestina.

No MEB, o camponês demarcou a sua identidade de trabalhador da terra levantando demandas que legitimavam seus direitos de permanência na terra e seus direitos no trabalho. O capítulo se dedicou a tratar da condição camponesa, inclusive das mulheres que participaram do MEB, discutindo o papel político da identidade camponesa naquele contexto histórico.

O próximo capítulo, *Cotidiano e Resistências*, tem como tema central a relação entre as escolas rurais e o cotidiano do camponês. Inseridas em uma realidade local marcada pelo clientelismo, pelo controle político e pela ausência dos recursos materiais, a escola se constituiu como um espaço de resistência às imposições políticas da estrutura social. Em cada localidade em que se instalou uma escola, a comunidade informada por estratégias próprias recriou formas políticas objetivando se apropriar da escola e mantê-la em funcionamento e assim dinamizando a vida social e política. Por meio dos conteúdos curriculares e de estratégias didáticas, a escola procurou intervir sobre práticas e costumes, o que gerou uma dinâmica de resistência e assimilação entre a escola e o camponês.

O capítulo *A Escola e os Costumes* dedica-se à ideia de que o sentido intervencionista da escola esbarrou-se no sentido profundamente material da cultura popular e no materialismo elementar, instintivo, de gerações e gerações de camponeses. Estabeleceu-se uma dinâmica que fez com que o camponês se apropriasse daquilo que a escola oferecia, como perspectiva de mudança da realidade social e melhoria das condições de vida e trabalho, mas, ao mesmo tempo, resistisse.

Em *Pelas Ondas do Rádio* discute-se a relação do camponês com o rádio como veículo de aprendizado, comunicação e lazer. O sentido do uso do rádio na educação, a princípio preestabelecido pelas instituições, sofreu significativas interferências da comunidade rural. O papel da comunidade na recepção das mensagens radioeducativas é elucidado detalhadamente. Deduz-se, então, que o uso e o consumo do rádio se estabeleceram numa relação de interação entre a comunidade e os conteúdos formais da proposta educativa, o que reforçou a tese de que o camponês porta uma noção própria da modernização, mediando suas práticas políticas e culturais pelo sentido profundamente materialista da cultura popular (sentido do uso).

Em resumo, o livro trata de pessoas comuns, sujeitos da cultura, que interagindo com seu lugar, com outras pessoas e com seu tempo, produziram um fértil terreno de confrontos, um processo mútuo de assimilações, modificações, apropriações, discordâncias e consonâncias, transformações e resistências.

As fontes da pesquisa foram várias, mas uma em particular deu densidade à análise e possibilitou a aproximação entre o historiador, que pensa e age no tempo presente, e os sujeitos do trabalho, distantes, atuantes do passado. Estas fontes foram as cartas dos camponeses ao MEB.

No CEDIC – Centro de Documentação e Informação Profº Casemiro dos Reis Filho, da PUC de São Paulo, dentre um amplo leque de documentos do Fundo MEB, resgatamos um conjunto documental composto por milhares de cartas – a correspondência passiva – recebidas pelos centros radiofônicos do MEB das escolas rurais radiofônicas da região Norte e Nordeste. O montante de correspondências enviadas por monitores e alunos totalizam 4000 cartas dos anos de 1961 a 1966. O conjunto documental é de grande importância não apenas por sua significação quantitativa, mas, fundamentalmente, por sua significação qualitativa.

As cartas abriram possibilidades de mergulho no universo dos sujeitos – trabalhadores rurais, monitores, professores dos centros radiofônicos, padres, militantes católicos –, aprofundando a investigação dos processos que envolvessem ações de resistências políticas e culturais cotidianas.

Adentrar no universo das correspondências trocadas entre monitores das escolas, professores-locutores, coordenadores das equipes locais e alunos, permitiu uma incursão por entre práticas e representações sociais construídas pelo grupo estudado, e proporciona o entendimento da experiência das classes, do papel das tradições/costumes no movimento de trabalhadores da cidade e do campo, dando novas dimensões à política.

Este trabalho é fortemente influenciado por E. P. Thompson no campo metodológico, ao explorar como fonte documental as cartas anônimas em *El Delito del Anonimato*, utilizando-se delas para reconstituir as experiências de um grupo social popular, e suas relações políticas do antigo regime inglês. Na obra *Tradición, Revuelta e Consciencia de Clase*, Thompson discorre sobre o conceito de economia moral e sobre sistemas de ideias e valores do homem comum, propondo um exercício de entendimento das práticas coletivas informadas pelos preceitos da cultura popular. Assim, também o autor procede em *Costumes em Comum*, referência conceitual aqui incorporada.

O conteúdo das cartas leva a acreditar na possibilidade do entendimento da experiência de classe e construção da própria identidade. O formato das cartas, *a priori* definido pelo MEB, deveria tratar do cotidiano da escola, informar a frequência e o aproveitamento dos alunos, apontar as dificuldades e facilidades encontradas pelo monitor em seu trabalho, dentre outros assuntos que envolvessem o desempenho escolar e as relações da escola com a comunidade. Surpreendentemente, o que deveria tratar apenas de questões burocráticas e formais passou a conter um sentido de extrema pessoalidade. Através das cartas, seus escritores começam a tecer um conjunto de narrativas acerca do cotidiano, da vida e do trabalho rural, discorrendo sobre os mais variados assuntos, demonstrando a forte interação entre as professoras do rádio, os párocos das equipes locais, freiras, militantes católicos e a comunidade da escola radiofônica.

Em primeiro lugar, chamou atenção a construção dos laços afetivos entre monitores e as equipes locais. Em um número muito grande de cartas, os monitores se dirigem pessoalmente aos integrantes das equipes, demonstrando afetividade e intimidade ao comunicar sobre assuntos pessoais, casos familiares, solicitando conselhos, marcando encontros e visitações, tecendo considerações elogiosas etc. Em segundo lugar, causa surpresa a velocidade da incorporação do rádio e da correspondência ao modo de vida dos trabalhadores envolvidos no MEB.

Fica claro que o rádio passou a ser incorporado como possibilidade de consumo pela comunidade após a chegada da escola radiofônica. A incorporação desta inovação tecnológica ao modo de vida foi súbita. Depois da chegada da escola, o rádio e as correspondências passaram a ser mecanismos ágeis de comunicação social a serviço da comunidade. No funcionamento dos sistemas, após um período inicial de adaptação à rotina da escola, nota-se uma intervenção direta da comunidade nos programas educacionais, solicitando temas e problemas a serem discutidos, com pedidos de serviços de comunicação e lazer, músicas que eram oferecidas a parentes, namorados(as) e amigos para serem tocadas na programação escolar, além da transmissão de recados, mensagens, avisos e informações entre alunos de comunidades diferentes.

O estreitamento dos laços entre as equipes e as escolas e a rápida assimilação dos mecanismos comunicacionais pela comunidade demarcam a riqueza dos assuntos tratados nas cartas. Nestas, as monitoras (porque foram na sua maioria mulheres a ocuparem esta função), muitas em processo de alfabetização e aprendizagem, narraram os sentimentos e expectativas dos camponeses em relação ao projeto, apontaram as dificuldades materiais da vida nas comunidades rurais do Nordeste, relataram ações planejadas pela comunidade, transmitiram dúvidas e reivindicações, avaliaram as ações propostas pelo MEB e realizadas na escola, ou seja, descreveram a vida cotidiana, o trabalho, as experiências culturais do grupo reunido na Escola de Rádio.

As narrativas apresentam o que pensam os alunos sobre a escola, sobre o processo de alfabetização e as proposições de ação cultural da Educação de Base. Elas acenam positivamente para a leitura, o uso da linguagem escrita, para a matemática e o fascínio de dominar os números e realizar contas, para o aprendizado de técnicas que agilizam, facilitam e tornam mais eficiente o trabalho, para os conselhos e orientações sobre a saúde.

Entretanto, via de regra, gestado como forma correcional "dos desequilíbrios" apresentados pela população em questão, o MEB não poderia deixar de causar atitudes ambíguas. Contrapondo-se a intervenções pontuais da linha educacional, a comunidade rural se rebelou, negando preceitos e regras. Nas missivas, os monitores comumente dissertam acerca das dificuldades: alunos que resistem a conteúdos, alunos que não querem deixar de usar armas de fogo no espaço escolar (alegando serem estes objetos de sua proteção e costume); alunos que negam conselhos acerca da ingestão de bebidas alcoólicas e do uso do fumo; homens que negam tarefas propostas na organização das casas e tarefas domiciliares, ou seja, uma resistência de costumes.

A leitura das cartas permitiu um mergulho no espaço social e nos costumes dos seus autores. Por meio delas, visualizam-se as dificuldades materiais e as barreiras físicas que se interpunham entre o sujeito e a escola; as diferenças culturais entre o pensamento modernizador (que se supunha *civilizatório*) e a cultura popular; as potencialidades organizacionais pretéritas dos trabalhadores que se repetiam em práticas escolares ou não; as resistências em mudar hábitos e, ao mesmo tempo, o fascínio pelo novo, pelo saber, por tudo o que pudesse trazer benefícios para a vida e para o árduo trabalho do dia a dia.

As cartas tratam do cotidiano da escola, do modo de vida, e revelam as resistências e incorporações da comunidade acerca desse assunto; tratam das articulações políticas das comunidades, suas relações locais, sua mobilização no processo de sindicalização rural em curso; tratam da religiosidade, do trabalho, das festas populares, dos costumes em geral.

Sem dúvida alguma, este rico material que proporcionou possibilidades múltiplas do resgate da cultura popular, suas representações e sua práxis, daí a proposição deste livro. Deixemos de lado tantas observações. Vamos a ele.

# CAPÍTULO I
Cultura e modernização

> *Desse mundo desencantado, os deuses se exilaram, mas a razão conserva todos os traços de uma teologia escondida: saber transcendente e separado, exterior e anterior aos sujeitos sociais, reduzidos à condição de objeto sócio-político manipuláveis (belas almas e as consciências infelizes dizem eufemisticamente "mobilizáveis"), a racionalidade é o novo nome da providência divina. Talvez tenha chegado a hora da heresia: a ciência é o ópio do povo.*
>
> *(Marilena Chaui)*

## Uma escola para o homem rural

Sabemos que D. Eugênio Sales, quando bispo auxiliar de Natal, em meados de 1958, tomou contato com um movimento de nome Acción Cultural Popular, que havia organizado uma ampla rede de escolas radiofônicas, em áreas rurais, atendendo comunidades indígenas, sob a coordenação do padre J. Salcedo, em Sustatenza, na Colômbia. Segundo o organismo católico que representava a rede de emissoras radiofônicas de propriedade da Igreja no Brasil, a Representação Nacional das Emissoras Católicas (Renec),[1] os resultados positivos da ação colombiana levaram Dom Eugênio a instalar, em sua diocese, um conjunto de escolas radiofônicas em setembro de 1958.[2]

A iniciativa do bispo foi seguida por outros prelados e, ainda em 1958, as experiências migraram para Crato, no Ceará, Penedo, em Alagoas, e Aracaju,

---

1   Criada em 1958, a Representação Nacional das Emissoras Católicas (Renec) reuniu sob uma única gestão as 32 emissoras de propriedade do episcopado brasileiro em território nacional, sendo responsável pela articulação e orientação das emissoras católicas do país em suas missões catequéticas e educacionais.

2   Renec. *Relatório*, [19--], Fundo MEB-Cedic.

em Sergipe, formando uma rede escolar radiofônica que tinha como objetivo primeiro: ações concebidas no âmbito do assistencialismo social, voltadas para o extensionismo rural que visavam promover a extensão de conhecimentos e técnicas agrícolas em comunidades rurais.[3] Não se tratava, ainda, do Movimento de Educação de Base (MEB), mas sim de suas experiências inspiradoras.

O movimento que viremos a conhecer por Movimento de Educação de Base (MEB) foi instituído oficialmente em 1961, mediante acordos entre a Conferência Nacional dos Bispos do Brasil (CNBB) e o governo federal, gerando a criação e o funcionamento de uma rede escolar radiofônica de dimensão nacional.

O sucesso das experiências de radiodifusão educativa permitiu que o então candidato à presidência da República, Jânio da Silva Quadros, em visita ao Nordeste, durante sua campanha eleitoral de 1960, tomasse conhecimento do trabalho realizado nas dioceses de Natal e Aracaju. Entusiasmado com os resultados da ação do Serviço de Assistência Rural (SAR), que dirigia, nas dioceses, os projetos de cultura popular e desenvolvimento de comunidades rurais, o candidato presidencial fez elogios e promessas ao eleitorado, enfatizando em seu discurso preocupações nacionalistas com o desenvolvimento econômico e com a extensão de investimentos a setores como agricultura, educação e saúde, prometendo estender o tipo de experiência ali desenvolvida para todo o território brasileiro.

Eleito, Jânio Quadros manteve uma série de encontros com membros da CNBB, com o intento de efetivar a criação do projeto nacional da rede de escolas radiofônicas. Considerando a experiência adquirida e os resultados apresentados pelas escolas radiofônicas dos bispos do Nordeste, aceitou a oferta da CNBB, que colocou à disposição do governo federal sua rede de emissoras católicas, bem como os conhecimentos construídos a partir das experiências com a educação de

---

3   Para Paulo Freire, o extensionismo rural praticado em toda a década de 1950, na América Latina, traduziu-se inicialmente como uma ação de invasão cultural de comunidades agrícolas que foram interpretadas como comunidades tradicionais destituídas de conhecimentos básicos para sobrevivência na terra. A extensão rural fortemente se caracterizou por ações institucionais impositoras que não realizaram diálogos necessários com as comunidades. Ver: P. Freire, *Extensão ou Comunicação*, p. 12-13. O MEB, desde seus primeiros discursos em 1961, demonstrou preocupações com o intervencionismo em comunidades, propondo uma ação cooperacionista que evitasse o paternalismo sobre populações. Os discursos que retomam as origens do MEB usualmente definem os programas de 1950 como de assistencialismo social e extensionismo rural.

radiodifusão, o Poder Executivo firmou acordo com o episcopado, criando um programa de educação de base,[4] através de escolas com recepção organizada, em áreas prioritárias do país.

O decreto de criação do Movimento de Educação de Base (MEB) – Decreto nº 50.370 de 21 de março de 1961 – estabeleceu uma parceria entre o governo federal e a CNBB, por meio da qual o governo apoiaria o programa com recursos financeiros, ficando a CNBB responsável pela execução de um plano de instalação e gerenciamento. Este decreto regeu o funcionamento do MEB durante os cinco primeiros anos de sua existência, entre 1961 e 1965.[5]

Conforme rezava o decreto, os compromissos assumidos entre o Poder Executivo e a CNBB determinavam ao governo a dotação orçamentária anual, planejada para ser efetivada por meio da disposição de verbas de diferentes órgãos da administração pública conveniados ao MEB, a saber: o Ministério da Educação e Cultura, Ministério da Agricultura, Ministério da Saúde e

---

4   A Educação de Base (EB) foi definida no MEB a partir de princípios da Unesco, que objetivava, por meio do processo educacional, levar conhecimentos às comunidades carentes favorecendo a aquisição de mecanismos necessários para a ação comunitária e mudanças de atitudes e comportamentos sociais. Inicialmente, o conceito se restringiu às orientações gerais de uma educação popular que se voltava à intervenção e mudança de atitudes e valores do homem não escolarizado. Verifica-se um processo de transformação do conceito e de proposições da educação de base no MEB, que levou agentes do movimento a elaborar uma noção própria de EB que envolvia a ação educativa em um processo de conscientização política. Após 1968 e o Concílio de Medellín, na parca documentação do MEB deste período, surgem as referências diretas da EB defendida como um suposto da conscientização de trabalhadores. Ver: Claudia Moraes de Souza, *Nenhum brasileiro sem escola: Projetos de alfabetização e educação de adultos do Estado desenvolvimentista*. Dissertação de Mestrado, 1999. MEB/Nacional. Alguns Aspectos da Educação de Base. [19--] com MEB/Nacional. Conceito de Educação de Base, Doc. IV. 1968.

5   O decreto de criação do MEB garantia o seu funcionamento até 1965. Em dezembro de 1963, o MEB apontou em documento o não recebimento do repasse financeiro anual do governo federal ao projeto, o que acarretava problemas graves no trabalho educacional. As irregularidades de repasses de verbas que o Golpe de 64 impôs à sua estrutura e as consequentes dificuldades financeiras só se resolveram a partir de 1965, quando se renovou o convênio, agora assinado entre o Governo Militar e a CNBB. Diante da nova conjuntura política, as disposições do Movimento foram em demarcar sua finalidade educativa, acentuando sua ligação com a promoção comunitária. Na demarcação de alianças entre o MEB e o projeto reformista militar, destacava-se o acirramento do discurso anticomunista, a retirada do MEB da área de atuação sindical, dentre outras. MEB/Nacional. Plano de Trabalho de 1965. 1963. Fundo MEB-Cedic; MEB/Nacional. Reunião de Coordenadores de 1964. 1964. Fundo MEB-Cedic.

seu Serviço de Educação Sanitária, Ministério da Aeronáutica e seu Serviço de Transportes Aéreos, o Ministério de Viação e Obras Públicas por meio da Comissão Técnica de Rádio e pelo Departamento Nacional de Obras Contra a Seca, e, ainda, a Superintendência do Desenvolvimento do Nordeste (Sudene), o Serviço Social Rural (SSR), a Comissão do Vale do São Francisco (CVSF) e a Superintendência de Valorização da Amazônia (SVA). A longo prazo, o Poder Executivo assumiu também a tarefa de viabilizar a concessão à CNBB de novas emissoras de rádio e, inclusive, de uma emissora de televisão para fins educacionais.[6]

O acordo firmado estabeleceu regras e compromissos entre as partes. Arcando com o financiamento do projeto, o governo federal exigia como contraponto a planificação, o gerenciamento, a viabilização e a prestação de contas, como encargos do episcopado. Para orientar as ações do MEB, o decreto instituiu a execução de um plano quinquenal, de responsabilidade do Conselho Diretor, que funcionou como diretriz para o movimento entre 1961 e 1965.

O MEB deveria ser gerido, e assim o foi, por um Conselho Diretor composto de oito membros, com mandato de três anos, escolhidos pela CNBB, além de um nono membro, representante do governo federal.[7] D. José Távora, bispo de Aracaju, que participou ativamente das negociações com o governo, presidiu o MEB entre 1961 e 1963 e num segundo mandato consecutivo.

## Como funcionou o MEB

O MEB caracterizou-se como um fenômeno de potencialidade suficiente para nos fazer entender movimentos da história, relações de classe, representações culturais e as contradições da formação social, econômica de sua duração.[8] O conhecimento de sua origem nos levou obrigatoriamente à necessidade de entendimento de sua dinâmica e sua estrutura de funcionamento.

---

6   MEB/Nacional. *Funcionamento, Técnicas e Perspectivas*. [19--]. Fundo MEB-Cedic.

7   Segundo E. Kadt, de fato a estrutura que previa um membro do governo federal no Conselho Diretor nunca foi implementada, sendo o MEB gerido exclusivamente pelos bispos brasileiros. Ver: E. Kadt. *Católicos radicais no Brasil*, p. 211.

8   Aqui o termo duração se refere ao entendimento de Marc Bloch acerca do intervalo temporal necessário para o estabelecimento de um objeto histórico, de um fenômeno social ou um processo. Bloch, *Introdução à história*, p. 89.

Em termos gerais, a dinâmica do MEB desenvolvia-se a partir de um ponto hierárquico central gerenciador/planificado, interligado a uma ampla base de escolas comunitárias locais. Esta estrutura funcionou baseada na ação de equipes de execução de nível nacional, estadual e local, que se articulavam aos monitores e camponeses para viabilizar a existência das escolas de rádio.

Havia um Conselho Diretor, instalado no Rio de Janeiro, centro da hierarquia do Movimento, com funções diretivas e reguladoras, que mantinha estreitas relações com a cúpula da CNBB, pois estava subordinado à presidência da entidade, constituindo-se como atividade própria da Conferência e tendo sua personalidade jurídica vinculada ao episcopado.

Esta vinculação permitia, desde a firmação do decreto de 1961, a indicação direta, pela CNBB, do Conselho Diretor Nacional e do Conselho de Representação e Consulta, o que, em suma, resultava no controle do Movimento. D. Eugênio Sales, D. Hélder Câmara, então, arcebispo auxiliar do Rio de Janeiro, e D. Távora, bispo de Aracaju, surgiram na documentação analisada como as figuras da CNBB fortemente atuantes nos primeiros momentos de existência do MEB, exercendo o papel de mediadores com o governo federal, assinando os documentos oficiais que estabeleceram os *princípios* do movimento, dando início às ações do projeto.[9]

Subordinado ao Conselho Diretor Nacional estavam o Conselho Nacional de Representação e Consulta, o Conselho Fiscal, uma Diretoria Executiva e o Secretariado Central, compostos por leigos e membros institucionais. Estas instâncias ficaram conhecidas como o MEB/Nacional.

Ao MEB/Nacional subordinavam-se as coordenações estaduais, que respondiam diretamente às dioceses dos estados em que o programa se instalou. As equipes estaduais eram responsáveis pelos sistemas radiofônicos e pelas equipes locais, responsabilizando-se, por fim, pelas inúmeras escolas de rádio. Visualizando esta estrutura, temos o seguinte organograma:

---

[9] CNBB. *Relatório do Movimento de Educação de Base*. 1961. Fundo MEB-Cedic.

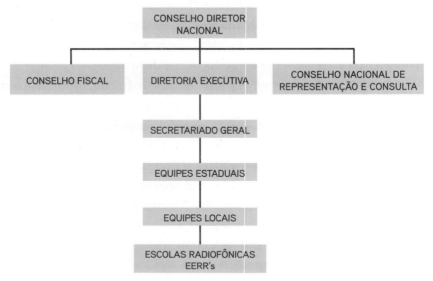

*Organograma do MEB.* Fonte: MEB/NACIONAL. *Relatório Anual de 1963.* 1963. Fundo MEB-Cedic.

Esta estrutura tinha por base a escola radiofônica, o verdadeiro núcleo onde acontecia a comunicação entre professores do MEB (professores-locutores), monitores e alunos das comunidades rurais. Os esforços das equipes estaduais, em cada lugar em que o programa foi implantado, voltaram-se para o funcionamento de um conjunto de Centros Radiofônicos, nos quais se alojavam as equipes locais que, conectadas às Escolas Ecumênicas Rurais Radiofônicas (EERRs), formavam um *Sistema Radioeducativo*.

Hierarquicamente bem definida, a dinâmica do MEB explicitou conflitos que transcenderam o projeto educacional e acabaram por esbarrar em problemáticas relacionadas às questões internas da Igreja Católica e seu projeto pastoral. Dessa forma, o MEB vivenciou conflitos próprios de um momento peculiar da Igreja Católica que, em 1960, se mostrava suscetível a movimentos de ruptura/acomodação concernentes aos dilemas da igreja brasileira e os problemas vividos em seu núcleo.[10]

---

10 A conjuntura que envolve a ação de João XXIII e o Concílio Vaticano II foi vivida, no Brasil, concomitantemente à polarização ideológica do período imediatamente anterior ao Golpe de 1964. A Igreja

Em cada uma das instâncias que compunham a estrutura do MEB circularam a hierarquia católica – bispos, padres, freiras – junto a um conjunto de agentes pastorais, funcionários públicos, professores, estudantes secundaristas e universitários, prefeitos, intelectuais, militantes partidários, além dos camponeses, estes sim, o verdadeiro centro nevrálgico do Movimento. Seus quadros estavam compostos, majoritariamente, por leigos e, até 1963, reuniram-se 531 membros, crescendo para 542 e decaindo para 470 em 1965.

Todo quadro era fortemente dirigido pela hierarquia episcopal. No âmbito nacional, só poderiam pertencer aos sistemas do MEB os sistemas de radioeducação que se integrassem de fato à linha de pensamento e ação do Movimento, de acordo com as indicações feitas pelo MEB/Nacional. Nos estados, apenas os bispos poderiam autorizar a implantação de sistemas, passando a responder, junto à CNBB, pela linha doutrinária da equipe estadual.

Como forma de manter a organicidade do Movimento, sem se subordinarem unicamente à rigidez do controle do episcopado, coordenadores do MEB, reunidos no I Encontro de Coordenadores em 1962,[11] compactuaram com a ideia de construir uma função supervisora para as coordenações, propondo técnicas como Encontros, Formação de Pessoal, Sistemas de Correspondência e a construção de materiais unificados, com vistas a garantir unidade de atuação e funcionamento, ao mesmo tempo em que se almejava a descentralização do poder do MEB nacional, reivindicada explicitamente pelos coordenadores estaduais leigos.

A hierarquização claramente definida na dinâmica interna gerou disputas político-ideológicas da base em relação à cúpula hierárquica. Os dois documentos resultantes do I Encontro de Coordenadores[12] revelam uma tensão entre laicato e hierarquia católica, na medida em que as conclusões do encontro voltaram-se para a definição de papéis e funções das equipes dentro do Movimento e para um

---

encontrou-se dividida entre a ação conservadora e as proposições de um novo relacionamento social baseado em experiências e ações concretas das pastorais que envolviam a participação do leigo na ação social da igreja. Ver: Z. M. G. Iokoi. *Igreja e camponeses: teologia da libertação e movimentos sociais no campo – Brasil/Peru, 1964/1986*, p. 29.

[11] MEB/Nacional. *I Encontro de Coordenadores/Conclusões I*. 1962. Fundo MEB-Cedic.

[12] Os dois documentos são: o já citado documento do *I Encontro de Coordenadores/Conclusões I*. 1962. Fundo MEB-Cedic; e o documento do *I Encontro de Coordenadores/Conclusões II*. 1962. Fundo MEB-Cedic.

conjunto de delimitações acerca da intervenção do MEB central nas ações de sistemas ou escolas.

Nas conclusões do Encontro de 1962, os coordenadores reivindicaram a maior participação dos leigos na escolha e contratação de quadros, a necessidade de um planejamento global que respeitasse as peculiaridades locais, uma descentralização *positiva* do MEB (que pudesse permitir, por exemplo, às equipes locais construírem um calendário próprio de planejamento, avaliação de trabalhos), além do estabelecimento do princípio de que a escola de rádio pertencia à comunidade e não ao MEB. Ao mesmo tempo, determinaram-se o cumprimento, por parte dos sistemas, das linhas de ação nacional do MEB e a obrigatoriedade das equipes locais em associarem-se apenas com entidades e organismos que não ferissem preceitos cristãos, explicitando-se o conflito intrínseco à ação pastoral quando leigos se partidarizavam, ou assumiam militância em organismos políticos ou institucionais.

As disputas entre o episcopado e os leigos pelo controle do MEB foram tratadas por Luiz Eduardo Wanderley[13] como uma disputa político-ideológica entre a autoridade da Igreja e projetos de autonomia do laicato. Inclusive, para o autor, é possível localizar certa autonomização dos leigos entre os anos de 1961 e 1963, contrastando com a centralização do movimento, em mãos dos bispos, no período pós-1964.

Efetivamente, nas instâncias em que ocorria a comunicação direta entre professores e técnicos educacionais com as comunidades camponesas, a tendência de autonomização da ação foi uma realidade referenciada tanto pela metodologia educacional, voltada para a realidade local do homem, quanto pelo desejo em se liberar as equipes locais do comando centralizado no Rio de Janeiro. O incentivo aos *estudos de realidade*[14] e a construção de ações a partir das demandas locais resultaram em um conjunto múltiplo de características regionais do projeto, facilmente identificáveis através de estudos de caso do MEB, em suas diferentes espacialidades.[15]

---

13  L. E. W. Wandeley. *Educar para transformar: educação popular, Igreja Católica e política no movimento de educação de base.*

14  O *estudo de realidade* relacionava-se à pesquisa da realidade local que compunha a metodologia de instalação da escola rural.

15  Maria da Conceição Brenha Raposo estudou o caso do MEB/Maranhão, caso peculiar em que a ação educativa não se deu através de escolas radiofônicas, mas sim pelo contato direto com as

No período entre 1961 e 1964, tendo como base teórica o desenvolvimentismo acoplado à política populista, o MEB se diferenciou pelo território nacional, apresentando ações peculiares nas diferentes regiões. A diversidade de experiências em sua dinâmica resultante do envolvimento de seus membros com problemas, demandas e dilemas regionais permitiu a articulação de alianças políticas de orientações diversas com sindicatos, entidades e políticos locais, além de aproximações/distanciamentos com o movimento estudantil e ações partidárias. Os leigos do MEB se envolveram em disputas com a hierarquia quando se aproximaram de organismos políticos como a Ação Popular (AP); com o Plano Nacional de Alfabetização (PNA) – defendido por Jango nos momentos finais e agonizantes de seu governo; com o movimento pelas Reformas de Base; ou, ainda, o caso explícito de envolvimento do MEB nas eleições para o governo do estado de Pernambuco em 1962, que levou Miguel Arraes ao poder.

Demarcada a multiplicidade de ações das equipes e o conjunto de conflitos que permearam a história do movimento, o que demonstra seu caráter diverso e multifacetário, o MEB existiu, como projeto coeso baseando suas ações em um corpo teórico-filosófico suficientemente forte para sustentar a construção de um projeto cultural e educacional de cunho nacional, com características facilmente demarcáveis que esperamos esclarecer ao longo deste trabalho.

## Sobre as razões do MEB

O pensamento que orientou a criação do Movimento de Educação de Base, ou melhor, aquilo que poderia ser chamado de razões do MEB, deita suas raízes no pensamento e prática da Igreja Católica perante a situação do Brasil agrário, das lutas camponesas e dos embates entre os diferentes projetos modernizadores propugnados no início da década de 1960.

O MEB apresentou abertamente à sociedade civil um conjunto de motivos que orientaram a ação do episcopado junto ao homem do campo e ao meio rural brasileiro, declarando linhas de pensamento e um conjunto de intenções a serem alcançadas através do projeto cultural da Igreja.

---

comunidades rurais mediante a Animação Popular. Ver: M. T. B. Raposo, *MEB: discurso e prática: 1961/1967*. Dissertação de Mestrado. 1982.

Em um documento assinado pelos arcebispos D. Jaime Cardeal Câmara (do Rio de Janeiro), Cardeal Motta (de São Paulo), Cardeal Augusto Silva (de São Luís) e D. Fernando (de Goiás), a CNBB declarou sua intencionalidade em difundir, por todo o território brasileiro, os novos aspectos da questão social propostos pela Igreja internacional, sob os esforços do papado de João XXIII. Em 1961, o documento divulgado entre os primeiros documentos oficiais do MEB, intitulado *A Igreja e a situação do meio rural brasileiro*, dispunha que a partir da publicação da encíclica *Mater et Magistra* a atenção do episcopado deveria voltar-se para a questão social, com principal ação no meio rural, diante de suas exigências prementes de transformação no âmbito social, político e econômico:

> Por hoje, nossa atenção se volta, de preferência, para o meio rural, cuja situação é grave e que mereceu longo capítulo da encíclica *Mater et Magistra*, a propósito das exigências da justiça em relação aos setores da produção. Dele extraímos um roteiro de atividades que para os católicos é um programa ideal, mas que é válido para todos, independentemente da religião.
>
> É vital integrar a agricultura brasileira no ritmo do desenvolvimento nacional (...)[16]

O entendimento de que era vital integrar a agricultura ao ritmo do desenvolvimento urbano-industrial apareceu no discurso da Igreja Católica a partir de suportes teóricos do pensamento nacional-desenvolvimentista e de um contexto histórico singular que envolvia a construção de um projeto modernizador da agricultura nordestina. Nesta lógica, a inserção do setor agrário ao ritmo do desenvolvimento nacional clamava por um conjunto de reestruturações que promovessem a modernização pautada por: transferência de tecnologias ao campo; pela reforma dos regimes fiscais, concedendo-se créditos e taxas financeiras compatíveis à economia rural; pela implantação de serviços essenciais na zona rural, como sistemas modernos de transporte de mercadorias, serviço de comunicação, saúde pública, educação; pelo desenvolvimento de indústrias de transformação na zona rural e, finalmente, pela modernização estrutural e política dos estabelecimentos rurais. Na perspectiva do documento analisado, esta inserção também dependia da reformulação das empresas familiares agrícolas e das pequenas propriedades, assim como do estabelecimento de redes de instituições

---

16   CNBB. *A Igreja e a situação do meio rural brasileiro*. 1961. Fundo MEB-Cedic.

cooperativas para uma maior participação econômica dos pequenos proprietários e a modernização das relações de trabalho nos estabelecimentos agrícolas, por meio da adoção dos direitos trabalhistas, como a previdência social, dentre outros.[17]

O contexto que moveu esta reflexão foi o do acirramento das ações políticas e agitações camponesas desencadeadas desde o início dos anos de 1950, principalmente no Nordeste. Já em 1950, a Ação Católica (AC) organizou a I Semana Ruralista em Minas Gerais, que, como resultado, apontou a necessidade da conscientização das elites como grupo responsável pela construção de uma sociedade fraternal através da integração econômica, social, cultural e política do homem rural. No documento *Conosco, sem nós ou contra nós se fará a reforma rural*, resultante desse encontro, D. Inocêncio Engelke alerta os 60 padres, 250 proprietários de terra e os 270 professores rurais para a necessidade de um posicionamento ante a intervenção sobre a questão agrária com finalidade de reprimir movimentos político-partidários.

José de Souza Martins[18] apontou o posicionamento reacionário que conduziu a Igreja Católica à discussão da problemática do campo brasileiro. A Guerrilha de Porecatu, os episódios de Trombas e Formoso, os primeiros movimentos das Ligas Camponesas, a ação do Partido Comunista Brasileiro junto ao campesinato, foram fatores que, somados, introduziram a questão agrária no pensamento católico, direcionando ações e concepções no sentido de construírem-se soluções para os problemas nacionais através da modernização político-cultural da sociedade brasileira combatendo o comunismo.

No Nordeste, as preocupações católicas em gerar ações no campo foram concomitantes à ação do PCB na região. O pensamento católico tendeu a estabelecer o entendimento de que o esvaziamento da tensão gerada pela concentração fundiária na região não poderia se dar com a migração pura e simples do trabalhador rural do campo para as cidades, pois as experiências históricas dos movimentos de trabalhadores urbanos brasileiros, a começar da experiência anarquista do começo do século, levavam a Igreja a temer a perda do controle sobre o homem rural, num contexto de migração e urbanização gerada pelo processo de substituição de importações. D. Engelke, em seu discurso na semana ruralista de 1950, tomou

---

17   *Ibidem*.
18   José de Souza Martins trata do sentido desses primeiros movimentos da Igreja em relação à questão rural brasileira. Ver: J. S. Martins. *Os camponeses e a política*, p. 89.

como fato brutal para a Igreja no mundo a perda da massa operária: para ele, o maior escândalo do século XIX foi ter a Igreja perdido a massa operária.[19]

O documento de 1961 sobre a situação agrária brasileira reafirmou a preocupação da cúpula da Igreja com os desequilíbrios regionais, a concentração fundiária e a desigualdade social produzida pelo *ritmo do desenvolvimento nacional*. O discurso inicial apontava a situação do campo como grave, responsabilizando-a por problemas políticos e sociais que colocavam em risco a *paz no meio rural*.[20]

Com a finalidade de agir sobre os problemas econômicos portadores de germes dos conflitos políticos, a otimização das áreas rurais foi definida como ação central do processo modernizador. O texto definia intervenções pontuais da política econômica: criação de serviços essenciais no campo (estradas, transportes, saneamento, atendimento médico, educação), modernização do setor agrícola através de técnicas e da estruturação de empresas agrícolas, promoção de crédito, seguros sociais, controle de preços para estabilização de pequenas e médias empresas agrícolas e, por fim, *apoio à mão de obra do campo para sua proveitosa inserção* em outros setores da produção com a modernização progressiva.[21]

Na concepção do documento havia que se estabelecer um compasso entre a política econômica e a população rural, através de ações educacionais e de promoção cultural, ou seja, a modernização desejada apenas poderia ser alcançada, na medida em que a população rural fosse integrada ou ajustada ao processo produtivo moderno.[22]

Alguns trabalhos da Igreja foram eleitos como potencialmente capazes de contribuir com os objetivos de elevar ou promover o meio rural, dentre eles: a Ação Católica (AC), por meio das Juventudes Agrárias Católicas (JACs), a Liga Agrária Católica, a difusão da sindicalização rural, a articulação do movimento camponês através das Frentes Agrárias e o MEB.

19  J. P. Stedile (org.). *A questão agrária no Brasil: programas de reforma agrária: 1964-2003* p. 31.
20  CNBB. *A Igreja e a situação do meio rural brasileiro*. 1961. Fundo MEB-Cedic.
21  *Ibidem*.
22  Na década de 1950, a doutrina católica foi influenciada pelas concepções filosóficas do funcionalismo de Talcott Parsons, que defendia a noção de integração social como princípio da construção da sociedade fraterna. A ideia de integração de Parsons reforça o processo de educação como responsável pelo "ajuste" de comunidades ao todo social. Iraíde Marques de Freitas Barreiro aborda as influências do funcionalismo no pensamento e na ação educacional católica do momento em questão. Ver: I. M. F. Barreiro, *Cidadania e educação rural no Brasil: um estudo sobre a CNER*. Tese de doutoramento. 1997.

O Movimento surgiu com destaque, sendo apontado como um movimento com forças suficientes capazes de articular a expansão da JAC, a difusão da sindicalização rural e das Frentes Agrárias:

> (...) O Movimento de Educação de Base merece recomendação especial (...) para a divulgação do roteiro de atividades, como expansor da JAC, da Sindicalização Rural e das Frentes Agrárias. O instrumento providencial que temos nas mãos é o MEB, através das escolas radiofônicas. Reiteramos nossa confiança no MEB e estamos certos de que sem a educação de base será vão o esforço de recuperação econômica, por mais aparato técnico que se revista o planejamento. (...)[23]

As escolas radiofônicas do MEB, sob esta orientação, deveriam ser utilizadas como instrumentos para a divulgação/implantação de uma pauta de ações programadas para a integração da agricultura brasileira ao ritmo do desenvolvimento nacional, visando à ampla transformação das estruturas nacionais, que, sob esta ótica, necessitavam de revisões e reformas: a reforma agrária, a da empresa, a tributária, administrativa, eleitoral e educacional.

A comunidade rural interpretada como desintegrada, imatura e despreparada para o processo de modernização econômica deveria ser integrada, sociabilizada e inserida nas novas técnicas e em novos padrões da organização política e social. A comunidade rural era vista como foco da ação de promoção/transformação do meio rural, e as escolas do MEB deveriam agir de acordo com o conjunto de frentes estabelecidas na cúpula da CNBB, incentivando a multiplicação da Ação Católica Rural (por meio da multiplicação das Juventudes Agrária Católica – JACs), incentivando as experiências de sindicalização rural e a construção, através das dioceses, de grandes frentes agrárias, com o intuito de promover a articulação nacional de trabalhadores do campo, afastando a tendência do crescimento do partido comunista e sua ação no movimento camponês.

A cúpula da CNBB delegou ao MEB o papel de promover entre a população do meio rural nordestino a incorporação de valores do cooperativismo, do associativismo e sindicalismo na produção agrícola, incentivando a ação autônoma das comunidades para a promoção do bem comum e do progresso econômico.

---

23   CNBB. *A Igreja e a situação do meio rural brasileiro*. 1961. Fundo MEB-Cedic.

Este trabalho objetivava a mudança de hábitos e valores da população rural, superando valores locais em direção a valores morais definidos como universais pela Igreja Católica: valores ligados à nobreza do trabalho, à subordinação do indivíduo ao bem comum, à ação solidária.

Ao mesmo tempo em que definia suas funções, o MEB explicitou preocupações da CNBB com o avanço da ação do Partido Comunista no campo, deixando clara a disputa política a ser travada pela Igreja e pelos católicos em sua ação social, mediante uma conjuntura em que os camponeses se mobilizavam por direitos sociais, políticos e econômicos.

Na sua relação com a Igreja, o MEB foi definido como um projeto pastoral, ou seja, uma ação que colocava a Igreja e sua hierarquia – papado, episcopado, clero e o laicato – em atuação direcionada e direta com comunidades. No MEB, episcopado e laicato deveriam responder conjuntamente a um rol de necessidades explicitadas pela população rural brasileira, fazendo com que os princípios da ação transcendessem os domínios da ação apostólica e invadissem domínios da ação política e social, o que fez o movimento definir como razão específica a ação educativa e a promoção cultural em comunidades.

A opção pela atuação social no mundo rural foi gerada, na Igreja latino-americana, a partir do problema da propriedade da terra e da ação camponesa/indígena frente à desigualdade no campo. Declaradamente, a Igreja se posicionou pela necessidade de disseminação dos valores católicos no meio rural como mecanismo de enfrentamento do comunismo e das necessidades de assimilação das populações pobres, analfabetas, indígenas aos preceitos do catolicismo oficial.

No Brasil, o Partido Comunista Brasileiro havia explicitado em seu *Manifesto de Agosto* a sua estratégia de construção de uma base social operário-camponesa como linha de ação política. As ações comunistas motivaram a imediata reação da Igreja, que propôs a ação pastoral e o incentivo da atuação da Ação Católica no campo como possibilidade de enfrentamento do comunismo e como tentativa de reforço de seu ideário junto ao camponês.

O posicionamento brando da Igreja em 1961 pela modernização do campo foi um esforço de se contrapor ao avanço político do Partido Comunista junto à população rural e, ao mesmo tempo, uma tentativa de explicitação de um projeto econômico católico. Naquele momento, o discurso eclesial se limitou a discutir a necessidade de modernização do campo, sem levantar a problemática da Reforma Agrária e da questão fundiária.

Apenas em 1963, com o MEB em plena ação, um segundo documento da CNBB dispôs sobre a questão agrária de forma mais aprofundada. Produzido no momento de ampla divulgação da Encíclica *Pacem in Terris* de João XXIII, o documento de 1963, intitulado Mensagem da Comissão Central da CNBB,[24] novamente tocava na situação brasileira, nas contradições sociais e na necessidade de construção de uma agenda programática para o campo, particularmente para a área rural nordestina, uma vez que esta concentrava os fatores: miséria social, elevado índice de analfabetismo, baixa escolarização, precárias condições de higiene, baixo nível de técnicas produtivas.

O diagnóstico do Nordeste produzido pelos bispos apresentou a região como um território tomado por condições que impediam a participação dos agricultores no desfrute do desenvolvimento alcançado pelas populações das cidades e das regiões mais prósperas do território.

O discurso assumido após a *Pacem in Terris* tratava de um mundo em contradição, onde o progresso econômico convivia com entraves que condicionavam o subdesenvolvimento do Brasil e da América Latina.

Assumindo as contradições, o discurso do episcopado assumia a necessidade das transformações da realidade social por meio de ações políticas. No entanto, a ordem social foi colocada como objetivo da cristandade, combatendo-se as soluções marxistas do comunismo como forma de superação dos problemas.

As transformações propostas pelo documento partiam de ações no campo da cultura. Como propostas, a Igreja Católica priorizava o acesso através da cultura e da educação a padrões de vida, saúde e conforto à maioria da população trabalhadora, garantindo seus direitos fundamentais: *existência, dignidade, liberdade e o direito de participar dos benefícios da cultura.*[25]

Neste e em outros documentos que circularam no MEB, entre 1962 e 1964, a ideia de uma contradição aguda que levava à desigualdade social somava-se à proposição de ações políticas de transformação social, preconizada diretamente pela cúpula da CNBB. Os bispos da ala reformadora da Igreja que assinaram o documento

---

24 MEB/NACIONAL. *Mensagem da Comissão Central da CNBB.* 1963. Fundo MEB-Cedic.
25 *Ibidem.*

enfrentavam o conservadorismo da hierarquia, propondo mudanças nas estruturas sociais, no entanto, o discurso se fazia muito claro: não se tratava de subverter valores democráticos liberais e cristãos e sim de defender direitos inalienáveis do homem, sendo as mudanças necessárias para garantir o fim das agitações sociais.

Na questão da terra, ponto central do documento de 1963, os bispos deixaram claro que o acesso à terra não seria a solução total para o problema da miséria no campo. A educação, a assistência e a tecnologia foram colocadas como mecanismos centrais de promoção da empresa agrícola. O problema da miséria fazia emergir a discussão do direito natural do homem à propriedade, e a discussão da desapropriação por interesse social deu a tônica do documento. Os argumentos que defenderam a desapropriação por interesse social fundamentaram-se na função social da terra e em sua articulação com a doutrina católica, por meio da noção de direitos inalienáveis e justiça social.

Nesse discurso, o MEB retornou ao contexto da discussão da questão agrária como promotor junto à comunidade rural das condições culturais necessárias ao estabelecimento de transformações estruturais dentro da ordem social.

Consciente de suas razões, ou seja, tendo clareza de que disputava com projetos político-econômicos diversos, que contestavam a ordem social estabelecida, o MEB soube balancear seu discurso, equilibrando a preocupação com a ordem social e as perspectivas da transformação.

Como objetivo geral, o MEB propunha-se a contribuir com as transformações sociais estruturais prementes da sociedade brasileira:

> Considerando as dimensões totais do Homem e utilizando todos os processos autênticos de conscientização, (o MEB deverá) contribuir, de modo decisivo, para o desenvolvimento integral do povo brasileiro, numa perspectiva de autopromoção que leve a uma transformação decisiva da mentalidade e das estruturas, transformação esta que se nos afigura como imperiosa.[26]

Em suas dimensões gerais, o Movimento assumia o discurso da transformação da realidade social por meio da ação direta em comunidades rurais. Como objetivos específicos, o MEB se propôs a desenvolver, concomitantemente ao processo de

---

26  MEB/Nacional. *Informações sobre o MEB*. 1963. Fundo MEB-Cedic.

alfabetização, a promoção social, a cultura popular, a animação popular, o trabalho de conscientização política e a iniciação em conhecimentos técnicos nas comunidades:

> (...) em seus objetivos específicos o MEB se propõe:
>
> Alfabetização e iniciação em conhecimentos que se traduzam no comportamento prático de cada homem e da comunidade, no que se refere à saúde e alimentação; ao modo de viver; às relações com seus semelhantes; ao trabalho e ao crescimento espiritual.
>
> Conscientização do povo levando-o a descobrir o valor próprio de cada homem; despertar para seus problemas e provocar mudança de situação; buscar soluções caminhando com seus próprios pés; assumir responsabilidades no soerguimento de sua comunidade.
>
> Animação de grupos de representação e promoção, aliando-se com os movimentos de cultura popular que propiciam a integração de todos os membros de nossa sociedade na mesma cultura.[27]

Sobre suas razões, o MEB se pronunciou como uma ação sobre populações com vistas a possibilitar, por meio da *Cultura Popular*, a integração de comunidades em um processo global político, social e econômico. Em sua dinâmica, o MEB acabou por revelar um duplo aspecto: o formato de um projeto conservador de modernização, construído pela Igreja, que visava modernizar o capitalismo no campo, reformando estruturas responsáveis pela alta concentração de renda e por bruscos antagonismos sociais, assim como o formato de um projeto de emancipação popular, revelado no conjunto de ações políticas possibilitadas pela interação entre leigos, estudantes e camponeses que acabaram por delinear novos aspectos para a experiência.

## Lugares e homens

Em 1963, o MEB atingiu o auge de sua ação no território nacional, instalando-se em 15 unidades federativas. Três anos antes, não passavam de cinco os sistemas existentes. Em 1961, ano da oficialização do convênio com o Ministério da Educação e Cultura (MEC), o projeto se iniciara por 8 estados, chegando a 12, no ano seguinte. Desse modo, as regiões atingidas foram: o Nordeste, o

---

27  MEB/Nacional. *Informações sobre o MEB*. 1963. Fundo MEB-Cedic.

Centro-Oeste, o estado de Minas Gerais e parte da Região Amazônica, o que projetou para dezembro de 1963 a consolidação do MEB em 15 unidades federativas:

**UNIDADES DA FEDERAÇÃO ATINGIDAS PELO MEB**

| Amazonas | Paraíba | Alagoas |
|---|---|---|
| Maranhão | Pernambuco | Mato Grosso |
| Pará | Bahia | Ceará |
| Piauí | Minas Gerais | Alagoas |
| Rio Grande do Norte | Goiás | Sergipe |

Tabela das unidades federativas atingidas pelo MEB. 1963.

**EVOLUÇÃO NUMÉRICA DOS SISTEMAS 1960-1963**

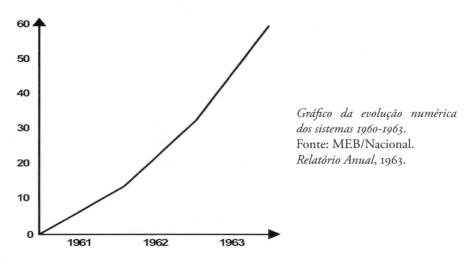

Gráfico da evolução numérica dos sistemas 1960-1963.
Fonte: MEB/Nacional.
Relatório Anual, 1963.

A área atingida no território nacional se explica pelo crescimento do número de sistemas radiofônicos, que saltaram de 5 para 60 em apenas três anos. De 1962 a 1963, o MEB evoluiu de 12 para 60 sistemas radioeducativos, concentrando nitidamente um maior número de sistemas na região Nordeste, com maior concentração de sistemas em PE e BA, destacando-se também a forte ocupação do norte de Minas Gerais.

**MAPA DOS ESTADOS ATINGIDOS PELO MEB**

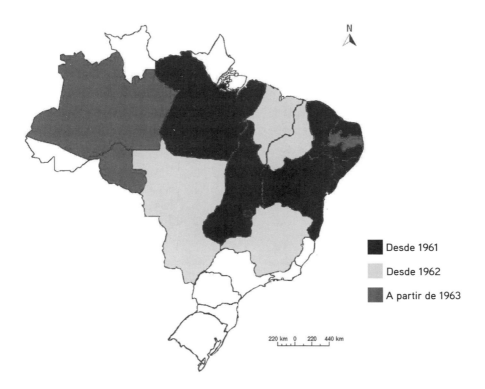

*Mapa dos estados atingidos pelo MEB entre 1961-1963.* Elaborado a partir das Fontes: MEB/NACIONAL, *Relatório Anual* de 1963; MEB/NACIONAL, *MEB em 5 anos*. 2ª ed., 1982.

Para a construção de uma dimensão efetiva das áreas de atuação do MEB, tornou-se necessário a identificação da localização dos sistemas e a demarcação das áreas de influência destes, pois estas estiveram condicionadas pela área de cobertura das emissoras católicas e associadas. Isto significa dizer que a presença de sistemas em um estado da federação não implicava na cobertura de toda a área física do estado.

Em outubro de 1963, a equipe nacional elaborou o mapeamento dos sistemas, localizando os Centros Radiofônicos de Educação (instalações) em suas respectivas cidades. Até o mês citado, eram 53 sistemas em funcionamento e 14 sistemas em organização, atingindo, após outubro daquele ano, 60 sistemas no território.

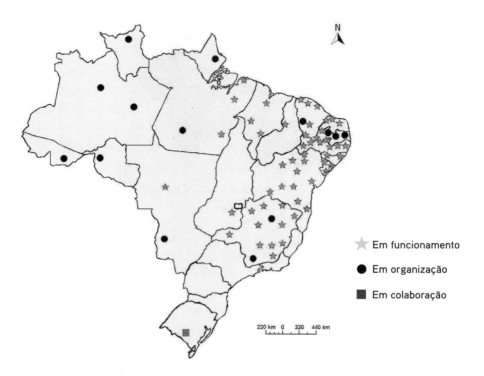

*Mapa dos Sistemas de Rádio entre 1961-1963*. Elaborado a partir da Fonte: MEB/Nacional, *Relatório Anual, 1963*.

Além da demarcação territorial dos sistemas, foram localizadas as cidades onde se instalaram os Centros Radiofônicos, o que resultou em um conjunto de 63 cidades listadas a seguir.

## CENTROS RADIOFÔNICOS DO MEB POR UNIDADE DA FEDERAÇÃO DE 1961 A 1965
### (EM FUNCIONAMENTO EM DEZEMBRO DE CADA ANO)

| ESTADO | 1961 | 1962 | 1963 | 1964 | 1965 |
|---|---|---|---|---|---|
| Amazonas | | | 1. Manaus<br>2. Tefé | 1. Manaus<br>2. Tefé<br>3. Coari | 1. Manaus<br>2. Tefé<br>3. Coari |
| Pará | 1. Bragança | 1. Bragança<br>2. Conceição do Araguaia | 1. Bragança<br>2. Conceição do Araguaia<br>3. Belém | 1. Bragança<br>2. Conceição do Araguaia<br>3. Belém<br>4. Santarém | 1. Bragança<br>2. Conceição do Araguaia<br>3. Santarém |
| Maranhão | | 1. São Luís | 1. São Luís<br>2. Caxias<br>3. Viana | 1. São Luís<br>2. Viana | 1. São Luís<br>2. Viana |
| Piauí | | 1. Teresina | 1. Teresina | 1. Teresina | 1. Teresina |
| Ceará | | 1. Sobral | 1. Sobral<br>2. Fortaleza<br>3. Crato<br>4. Lim. do Norte | 1. Sobral<br>2. Fortaleza<br>3. Crato<br>4. Lim. do Norte | 1. Sobral<br>2. Fortaleza<br>3. Crato<br>4. Lim. do Norte |
| Rio Grande do Norte | 1. Natal | 1. Natal | 1. Natal<br>2. Caicó<br>3. Mossoró | 1. Natal<br>2. Caicó<br>3. Mossoró | 1. Natal<br>2. Caicó<br>3. Mossoró |
| Paraíba | | | 1. Cajazeiras | 1. Cajazeiras | |
| Pernambuco | 1. Itacuruba<br>2. Nazaré<br>3. Petrolina | 1. Itacuruba<br>2. Nazaré<br>3. Petrolina<br>4. Recife<br>5. Afogados da Ingazeira<br>6. Caruaru | 1. Itacuruba<br>2. Nazaré<br>3. Petrolina<br>4. Recife<br>5. Afogados da Ingazeira<br>6. Caruaru<br>7. Pesqueira<br>8. Palmares<br>9. Garanhuns | 1. Itacuruba<br>2. Nazaré<br>3. Petrolina<br>4. Recife<br>5. Afogados da Ingazeira<br>6. Caruaru<br>7. Pesqueira<br>8. Palmares | 1. Nazaré<br>2. Petrolina<br>3. Recife<br>4. Afogados da Ingazeira<br>5. Caruaru<br>6. Pesqueira<br>7. Palmares<br>8. Floresta |
| Alagoas | 1. Penedo | 1. Penedo<br>2. Maceió | 1. Penedo<br>2. Maceió | 1. Maceió | 1. Maceió |
| Sergipe | | 1. Aracaju | 1. Aracaju<br>2. Estância<br>3. Propriá | 1. Aracaju<br>2. Estância<br>3. Propriá | 1. Aracaju<br>2. Estância<br>3. Propriá |

| | | | | | |
|---|---|---|---|---|---|
| Bahia | 1. Salvador | 1. Salvador<br>2. Amargosa<br>3. Barra<br>4. Caetité<br>5. Feira de Santana<br>6. São Gonçalo<br>7. Ilhéus<br>8. Rui Barbosa<br>9. Senhor Bonfim<br>10. Vitória da Conquista | 1. Salvador<br>2. Amargosa<br>3. Barra<br>4. Caetité<br>5. Feira de Santana<br>6. São Gonçalo<br>7. Ilhéus<br>8. Rui Barbosa<br>9. Senhor Bonfim<br>10. Vitória da Conquista<br>11. Juazeiro | 1. Salvador<br>2. Amargosa<br>3. Barra<br>4. Caetité<br>5. Feira de Santana<br>6. São Gonçalo<br>7. Ilhéus<br>8. Rui Barbosa<br>9. Senhor Bonfim<br>10. Vitória da Conquista<br>11. Juazeiro | 1. Salvador<br>2. Amargosa<br>3. Caetité<br>4. Feira de Santana<br>5. Rui Barbosa<br>6. São Gonçalo<br>7. Senhor Bonfim<br>8. Vitória da Conquista<br>9. Juazeiro |
| Minas Gerais | | 1. Governador Valadares | 1. Governador Valadares<br>2. Arassuaí<br>3. Belo Horizonte<br>4. Caratinga<br>5. Juiz de Fora<br>6. Luz<br>7. Marliéria<br>8. Montes Claros<br>9. Monte Santo<br>10. Oliveira<br>11. Pará de Minas<br>12. Teófilo Otoni<br>13. Três Corações<br>14. Viçosa | 1. Arassuaí<br>2. Belo Horizonte<br>3. Juiz de Fora<br>4. Luz<br>5. Marliéria<br>6. Montes Claros<br>7. Monte Santo<br>8. Oliveira<br>9. Pará de Minas<br>10. Teófilo Otoni | 1. Arassuaí<br>2. Belo Horizonte<br>3. Juiz de Fora<br>4. Luz<br>5. Marliéria<br>6. Montes Claros<br>7. Monte Santo<br>8. Oliveira<br>9. Pará de Minas<br>10. Teófilo Otoni |
| Goiás | 1. Goiânia | 1. Goiânia | 1. Goiânia | 1. Goiânia | 1. Goiânia |
| Mato Grosso | | 1. Campo Grande* | 1. Cuiabá | 1. Cuiabá | 1. Cuiabá |
| Rondônia | | | | 1. Porto Velho<br>2. Guarajá-Mirim | 1. Porto Velho<br>2. Guarajá-Mirim |
| Totais | 8 estados<br>11 sistemas | 12 estados<br>31 sistemas | 14 estados<br>59 sistemas | 15 estados<br>55 sistemas | 14 estados<br>51 sistemas |

*Interrompido em outubro de 1963.

*Tabela de localização dos centros radiofônicos por unidade da federação.* Fontes: MEB/Nacional, *Relatórios Anuais 1961, 1962 e 1963*. MEB/Nacional. *MEB em 5 anos*. 2ª ed., 1982.

Reiterando a ressalva de que a área total dos estados e territórios não foi alcançada pelo MEB, uma vez que a área de atuação não correspondia à área física do território, com a intenção de dimensionar a área atingida pelo programa, restou como alternativa mapear a área de influência dos sistemas de rádio, o que foi possível graças aos documentos da equipe nacional, que se preocupou com estes dados nos seus relatórios anuais de avaliação.

Reorganizando informações acerca das áreas de influência das emissoras, reelaborou-se o mapa em que foi possível localizar o território atingido pelas emissões das rádios, podendo-se assim visualizar a forte concentração do MEB na Região Nordeste, muito mais que no Norte e Centro-Oeste, e também a significativa concentração do projeto em Minas Gerais.

**MAPA DA ÁREA DE ATUAÇÃO DAS EMISSORAS DE RÁDIO**

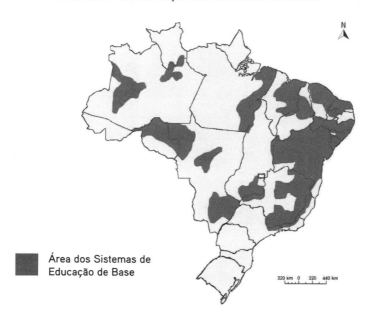

*Mapa da Área de Atuação das Emissoras.* Fonte: MEB/Nacional, *Relatório Anual, 1963.*

Nas áreas representadas acima, foi possível levantar o conjunto de municípios atingidos pelos programas de recepção organizada, a partir de informações sintetizadas pela equipe nacional em 1966. O mapeamento possibilitou, mais uma vez, a visualização da atuação maciça em território nordestino, através de estatísticas que mostram, por exemplo, a atuação do MEB em cerca de 80% dos municípios do território de Pernambuco e 92% dos municípios de Sergipe.

**TABELA DE MUNICÍPIOS ATINGIDOS PELOS SISTEMAS DE EDUCAÇÃO DE BASE**

| ESTADOS E TERRITÓRIOS | Nº TOTAL DE MUNICÍPIOS | Nº DE MUNICÍPIOS ATINGIDOS | % APROXIMADA DE MUNICÍPIOS ATINGIDOS |
|---|---|---|---|
| Amazonas | 167 | * | * |
| Pará | 82 | 25 | 30 |
| Maranhão | 124 | 12 | 10 |
| Piauí | 121 | 15 | 12 |
| Ceará | 176 | 77 | 43 |
| Rio Grande do Norte | 131 | 61 | 46 |
| Paraíba | 149 | * | * |
| Pernambuco | 121 | 98 | 80 |
| Alagoas | 93 | 26 | 28 |
| Sergipe | 73 | 67 | 92 |
| Bahia | 338 | 132 | 39 |
| Minas Gerais | 718 | * | * |
| Goiás | 220 | 43 | 20 |
| Mato Grosso | 64 | 5 | 7 |
| Rondônia | 2 | * | * |
| Totais | 2579 | 561 | 21% |

* Dados não computados

*Tabela de municípios atingidos pelo MEB.* Fontes: MEB/Nacional, *Relatórios Anuais 1961, 1962 e 1963.* MEB/NACIONAL. *MEB em 5 anos.* 2ª ed. 1982.

O mapeamento da inserção do MEB pelo território nacional demonstra a forte preocupação da cúpula do Movimento de Educação de Base em cumprir as premissas que reiteravam, constantemente, a necessidade da ação no meio rural em prol do desenvolvimento econômico, político e social das regiões definidas como prioridade, a saber, o Nordeste, Norte e Centro-Oeste.

Sob esta perspectiva, a geografia do MEB foi construída a partir dos objetivos que regiam o projeto, definindo sua área de atuação. O que aqui é chamado de *geografia do MEB* refere-se à definição da espacialidade do projeto. Espacialidade esta que, ao mesmo tempo, explica e reitera os princípios básicos da Educação de Base em suas propostas de intervenção na vida cotidiana, organização política e econômica de populações carentes.

A recuperação da espacialidade do MEB remete à problemática das representações sociais, acerca das regiões Norte e Nordeste, geradas pelo desenvolvimentismo. Na distribuição espacial do projeto, percebemos a efetivação de um princípio revelado pelos documentos oficiais do Movimento, que privilegiava a ação em áreas rurais e pobres do território nacional. Este princípio tornou fato comum a instalação de sistemas a partir de áreas interioranas dos estados e territórios, como aconteceu em Pernambuco, Paraíba, Alagoas, Minas Gerais, Ceará e Pará, e não necessariamente pelas capitais, como geralmente acontecia com projetos educacionais de cunho nacional, como as grandes Campanhas de Alfabetização,[28] dentre outros.

## Imagens do Nordeste no Movimento de Educação de Base

A maneira como o MEB representou as regiões Norte e Nordeste surgiu incisivamente na documentação como justificativa para a intervenção sobre o regional, o local e seu conjunto de ausências: o alfabetismo, a escolaridade, a saúde, organização racional da produção, a representatividade política, a participação na riqueza nacional, dentre outras. Caracterizando suas áreas de atuação, o MEB e a CNBB divulgaram:

> O mundo em que trabalha o MEB, isto é, o norte, centro-oeste, nordeste e Minas Gerais têm características de região com zonas absolutas de subdesenvolvimento, e até, primitivas. Nessas regiões a agricultura é atrasada, a indústria apenas começa a crescer, e o povo dá sinais evidentes de insatisfação, por motivos econômicos e sociais e por receber, em certos recantos mais primitivos do país, um tratamento feudal.[29]

---

28   Trata-se das grandes campanhas de educação de adultos das décadas de 1940 e 1950, que gestadas como grandes projetos nacionais tiveram visibilidade a partir da capital da República – o Rio de Janeiro – e das grandes cidades do Nordeste – Recife, Salvador, dentre outras.

29   CNBB. *MEB-Movimento de Educação de Base*. 1963. Fundo MEB-Cedic.

A distribuição geográfica do MEB associava-se ao pensamento da cúpula católica representada na CNBB, defensora da necessidade de criação de um projeto regional para o Nordeste, desde 1959, com o apoio dado pela CNBB à Sudene. A associação da espacialidade do MEB ao projeto de desenvolvimento, abraçado pela Igreja, se explica também pelo conjunto de representações elaboradas e veiculadas no movimento católico acerca da região e do papel da economia regional no corpo da nação.

Estes preceitos nos levaram a identificar, naquele pensamento, uma representação dualista acerca da realidade brasileira, em que, de um lad,o a economia urbana, instalada no eixo centro-sul, era vista como moderna e responsável pelo crescimento econômico, e, de outro, a economia local, agrícola, demarcada no eixo norte-nordeste, representava os entraves que condicionavam o subdesenvolvimento.

Na concepção do MEB, o Brasil como país subdesenvolvido abarcava duas realidades opostas: o Brasil em processo de desenvolvimento *versus* o Brasil pobre e atrasado. A concepção dos *dois brasis* dividia fisicamente o território entre sul *em desenvolvimento* e norte *atrasado*:

> Considerando-se no seu todo, o Brasil é um país subdesenvolvido. Analisando-se por estados, porém encontramos dois brasis: o sul, em vias de desenvolvimento, e o norte, centro-oeste e grande nordeste, que apresentam ao desenvolvimento conjunto do país uma grande reserva de marginais, subdesenvolvidos, subalimentados, analfabetos, elevado índice de mortalidade infantil, baixa renda per capita, baixo padrão de vida e grande parte da população, sobretudo rural, vivendo ainda em regime patriarcal.[30]

Com a exceção dos estados de São Paulo, Rio de Janeiro e parte de Minas Gerais, além dos estados da atual região Sul, todo o restante do território nacional foi visto como espaço de pobreza material e de potencialidade de conflitos sociais, que demarcavam a urgência de intervenção institucional no sentido da integração à vida nacional. Claramente, percebe-se a ideia de construção de um espaço homogêneo nacional sobre um espaço desigual, demarcado por representações acerca da ignorância da população, do analfabetismo, do isolamento, pobreza e da miséria social. Configurou-se, assim, uma representação

---

30   MEB/NACIONAL. *Documentos Legais do MEB*. S/d. Fundo MEB-Cedic.

negativada da região Nordeste e do meio rural, tratados como lugares concentradores das mazelas do subdesenvolvimento.

Desde os primórdios do século XX, imagens de um Nordeste do atraso, que associava pobreza social à escassez de recursos naturais, privilegiaram representações negativadas acerca da região e sua população. O conteúdo deste discurso revelou, na verdade, uma complexidade social em que a região Nordeste foi transformada em fornecedora da mão de obra para o projeto de desenvolvimento do Centro-Sul.[31]

Manuel Correia de Andrade, preocupado em aprofundar os conhecimentos acerca da região nordestina, chamou a atenção para as diferentes representações construídas sobre o Nordeste e seus homens ao longo de todo o século XX. Representou-se o Nordeste da pobreza e da seca, talvez a mais forte imagem sobre a terra e o homem nordestino, narrada em Euclides da Cunha e, ainda hoje, difundida no imaginário de estudantes e da população do Sul e Sudeste em geral – retratos de um imaginário formado pelas imagens do *Quinze*, de Rachel de Queiroz, ou de *Os Retirantes*, de Cândido Portinari. Em outros momentos, desenharam-se fortemente o Nordeste dos canaviais, que rememora os tempos coloniais – a Casa-grande e a Senzala -, marcados pela monotonia da paisagem da monocultura da cana.

Para Aziz Ab'Saber, afirmativas inverídicas acerca do universo ecológico do Nordeste levaram e levam à construção de noções sobre o solo, as riquezas naturais e a ocupação humana que reafirmam ideias da improdutividade, do seminomadismo e da fome, que não correspondem à complexidade da realidade social nordestina, e, muito menos, explicam os limites impostos pelas relações de produção dominantes que efetivamente influem sobre a problemas sociais e econômicos da região.[32]

Nos textos do MEB surge o termo *grande nordeste*,[33] e com esta nomenclatura o Movimento demarcava o seu entendimento do problema regional, na medida em

---

[31] Na historiografia recente acerca do Nordeste e suas imagens, Odair da Cruz Paiva resgata, desde os anos 1930, a trajetória de construção de um conceito negativado de Nordeste como fenômeno articulado a uma política econômica e a prerrogativas de grupos dominantes interessados no deslocamento da mão de obra no eixo norte-sul. Ver: O. C. Paiva, *Caminhos cruzados: migração e construção do Brasil moderno (1930-1950)*, p. 198-214.

[32] Ver: A. N. Ab'Saber, *Sertões e sertanejos: uma geografia humana sofrida*. In: *Dossiê Nordeste Seco*. São Paulo: Revista do Instituto de Estudos Avançados da USP. Volume 13, nº 36, maio/agosto, 1999;

[33] O termo *grande nordeste* surge na documentação analisada como forma de reiterar as dimensões dos problemas sociais e econômicos apresentados pelo eixo norte-nordeste. Todo o território nordestino,

que, naquela representação, a região agrupava um amplo conjunto de incorreções e injustiças do sistema capitalista, que revelava aos cristãos a necessidade de intervenção imediata sobre a realidade. Destarte, posicionava-se o MEB pela intervenção no território, de forma a contrabalançar a ideologia do lucro, que poderia, às vezes, exacerbar-se no capitalismo, ao mesmo tempo em que, se combateriam as ideologias materialistas, marxistas, que, segundo a leitura do catolicismo oficial, como *ideologias anti-humanas*, atentavam contra os direitos fundamentais da pessoa.

A região, tomada como subdesenvolvida, foi conceituada como corpo estranho à Nação, fazendo-se necessário esforços de integração econômica e social, além da construção de princípios culturais e valores morais que articulassem o espaço subdesenvolvido com o espaço nacional em via de desenvolvimento.

No projeto do MEB, as soluções reparadoras do problema regional articular-se-iam ao novo papel assumido pela empresa agrícola, assim como por um plano geral de crescimento da economia urbano-industrial. Neste pensamento, o descompasso entre o Norte-Nordeste e o Centro-Sul se acirrava a partir de um conjunto de características modernas que o eixo sul alcançava em contraposição ao eixo norte.[34] A partir daí, a ideia de combater as mazelas do subdesenvolvimento como solução para a modernização faz com que o MEB planeje um conjunto

---

assim como o norte de Minas Gerais e parte do norte do país, foram tratados como o grande nordeste, segundo o discurso do MEB e da CNBB. MEB/NACIONAL. *Documentos Legais do MEB*. [19--]. Fundo MEB-Cedic.

34 Acerca das "*ideias de nordeste*", Francisco de Oliveira nos apresenta um conceito de região que articula diretamente a parte (região) ao todo (território nacional). O cerne desta ideia é de que região é definida quando se concebe um todo que é o nacional – nesta concepção, a região nordestina – não se faz representar como produto de adversidades naturais, da incompetência de suas classes dominantes ou da ignorância de seu povo, mas sobretudo da divisão regional do trabalho no território nacional. O conceito de região surge marcado pela ideia de homogeneização da acumulação do capital pelo território nacional, passando a parte a "existir", sob a perspectiva e em função de parâmetros nacionais acumulação. Passando por Celso Furtado dentre outros, desde a década de 1950 o território nordestino aos poucos foi almejado pelos interesses de uma grande história nacional, que buscava homogeneizar e expandir a acumulação interna pelo espaço territorial, partindo-se da ação planejada por sobre as contradições internas. Como proposta à viabilização econômica das regiões subordinadas, Oliveira demarca a ideia de articulação de maneira 'igual' – ligamento da parte ao todo de forma não subordinada. Seguindo este raciocínio, o planejamento das décadas de 1950 e 1960, foi uma forma interventora sobre a região e seus problemas, a partir do ponto de vista de um Estado capturado por uma classe burguesa associada ao capital internacional. O que fez da Sudene o dínamo de forças sociais que projetavam um "Brasil novo" atuando contra um "Brasil velho", arcaico, atrasado e pobre. Ver: F. de Oliveira, *Elegia para uma re(li)gião*, p. 30-32.

de intervenções locais. As intervenções deveriam tocar os problemas centrais da economia local: a concentração fundiária, as condições de produtividade limitadas das empresas agrícolas nordestinas, os processos de produção rudimentar, as condições de trabalho, a inexistência de direitos do trabalho e as condições socioculturais da mão de obra.

A ideia central seria a de modernizar estruturas econômicas e culturais a partir do princípio da integração das comunidades. Como movimento de educação de base, a perspectiva alimentada pelo MEB foi a de construir um trabalho com a população rural no sentido de prepará-la para as novas exigências da modernização, seja no campo, seja na economia urbano-industrial. A responsabilidade assumida pela educação de base no processo modernizador seria a da transformação cultural, como mediador de cultura. O MEB projetava transformar a realidade local construindo novos preceitos para a cidadania e o desenvolvimento social.

## O MEB e a cultura popular

Cultura Popular foi um termo costumeiramente empregado, no início dos anos de 1960, entre estudantes, intelectuais, militantes de esquerda, utilizado nas grejas, nas universidades, nas reuniões partidárias, dentre outros circuitos, em que se travaram discussões acerca das funções da educação e da cultura. A invenção do tema, em uma paráfrase emprestada do trabalho de Eric Hobsbawm,[35] deu-se a partir do evidente envolvimento entre o popular e os fragmentos diversos das classes médias intelectualizadas e/ou um universo de agentes institucionais do Estado, da Igreja Católica, das Universidades e de Partidos.

Dizemos ser o termo Cultura Popular inventado, uma vez que, no período em questão, a expressão passou a designar algo que transcendeu uma definição, que poderíamos chamar usual, de Cultura Popular. Para Marilena Chaui, o termo ou expressão foi abundantemente utilizado no contexto histórico que envolveu o regime populista e os esforços do populismo[36] em admitir a realidade da cultura

---

35  E. Hobsbawm, *A invenção das tradições*. 1997.
36  Afora designações extemporâneas, é procedente delimitar aqui a noção de populismo empregada neste trabalho. Sem a intenção de construir uma ideia de que, em um dado período histórico, a América Latina conheceu um projeto homogêneo e único de desenvolvimento econômico, comumente denominado de "projeto populista", o termo populismo encontra razão de ser entendido como um fenômeno da vida política brasileira. O fenômeno caracteriza um movimento dotado de preceitos e de

popular, valorizá-la e, ao mesmo tempo, impingir ao popular preceitos da modernização e da atualização histórica determinada por seus agentes.[37]

Entre 1960 e 1964, além do MEB, diferentes movimentos envolvidos com a educação de segmentos das classes populares, como a campanha *De Pé no Chão Também se Aprende a Ler*, os CCPs da UNE, os Círculos de Cultura ligados ao professor Paulo Freire, realizaram práticas de aproximação com comunidades e trabalhos político-pedagógicos, concebendo sua atuação como *Movimentos de Cultura Popular*.[38]

O MEB definiu a Cultura Popular como um projeto político em que *a cultura autêntica do povo* deveria ser retomada como forma de *combate a uma cultura dominante e ideológica*.[39] A noção de Cultura Popular originou-se a partir de um escopo filosófico e teórico do pensamento católico[40] e seu encontro

---

linguagens próprias, proponente da incorporação subordinada das massas populacionais aos quadros do poder e a um conjunto de transformações econômicas e sociais vividas pelo país com a industrialização, urbanização e modernização crescente, desde a Revolução de 1930. Segundo Octavio Ianni, o populismo como movimento político assume conotações diversas: getulismo, juscelinismo, queremismo, janguismo e trabalhismo, o que demarca sua heterogeneidade e dissonâncias, sem, no entanto, inviabilizar linhas de ação que almejavam projetos econômicos de desenvolvimento capitalista. Para Marilena Chaui, efetivamente há na sociedade brasileira uma experiência histórica populista demarcada por um contexto de aproximação do poder com as classes populares, visando a sua manipulação paternalista que legitimasse um conjunto de transformações e reformas do capitalismo. Em Francisco de Oliveira, o pacto populista foi o pacto necessário às elites, a fim de promover a hegemonia de classe diante das lutas sociais, no contexto das imposições da modernização brasileira. Nesta perspectiva, o populismo é uma forma de adequação do "arcaico" ao "novo", cujo epicentro será a fundação de novas formas de relacionamento entre o capital e o trabalho. Ver: O. Ianni, *O colapso do populismo no Brasil*, p. 218-219; M. Chaui, *Cultura e democracia: o discurso competente e outras falas*, p. 61-63; F. de Oliveira, *Elegia para uma re(li)gião – Sudene, Nordeste. Planejamento e conflito de classes*, p. 63-64.

37  M. Chaui, *op. cit.*, p. 63.
38  C. R. Brandão, *A Educação como cultura*, p. 31.
39  MEB/NACIONAL. *Conceito de Cultura Popular*. Texto de Formação. Fundo MEB-Cedic, [19--].
40  Este trabalho não pretende enveredar para o resgate e a discussão do pensamento católico e suas hibridações com a filosofia moderna e as correntes teóricas contemporâneas. Luiz Eduardo Wanderley, em texto já citado, incumbiu-se de resgatar as características do pensamento católico mapeando as influências de Maritain sobre Padre Lebret e Padre Henrique Vaz, o que, consequentemente, influenciou as concepções da Ação Católica Brasileira e depois o MEB. Também Vanilda Paiva, ao resgatar as influências do pensamento católico na obra de Paulo Freire, mapeou a trajetória do culturalismo hegeliano na militância católica e o seu projeto histórico articulado à noção de consciência e de sentido histórico. V. Paiva, *Paulo Freire e o nacionalismo desenvolvimentista*, 2000.

com o culturalismo brasileiro que florescia no Instituto Brasileiro de Filosofia (IBF), em meados da década de 1940.

Na figura de Hélio Jaguaribe, militante da Ação Católica, o culturalismo do IBF e o pensamento católico fundiram-se, recriando uma interpretação da realidade social em que a solução dos problemas brasileiros clamava por uma reforma cultural.[41] Esta interpretação acabou por criar uma representação da crise brasileira como uma crise cultural, em que as circunstâncias da miséria social e da pobreza aumentavam as distâncias entre o polo da cultura universal e o polo da cultura das massas e das culturas tradicionais.

No MEB, em documentos que definiam as linhas de trabalho pedagógico e nos textos voltados para a formação político-pedagógica dos educadores, assumia-se a concepção de uma crise de cultura, cuja superação dependia de uma reforma do repertório de tradições e valores que mediatizavam as relações sociais das comunidades com a realidade material.

Para o MEB, na história brasileira embatiam-se *estruturas de dominação* e *estruturas de comunicação,* fazendo que se configurasse uma luta dialética (no campo das consciências) pelo reconhecimento de consciências mais ou menos legítimas no mundo humano – Consciência x Alienação. Esta luta poderia ter o desfecho da dominação de uma consciência por outra ou de comunicação das consciências; *relação de pessoa a pessoa no livre consentimento da tarefa histórica comum.*[42]

Na reflexão sobre suas próprias circunstâncias históricas, o Movimento entendeu que a sociedade brasileira, em seu tempo, submetia-se a uma *dominação cultural,* pela qual grupos sociais dominantes impunham de forma ideológica seu campo cultural ao todo social, na medida em que a miséria, a pobreza e o analfabetismo denunciavam que o capitalismo não estaria realizando um

---

41   Paiva considera que o culturalismo brasileiro teria se iniciado nos anos 1940, através do IBF, e se espalhado pelo Rio de Janeiro e São Paulo. Hélio Jaguaribe e Roland Corbisier teriam se destacado, na ala carioca do instituto, como difusores deste pensamento. Na década de 1950, Jaguaribe teria migrado de um idealismo culturalista para a discussão da problemática do desenvolvimento, mediante preocupações reformistas da sociedade brasileira. A problemática de construir a nação e de elaborar um projeto social que reduzisse o antagonismo das classes norteou o pensamento do autor, que associava a crise ligada ao crescimento econômico com uma crise de cultura. V. Paiva, *op. cit.*, p. 53.

42   MEB/NACIONAL. *Conceito de Cultura Popular.* Texto de Formação. [19--]. Fundo MEB-Cedic.

mundo de cultura que promovesse o Homem e os valores universais humanos de solidariedade, fraternidade e cooperação.

Construía-se um entendimento sobre a trajetória cultural das populações rurais no Brasil como uma cultura marcada pela *cultura da dominação*. A dependência do trabalhador da terra em relação ao dono da terra resultava em uma cultura disseminada entre o homem rural, que funcionava como mantenedora do *status quo*:

> (...) Numa sociedade dividida entre detentores de terra e trabalhadores, surge uma nova sociedade na qual acham-se os homens distribuídos entre donos de capital e assalariados. As duas forças sociais coexistentes apresentam uma característica constitutiva de dependência de uma parte pela outra. Dependência que se traduz em dominação política e exploração econômica. A justificativa desta situação implica na elaboração de formas de cultura que se sucedem historicamente, mas que fundamentalmente são culturas de dominação, pelo fato de não pôr em questão o status quo que permite a permanência dessa situação.
>
> As populações rurais, condicionadas a uma pulverização, dispersas nos desertos dos sertões, ou semi-agrupadas em vilas e fazendas, analfabetas, distantes das cidades e ausentes do processo político e cultural do país são o exemplo da submissão (...)[43]

Como solução ao isolamento e à miséria do campo, as populações rurais tinham na migração uma alternativa de sobrevivência, o que levava esta população até os grandes centros urbanos, tornando-as vítimas de outra cultura de dominação: a cultura de massas, fator de alienação e conformismo das populações trabalhadoras das cidades.[44] A alternativa proposta pelo MEB foi a de negar a mera transferência dos critérios e valores da cultura formal ao povo, negando a reprodução de uma cultura da dominação:

> (...) Esta questão se apresenta como ponto fundamental para o nosso trabalho educativo. Podemos transferir para o camponês as nossas necessidades, os nossos critérios, os nossos valores, que são bastante

---

43  MEB/NACIONAL. *Conceito de cultura popular*. Texto de Formação. Fundo MEB-Cedic, [19--].
44  *Ibidem*.

diversos, sem sequer conhecer as necessidades, critérios e valores que condicionam e motivam o seu comportamento. Isso acarreta uma série de prejuízos verificados no nosso trabalho. O primeiro e o mais sério foi o da ineficácia e da inexistência de comunicação (troca) entre educando e educador e vice-versa. (...)[45]

Nesta leitura, a cultura tradicional do homem do campo foi interpretada como submissa aos valores e critérios da dependência e da hierarquia do poder local – os costumes, as formas de comunicação, as manifestações festivas do homem rural tendiam a valorizar as características da sociedade tradicional brasileira. Por outro lado, nas cidades, a cultura de massa havia destruído tradições e inserido o migrante no mundo do consumo e da alienação cultural. O propósito da ação cultural do MEB deveria ser o de fazer emergir uma outra cultura, liberta dos limites da dominação e da massificação cultural.

O MEB identificava um sentido de dominação e alienação que a cultura assumia em sua contemporaneidade; nesse sentido, o desafio a ser enfrentado por aqueles que almejassem a transformação e construção de uma sociedade plantada sobre preceitos do humanismo católico seria o de transformar a cultura, o que significava *fazer com que a cultura passasse de arma ideológica a instrumento de promoção social.*[46] A cultura assumia um significado, um papel: o de ser instrumento de construção de uma consciência histórica transformadora.

A maneira como o MEB interpretou a problemática Alienação/Cultura alimentou uma visão dicotômica entre a cultura das elites x cultura popular. As classes dominantes, segundo esta ótica, detinham um aparato cultural ancorado num domínio cultural universal, que era utilizado para imposição e dominação das culturas tradicionais, da cultura do povo, da cultura oral. E o povo, como genericamente o MEB denominou a população trabalhadora com quem interagiu, detinha um conjunto de práticas culturais, *uma cultura popular de tradição* que reunia *a expressão de pensamentos, a cultura oral transmitida de pai para filho e o folclore.*[47] A cultura tradicional estava distante da cultura formal, premida pelo

---

45  MEB/NACIONAL. *Linha pedagógica para material didático na Amazônia.* [19--]. Fundo MEB-Cedic.
46  MEB/NACIONAL. *Conceito de Cultura Popular.* [19--]. Texto de Formação. Fundo MEB-Cedic.
47  MEB/NACIONAL. *Caravana Popular de Cultura.* 1962. Fundo MEB/Cedic.

urbano, pelo moderno, tecnológico e científico. Esta distância levava a um divórcio entre a cultura do povo e a cultura universal.

De uma noção de cultura que divorciou as práticas culturais das classes populares da cultura denominada universal (representante do conhecimento, da técnica e dos preceitos do moderno), o MEB extraiu um projeto de ação que objetivava o "desenvolvimento cultural" das comunidades pobres. Propunha-se o conhecimento dos códigos e dos valores locais tradicionais, das expressões e das maneiras de ver o mundo, como ponto de partida para um conjunto de trocas, em que os valores da cultura universal e moderna fossem incorporados pela população trabalhadora rural:

> (...) tratar-se-ia antes de uma dupla troca. Há muito o que transmitir às classes menos favorecidas, no que diz respeito aos progressos da civilização: higiene e defesa da saúde, alimentação e condições habitacionais, conceitos democráticos e direitos do homem, bem como os valores espirituais e religiosos tão desconhecidos porque "não há quem atualmente pregue a Boa Nova" (...)[48]

Assim, um Movimento de Cultura Popular, segundo o MEB, seria um movimento social que, em sua *práxis,* utilizaria a cultura como forma de *comunicação* e não de *dominação*. Por meio de códigos, signos, formas e representações conhecidas pelas comunidades rurais, os agentes dos movimentos culturais deveriam comunicar/transmitir às comunidades informações, valores e instrumentos que pudessem alavancar processos de mudança ou transformação política, econômica e social. Deste modo, agentes e comunidade construiriam os preceitos de uma Cultura Popular, cultura esta resultante do diálogo de formas e expressões populares com preceitos do moderno e do universal, fundamentalmente necessários, naquele pensamento, para a modernização.

## O popular encenado

Quando o MEB incorporou a expressão Cultura Popular, tratava-se de uma reinvenção do termo, articulada a um momento de duras críticas da elitização da cultura em defesa da democratização do acesso aos bens culturais, que vinha tomando

---

48 MEB/NACIONAL. *Caravana Popular de Cultura.* 1962. Fundo MEB/Cedic.

dimensões globais. Mudanças no campo da cultura e das artes demarcavam as discussões do papel da cultura no processo de transformação da formação social e econômica capitalista. No contexto de 1950, as vanguardas europeias construíam uma consciência de necessidade de renovação de sua produção cultural experimentando formas e conteúdos próprios da cultura popular. Somado aos movimentos de vanguarda, também manifestados na América Latina e na Rússia (muralismo mexicano e vanguardismo russo), difundiam-se na América Latina, Ásia e África, os ideais populares da Revolução Cultural Chinesa e da Revolução Cubana.

Este olhar sobre a *cultura do povo* incentivava representações do papel revolucionário das manifestações populares – atribuindo funções à arte, à cultura, à educação popular.[49]

A ação cultural e educativa do MEB deveria observar premissas da realidade dos trabalhadores da cidade e do campo, nela se inserir, entendê-la, criticá-la e mudá-la. Neste pensamento, a Cultura Popular estava em construção, e o *instante cultural*, em que se encontravam as comunidades, necessitava de intervenções que levassem cada um de seus membros a assumir uma posição de sujeito de criação cultural, que transcendesse o universo local, regional, rural atingindo dimensões das representações católicas de povo, nação e desenvolvimento social. Daí, podermos afirmar que, para o MEB, a noção de Cultura Popular surge como uma ação instrumental, reparatória tanto da cultura tradicional marcada pelo localismo, quanto da cultura dominante marcada por exacerbações da desigualdade social e pelo autoritarismo das elites.

Demarca-se aqui uma contradição inerente ao Movimento de Educação de Base, aquela que confronta uma visão do homem comum, como um criador de novas expressões culturais (negando posicionamentos que o definisse apenas como um receptor ou um depositário de informações), com aquela que tratou a cultura do homem rural como cultura tradicional, aprisionada ao conceito de folclore,[50] revestida do estigma da tradição, do primitivo, do rústico, do arcaico, do peculiar, fadada à subalternidade.

---

49 Sobre as funções da arte e da cultura no processo revolucionário a partir do pensamento da esquerda, Néstor Garcia Canclini identificou diversas vertentes na América Latina nas artes plásticas, no teatro popular de Augusto Boal, no cinema etc. Ver: N. G. Canclini, *A Socialização da Arte: teoria e prática na América Latina*, p. 160.

50 Canclini e Thompson elaboram uma crítica ao conceito de folclore em que esta noção foi responsável por destituir a cultura popular de sua história. Os folcloristas organizaram um conjunto rígido de manifestações da cultura popular como representação típica da cultura tradicional, encerrando neste

O encontro, no MEB, da ação pastoral da Igreja com o debate intelectual das vanguardas culturais e políticas produziu uma fértil crítica às ações do Estado no campo das políticas públicas em educação e cultura, porém, não conseguiu suplantar postulados que pudessem subverter as fronteiras que distinguiam e hierarquizavam o culto e o popular.

O MEB defendia ações que partissem da percepção da realidade do homem do campo – de sua consciência de mundo – em direção à construção do entendimento do mundo e de uma consciência voltada para transformá-lo. Nesse sentido, o Movimento de Educação de Base afinava seu discurso com a crítica radical do movimento de educadores que, a partir de 1960, propugnava uma renovação dos preceitos tradicionais da educação e alfabetização de adultos.

O Movimento e seus agentes apontaram falhas nas ações e concepções das políticas educacionais que produziram os projetos em educação de adultos no Brasil. Em 1958, o II Congresso de Educação de Adultos contou com a participação de diferentes grupos de educadores católicos, autores de uma forte crítica aos métodos e concepções de ensino para a população adulta propostos pelas campanhas oficiais do governo. Desde 1947, iniciativas do Ministério da Educação e Saúde (MES), sob orientação dos princípios definidos por organismos supranacionais como a Unesco, a Cepal e a OEA, deram origem às ações em Educação de Adultos e Alfabetização, premidas pelo conceito da Educação de Base.

Na documentação do MEB, as campanhas foram criticadas em dois sentidos. Referindo-se às Campanhas – a Campanha Nacional de Educação de Adolescentes e Adultos (CEAA), a Campanha Nacional de Educação Rural (CNER) e a Campanha Nacional de Erradicação do Analfabetismo (CNEA) – disseminadas como políticas educacionais dos governos Dutra, Vargas e Kubitscheck, o MEB ressaltava: primeiro, não apresentaram capacidade de expansão suficiente para resolver, em termos quantitativos, o problema do analfabetismo no país; segundo, as experiências das campanhas foram incapazes de superar os limites bancários e autoritários do ensino, que tratavam o adulto analfabeto como receptor passivo do conhecimento, demonstrando pouca eficácia na modernização de padrões e atitudes almejada pelas exigências do desenvolvimento social e econômico.

sistema características que relegam a cultura popular a subalternidade, exotismo ou imobilismo. Ver: N. G. Canclini, *Culturas híbridas*, p. 240 e E. P. Thompson, *Costumes em comum: estudos sobre a cultura popular tradicional*, p. 14-15.

Tendo como objetivo central a edificação de uma Cultura Popular (nos termos aqui definidos), o MEB demonstrou assaz capacidade na construção de instrumentos metodológicos e no uso de linguagens, definindo como instrumentos da Cultura Popular: a alfabetização, a Animação Popular,[51] os festivais de cultura, as festas populares, o teatro, o cinema, a música e as Caravanas de Cultura. Estas últimas foram concebidas pelo MEB como uma ação de promoção cultural em que estudantes, jovens e voluntários, de uma maneira geral engajados em trabalhos de base, formavam grupos capacitados para uma ação temporária em comunidades rurais distantes, levando a estas comunidades atividades culturais como o teatro, os festivais de música, a organização de festas, projeções de cinema etc. O objetivo era articular a ação destas caravanas com as escolas de rádio.

Todos estes instrumentos far-se-iam presentes na dinâmica das escolas do MEB, como instrumentos que pudessem provocar a *promoção cultural* e o *desenvolvimento comunitário*. As metodologias de ação utilizavam linguagens determinadas (teatro, música, o cordel etc.) na apresentação de temas que envolviam a comunidade em problematizações e discussões acerca de problemas locais. A partir daí, os agentes educacionais deveriam estimular o desencadeamento de ações e atitudes que promovessem soluções mais ou menos permanentes aos problemas abordados.

As formas da cultura popular foram legitimadas enquanto linguagem autêntica de comunicação entre o local e o universal. No cotidiano da escola do MEB, as equipes locais utilizavam formas usuais da cultura do homem rural como instrumento de comunicação de conteúdos a serem desenvolvidos na escola.

Como formas da cultura popular, as manifestações poéticas e musicais das comunidades – os versos das Emboladas,[52] as cantatas de Repentes e o Cordel – foram aceitos como linguagem adequada à ação pedagógica, passando a compor parte do material didático impresso que circulou nas escolas. Produzidos por artistas locais ou por alunos das escolas, os cordéis e as emboladas, após a ação do

---

[51] A Animação Popular foi um termo utilizado no MEB para designar ações de incentivo à mobilização de comunidades para a realização de trabalhos comunitários em diferentes instâncias, como a organização de centros comunitários, associações de jovens, produção associada de artesanato, clubes sociais para lazer etc. Cabia aos professores-locutores e aos monitores das escolas estimularem grupos que atuassem coletivamente exercendo ações comunitárias.

[52] Forma poética e musical improvisada, recorrente no Nordeste brasileiro, que produz versos binários declamados de forma melodiosa, rápida e em intervalos curtos, usada por solistas ou dialogada em Cocos e Desafios.

MEB, passaram a expressar conteúdos concernentes às questões da nova situação vivida pelos trabalhadores rurais naquele momento, situações estas que envolviam a escola, os sindicatos rurais, a conquista de direitos sociais e do trabalho.

Pequenos livretos de cordel, impressos pelo MEB ou por sindicatos, ostentavam títulos ligados ao desenvolvimento nacional, à questão do analfabetismo, ao sindicalismo rural e à organização política dos trabalhadores do campo – ou seja, as linguagens populares se reproduziam sob suas formas, esboçando conteúdos renovados que envolviam temas da Educação de Base e do sindicalismo rural.

*A Fachada do Gigante ou as Dores do Brasil*, do poeta popular Chico Traíra, natural do Rio Grande do Norte, desenvolvia um enredo voltado ao levantamento dos grandes problemas sociais brasileiros que vitimavam o homem pobre e o trabalhador rural:

*Desperta, Brasil desperta*
*ó gigante adormecido*
*verás que teu povo sofre*
*escravizado e ferido*
*em cada peito, um soluço*
em cada alma um gemido.
Precisamos de lutar
Com o mais alto otimismo
Pra defender nosso povo
Desse temeroso abismo
pois nele, mais da metade,
reina o analfabetismo
Recursos médicos não temos
nem mesmo a longa distância
a mortalidade infantil
nos causa repugnância
Assim está nossa pátria
Condenada a ignorância (...)[53]

Com uma crítica ácida, o folheto desenvolvia um enredo apresentando problemas da exclusão social, da miséria, da falta de recursos médicos, habitacionais, educacionais de áreas como o Nordeste, o Norte e o Centro-Oeste do país,

---

53   MEB. *A Fachada do Gigante*. Cordel. [19--]. Fundo MEB-Cedic.

chamando a atenção do homem comum para a responsabilidade social que ele deveria assumir lutando e se organizando.

Outros folhetos reproduziam críticas com tais características: *A nova escravidão*, de autor desconhecido; *A voz de um camponês*, de Antonio Teixeira (sindicalista rural); *A vida do camponês* de José Alves da Silva (aluno do MEB/PE); *A vida do camponês e o sindicato rural*, de Francisco José da Silva e *A prisão do Dr. Cruzeiro*, de Antonio Julião da Silva (sindicalista rural). Os conteúdos se afastavam das narrativas tradicionais dos folhetins que circulavam na zona rural canavieira nordestina, apresentando assuntos ligados ao direito do trabalho, às políticas públicas, às diretrizes econômicas do país.

Os folhetins de cordel foram, até aquele momento, a principal leitura do trabalhador rural da zona canavieira e de regiões do agreste. Os cordéis costumavam ser lidos e relidos por trabalhadores alfabetizados – uma dona de casa, um jovem escolarizado – em rodas formadas por moradores das pequenas localidades, vilas e engenhos em suas horas de lazer e folga, na soleira das portas, sob a sombra das árvores das propriedades rurais da zona da mata.[54] As narrativas tradicionais do cordel tratavam de feitos heroicos e ladinos de heróis populares, dos feitos de cangaceiros, ou de romances marcados dicotomicamente pela tragédia ou pelo *final feliz*.[55]

Como meio de comunicação amplamente utilizado na zona da mata nordestina, os folhetos faziam o papel de jornal, semanário ou dos livros de bolso dos moradores de vilas e pequenas cidades. O papel do cordel se diversificava entre diversão e a informação, configurando-se como registro das representações do homem comum (traduzidos pelos artistas populares) acerca de acontecimentos locais e nacionais, dando visibilidade às suas maneiras de ver e analisar fatos sociais, políticos ou religiosos. x h

No MEB, os folhetos foram tratados como um valioso material com força didática e pedagógica, desde que transmutados os seus conteúdos. Nas escolas, o cordel e a embolada ressurgiram após um processo de readaptação de conteúdos que fez emergir nestas linguagens aspectos novos como: temas de higiene, saúde, da organização política, abandonando-se o gosto popular pela tragédia, pelo heroísmo ou pela religiosidade.

---

54  R. C. Carneiro, Folhetos Populares na Zona dos Engenhos de Pernambuco. *Boletim do Instituto Joaquim Nabuco*, p. 49.

55  *Idem*, p. 50.

Revestiam-se formas poéticas de ampla aceitação com temas pertinentes aos interesses da escola. Nessa medida, apenas as formas de comunicação e expressão da cultura local, e não os seus conteúdos, foram legitimados como veículo de trocas culturais entre educadores e educandos. O conjunto de representações culturais da comunidade – maneiras de ver a vida no campo, as representações dos conflitos entre senhores de engenho e trabalhadores, as contendas políticas, as figuras heroicas do sertanejo – foram encaradas como visões tradicionais a serem superadas em nome da cultura universal.

Definindo manifestações e representações culturais do popular como cultura tradicional, o MEB acabou por *encenar o popular*.[56] O Movimento revestiu a cultura do povo com a roupagem da autenticidade e da legitimidade, fundada na tradição dos atributos folclóricos, com a intencionalidade de preservar preceitos do nacional advindos de conceitos como Povo, Nação, Pátria presentes no modelo nacionalista de desenvolvimento econômico que a CNBB, a cúpula da Igreja Católica e muitos de seus agentes de base assumiram como projeto político. Legitimaram-se as formas e os signos de uma cultura autêntica, enquanto seus conteúdos e significados foram sublimados.

Ao mesmo tempo, a dicotomia atraso x moderno, presente no escopo teórico do MEB, levava-o a visualizar a cultura popular (dita tradicional) como depositária de elementos – rústicos, arcaicos, tradicionais e primitivos – que inviabilizavam os caminhos do progresso tecnológico, científico e econômico da nação.

O popular foi encenado como lugar legítimo de onde se deveria partir para construção da nação desenvolvida, contudo, a modernização necessitava de formas de produção que superassem os limites do tradicional.

---

56 A encenação do popular, segundo Canclini, trata-se de uma atitude que promove a cultura popular de forma populista, não reconhecendo efetivamente suas potencialidades de conexão com a modernidade. N. G. Canclini, *op. cit.*, cap. 5.

# CAPÍTULO II
## Vida e trabalho no mundo rural

> *"Naquela hora, o senhor reparasse, que é que notava? Nada, mesmo. O senhor mal conhece esta gente sertaneja. Em tudo eles gostam de alguma demora."*
>
> *(João Guimarães Rosa)*

## O camponês do MEB

De cada pequena localidade rural do Nordeste, o MEB recebia dos monitores listas de matrícula em que os alunos, inscritos na escola de rádio, declaravam suas ocupações e/ou profissões. Nessas listas faziam-se repetir recorrentemente as mesmas declarações, ao lado do nome e da idade dos alunos surgiam as inscrições: sitiante, agricultor ou lavrador.

Das diversas vilas e localidades multiplicavam-se as listagens enviadas pelos monitores das escolas, na medida em que cresciam o número de matriculados. As listas funcionavam como matrículas e como formas de controle e quantificação dos alunos. De maneira informal, os monitores narravam em suas cartas as listas dos alunos matriculados, preocupando-se em caracterizá-los. Assim o fez a monitora Ana Felisberto, da localidade de Bela Rosa, que escreveu ao Centro Radiofônico de Nazaré da Mata, fornecendo as seguintes informações sobre seus alunos:

> Bela Rosa, 22 de junho de 1962.
>
> Boas supervisoras
>
> Vai nesta carta os nomes de meus novos alunos:
>
> Marina Salvina da Conceição, nascida a 27/08/1925, de profissão doméstica, solteira.

> Benedito Inácio da Silva, nascido a 8/09/1945, profissão de agricultor e solteiro.
>
> José Inácio da Silva, nascido a 7/1/1947.
>
> José Liberato da Silva, nascido a 20/08/1947, agricultor, solteiro.
>
> José Sebastião da Silva, nascido a 22/2/1945, profissão agricultor, solteiro.
>
> José Guedes Alcoforado, nascido a 13/4/1950, profissão agricultor, solteiro.
>
> Estes foram os que entraram no mês de maio na escola.
>
> Desejo a todas um feliz São João.
>
> Atenciosamente
>
> Ana Felisberto.[1]

Foi prática das monitoras apresentarem a lista de nomes masculinos e femininos sempre acompanhados da ocupação e/ou profissão do aluno. Nesta, e em outras cartas trocadas entre os Centros Radiofônicos do MEB e as escolas, percebemos que aos alunos do sexo masculino associavam-se as profissões de agricultor, lavrador ou sitiantes, e que, nas declarações acerca das alunas, prevalecia a citação do trabalho doméstico como ocupação principal.

As cartas revelam uma fala do trabalhador sobre si; ele fora questionado quanto a sua profissão e como resposta se apresentava como agricultor, sitiante ou lavrador. Neste conjunto de falas, o trabalhador se representava baseado em uma atividade vivenciada em relações de produção familiar. Nesta representação, o trabalho do qual se ocupava o articulava ao principal meio de produção – a terra –, criando um sentido que o definia como um grupo social. Com esta atitude, o grupo de trabalhadores do MEB definiu-se a partir de sua interligação com a terra, situando-se política, cultural e economicamente em relação à terra e aos meios de produção numa situação direta de uso e/ou posse.

Assim, o grupo social estudado demonstrou ter elaborado uma consciência própria de sua situação de classe. O contato direto com a terra o fez identificar-se

---

[1] As cartas aqui reproduzidas fazem parte do Fundo MEB, um dos fundos componentes do acervo da Central de Documentação e Informação Prof. Casemiro dos Reis Filho – CEDIC. Foram respeitadas a forma da escrita, ortografia e concordância verbal.

como agricultor ou lavrador, independentemente da relação de propriedade, ou não, da terra como meio de produção. A identidade construída a partir da relação com a terra (e não com a propriedade) leva à adoção do conceito de camponês para identificar o referido grupo, circunscrevendo-o no intenso debate conceitual travado por gerações de intelectuais acerca do conceito de camponês e a polêmica sobre a existência ou não do campesinato no Brasil.

O entendimento do camponês como categoria que participa da formação social e econômica brasileira exige, primeiramente, um esforço de interpretação que rompa com modelos rígidos de periodização histórica e organização social e econômica. Este esforço interpretativo vem sendo realizado, ininterruptamente, por um pensamento crítico, dentro e fora do Brasil, que, superando e ampliando noções estruturalistas, propõe a ruptura com o entendimento homogêneo da classe camponesa, levantando uma discussão acerca da heterogeneidade deste(s) grupo(s) social(s) e suas especificidades.[2]

O grupo social que analisamos situa-se num universo de trabalhadores da terra que exclui toda e qualquer possibilidade de um conceito *clássico* de camponês.[3] A problemática da heterogeneidade e especificidade do grupo social referido

---

[2] Desde meados da década de 1960, Teodor Shanin tem se destacado como teórico inovador na discussão conceitual acerca das sociedades camponesas. Retomando A. V. Chayanov e a ideia de uma organização diferenciada ou específica do camponês no processo de desenvolvimento do sistema capitalista, Shanin propôs a ruptura com o entendimento homogêneo da "classe camponesa", levantando uma discussão sobre a heterogeneidade deste grupo e suas especificidades. Para o autor, as abordagens marxistas mais ortodoxas, seguidoras do pensamento de Lênin, trataram o camponês sobre duas óticas: primeiro, a perspectiva da "diferenciação", em que os processos de diferenciação social no interior da sociedade camponesa se acirram e consequentemente levam o camponês a assumir novo modo de vida, ou seja, passa a ser "outro" e não mais camponês; segundo, a perspectiva dos "modos de produção", que discutia a procedência de ser ou não o modo de vida do camponês um modo de produção dotado de estrutura política e econômica autossuficientes. Estas perspectivas, por sua vez, definem o camponês como um grupo de características homogêneas e que tende ao desaparecimento no processo de desenvolvimento do capitalismo. O debate suscitado por Shanin compõe um quadro de debates acerca do campesinato em que se polarizam visões e tendências: de um lado proposições modernizantes do paradigma do capitalismo agrário e de outras visões e tendências antropológicas e sociológicas voltadas ao entendimento do camponês enquanto grupo social diferenciado, porém componente do sistema capitalista. Ver: T. Shanin. *Naturaleza y Lógica de la Economia Campesina*, p. 07-79.

[3] A afirmação de o camponês brasileiro não ser o campesinato no sentido clássico remete a diferenças históricas que envolvem o camponês brasileiro e o campesinato definido por Marx e Lênin. O camponês brasileiro, segundo José de Souza Martins, é uma classe gestada com a expansão capitalista, sendo produto do rol de contradições desta expansão. Assim, o camponês brasileiro não foi

supõe o rompimento com os conceitos convencionais, levantando, inclusive, a improbidade de um conceito mistificado acerca de um grupo social que, por princípio, possui conteúdos históricos diferenciados em sua formação e organização socioeconômica e política.

Segundo Shanin,[4] é possível categorizar o camponês ao desvendarmos seu modo de vida articulado aos diferentes espaços e tempos históricos em que se manifesta. Em outras palavras, diferentemente do conceito de um modo de produção camponês, devemos operar com a noção de campesinidade entendida como um modo genérico de organização econômica, social, política e cultural do camponês, recuperando do vivido alguns elementos universais, tais como a unidade familiar, produção para autoconsumo, as relações com o tempo cíclico da natureza, ritos e festas ancestrais, religiosidade etc.

A campesinidade é o que distingue o camponês em relação a outros grupos sociais e, para Shanin, estas distinções podem estabelecer-se genericamente: em uma economia camponesa que se pauta por formas próprias, por padrões e tendências da organização política, por normas e cognições típicas do campesinato, por uma organização social característica pautada na família, na comunidade, na aldeia.

Henri Lefebvre[5] fala de um *mundo camponês*, não no sentido de uma realidade isolada, mas em função de sua extraordinária variedade e de características próprias. Articulando este pensamento à noção de campesinidade, poderíamos entender as manifestações procedentes das sociedades camponesas em função de suas características particulares e, ao mesmo tempo, genéricas, como também em suas conexões com a modernidade do capital que o subsumiu à sua lógica.

Tratando do Brasil, José de Souza Martins,[6] observando a emergência das lutas sociais no campo, estabeleceu uma noção de camponês a partir da luta política assumida por grupos sociais ligados à terra. O camponês é, antes de tudo, uma palavra política que estes grupos procuraram dar a si tentando expressar uma unidade de classe. Esta noção exige atenção ao fato de que os conflitos no campo devam ser explicados

---

proprietário de terras desde o início, sua luta constante foi a da conquista da terra, diferente do camponês clássico caracterizado por Lênin como proprietário de terras e resistente à expansão capitalista. Ver: J. S. Martins, *Os camponeses e a política no Brasil*, p. 26-31.

4   Op. cit.
5   De lo rural a lo urbano.
6   Op. cit.

pela ação política da classe, diante dos ritmos e tempos históricos diferentes que o processo de desenvolvimento capitalista assumiu no território brasileiro.

Por estas noções, apreende-se que o camponês assume posição de classe, na medida em que se reconhece na diversidade, na generalidade e na história. Isto posto, é possível afirmar que estes grupos sociais, como classe, estiveram presentes na sociedade brasileira, desde os primórdios da sociedade escravista, uma vez que, no engenho, cabiam relações diversas com a terra que estabeleceram padrões de uso e de posse variados, permitindo a convivência secular de lavradores, posseiros, moradores e rendeiros com a *plantation*.[7] Historicamente, com a perpetuação do monopólio sobre a terra, alimentou-se na formação econômica brasileira possibilidades múltiplas de arranjos políticos e econômicos entre proprietários e subordinados, o que intensificou a diversificação das relações sociais no campo.

Daí a possibilidade de se falar em um camponês do MEB se se considerar: a heterogeneidade dos grupos sociais que participaram das escolas, a existência de um modo de vida que caracterizava esses grupos, além de um conjunto de relações de uso, posse e trabalho na terra que podem ser assimiladas em uma definição não homogênea de camponês.

O que se sabe do camponês do MEB resulta de dois tipos de fontes. Aquelas produzidas pelo MEB como documentos oficiais de planejamento, orientação e avaliação do projeto educacional, e todo um conjunto documental (cartas, bilhetes, cordel, versos) produzido nas escolas radiofônicas rurais por monitores e alunos diante da necessidade de comunicação e interação da escola com as equipes de rádio.

Os documentos produzidos pelas equipes nacional e estadual trataram os sujeitos sociais, para os quais o projeto se constituiu, como camponeses. O MEB estabeleceu, em suas declarações iniciais, a preocupação com uma população eminentemente rural, local, atribuindo, genericamente, a esta população o conceito de camponês, homem do campo ou homem rural. Demonstrou-se incisivamente, no discurso do projeto de alfabetização e de cultura popular, a definição de um público-alvo: o camponês adulto.[8]

Ao propor um trabalho educacional construído a partir da realidade local, o MEB se preocupou em orientar as equipes em conhecer e caracterizar a realidade

---

7   S. Forman, *Camponeses: sua participação no Brasil*, p. 47-53.
8   MEB/NACIONAL. *MEB em 5 anos*. 2ª ed., 1982. Fundo MEB-Cedic.

local, através *de estudos da realidade* ou *estudos de área*, preocupado com a diferenciação das condições econômicas e sociais que o homem rural poderia apresentar em diferentes espaços regionais. Apesar da dificuldade de acesso aos *estudos de área*, é possível analisar seus roteiros e de onde emerge uma iniciativa voltada para a interpretação da realidade local, que almejava conhecer os problemas, necessidades e recursos disponíveis nas comunidades atingidas. Especificamente, em relação ao aluno-trabalhador, buscavam-se caracterizar as técnicas do trabalho agrícola regional, as relações de trabalho e a organização da comunidade para a produção. Os roteiros também oferecem informações que permitiram estimar o número de alunos atingidos, assim como as características etárias do camponês que se matriculou no MEB.

As escolas rurais do MEB receberam entre 1961 e 1965 um número equivalente a 400 mil alunos, caracterizados pelo MEB/Nacional como uma *população de adolescentes e adultos das áreas rurais subdesenvolvidas do país*.[9] Utilizando-se de um sistema de amostragem entre 1963-1964, o MEB calculou a percentagem da distribuição numérica de seus alunos por faixa etária, verificando que o maior percentual de alunos se concentrava na faixa etária de 15 a 30 anos, constatando a existência de uma faixa percentual significativa de alunos com idade inferior a 15 anos,[10] e a existência de um terceiro percentual de alunos acima de 50 anos.

AMOSTRA DO NÚMERO DE ALUNOS CONCLUINTES DISTRIBUIDOS POR FAIXA ETÁRIA

| ANO | NÚMERO DE ESTADOS | NÚMERO DE SISTEMAS | AMOSTRAGEM | ALUNOS ATÉ 15 ANOS | % | ALUNOS 15 A 30 ANOS | % | ALUNOS + 50 ANOS | % |
|---|---|---|---|---|---|---|---|---|---|
| 1963 | 06 | 17 | 48% | 12. 863 | 24% | 32. 294 | 61% | 7. 964 | 15% |
| 1964 | 05 | 06 | 24% | 574 | 4% | 11. 825 | 79% | 2. 470 | 17% |

*Tabela de alunos concluintes por faixa etária.* Fonte: MEB-Nacional. MEB em 5 anos. 1982.

---

9   *Ibidem*, p. 75.
10  Insistentemente, a direção do MEB posicionava-se contra a participação de crianças de idade inferior a 15 anos nas escolas de rádio, no entanto, a inexistência de escolas em algumas comunidades, ou mesmo o trabalho infantil, levaram monitores a aceitaram a frequência de crianças de 11, 12, 13 e 14 anos às aulas noturnas.

Mesmo com preocupações voltadas para o entendimento das realidades locais – os documentos nacionais, a programação do rádio, os documentos e relatórios dos encontros de coordenação – trataram da comunidade rural em uma perspectiva homogênea. Este problema foi percebido na dinâmica do próprio MEB em momentos de avaliações de trabalhos.

Ao final de quase dois anos, em 1962, coordenadores do movimento perceberam que algumas equipes não faziam levantamentos locais, outras não interpretavam e/ou não se utilizavam de dados coletados para o trabalho educacional e o preparo dos cursos radiofônicos, desprezando-se diferenças e estabelecendo-se simplificações da riqueza cultural e diversidade regional das comunidades rurais.[11] Para uma visão mais aprofundada do referido grupo é necessário resgatar as condições de existência do camponês local, na tentativa de examinar a realidade vivida por estes camponeses na heterogeneidade específica da classe.

## O camponês em Nazaré da Mata

Para melhor compreender a realidade cotidiana camponesa foi escolhido, para análise, o Centro de Escolas Rurais Radiofônicas (CERR), com sede em Nazaré da Mata, que agrupou as áreas rurais de vários municípios da Mata Norte de Pernambuco.

A área de atuação do sistema de Nazaré localizava-se a noroeste da Zona da Mata, estabelecendo-se em uma região denominada *de transição*, entre Mata e Agreste, caracterizando-se fisiograficamente como uma região de três domínios: a Mata, com domínio de cana-de-açúcar, o Agreste, que mesclava atividades pecuárias e agrícolas de subsistência e comerciais, e, por fim, o Brejo, que comportava inclusive a policultura.[12]

---

[11] MEB/NACIONAL. *I Encontro de Coordenadores/Conclusões I*. 1962. Fundo MEB-Cedic.
[12] M. Correia de Andrade. *A terra e o homem no Nordeste: contribuição ao estudo da questão agrária no NE*, p. 31.

**MAPA DE PERNAMBUCO SUBDIVIDIDO EM MESORREGIÕES**

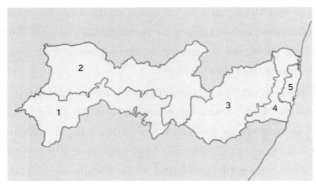

1. Mesorregião do São Francisco Pernambucano
2. Mesorregião do Sertão Pernambucano
3. Mesorregião do Agreste Pernambucano
4. Mesorregião da Mata Pernambucana
5. Mesorregião Metropolitana do Recife

Fonte: Wikipédia.

Por meio do engenho, na Mata Norte, criou-se, desde tempos coloniais, uma sociedade camponesa de lavradores – foreiros moradores ou condicioneiros – que concentrou populações em torno da casa-grande e, posteriormente, formou um *habitat* disperso no engenho, distribuindo através de amplos espaços as habitações de trabalhadores, que recorriam, por vezes, às localidades, vilas e cidades para suprirem suas necessidades básicas.[13]

Estudos aprofundados sobre o Nordeste e sua formação social e econômica demonstraram a intensa diversificação de relações de posse e uso da terra própria das relações de produção das regiões monocultoras, para além do regime de escravidão. Desde o XIX, o trabalhador livre começou a substituir o escravo, devido ao alto custo do escravo negro e *a venda desta mercadoria* para o Sudeste cafeeiro. Este fato fazia com que a relação de morada ou *morada de condição viesse a se tornar uma relação predominante na cana*.[14] A origem da *condição* baseava-se na existência de homens livres, destituídos da propriedade, que se colocavam sob a tutela de um senhor de engenho, com permissão para *morar, levantar choupana de barro e dar 2 ou 3 dias de trabalho para o senhor*,[15] como alternativa de sobrevivência econômica na terra e proteção familiar.

---

13   J. Grabois, "Que Urbano é Este? O habitat num espaço de transição do norte de Pernambuco". In: *Estudos Avançados/USP.* Dossiê Nordeste Seco. São Paulo, IEA, vol. 1, n° 1, p. 79-99, 1987.
14   J. S. Martins, *O poder do atraso: ensaios de sociologia da história lenta*, p. 60-61.
15   M. C. Andrade. *Modernização e pobreza: a expansão da agroindústria canavieira e seu impacto ecológico e social.*

O morador residia nas terras do engenho, detendo o direito do uso para o *plantio de lavoura branca*[16] – milho, mandioca, feijão – como parte constitutiva da relação de morada, ao mesmo tempo em que servia ao proprietário como reserva de mão de obra e desbravador de fronteiras agrícolas.[17] Num outro tipo de contrato, encontrava-se o foreiro, um arrendatário das terras marginais do engenho, que pagava renda em dinheiro e em trabalho na colheita e no plantio, o conhecido Cambão.

O mais significativo nestas relações contratuais de uso da terra foi o fato de que foram elas as formas possíveis encontradas pela força de trabalho em se arranjarem diante da expropriação e dos interesses das classes dominantes, desde os primórdios da colonização brasileira, até os momentos das décadas de 1950/1960, propostos como periodização desta pesquisa.

A análise das correspondências trocadas entre o Centro Radiofônico de Nazaré da Mata e o conjunto de escolas que compunham este sistema oferece indicativos acerca das relações de trabalho e de produção, assim como das relações de propriedade e uso da terra que envolviam as comunidades rurais e os trabalhadores das escolas de rádio.

Toda a região rural atingida por este sistema ligava-se, majoritariamente, à produção canavieira, e os alunos do MEB se articulavam à produção de cana e açúcar através de diferentes relações de trabalho, combinando, por sua vez, diferentes possibilidades de uso e posse da terra.

Na diversidade das relações de trabalho, o homem rural continuou categorizando-se como camponês, mesmo diante de uma realidade que, em princípios dos anos 1960, demarcava-se pelo claro processo de expropriação, que distanciava, cada vez mais, o camponês da possibilidade de propriedade e/ou posse sobre a terra, aproximando-os, muito mais, de um processo de proletarização e assalariamento.

Na região açucareira da Mata Norte, parte dos trabalhadores da cana residia no engenho ou na Usina. Estes a quem chamamos de moradores de condição ou condicioneiros, recebiam casa e o direito de *tocarem uma roça*, trabalharem e morarem no engenho. A concessão da casa e do roçado era uma estratégia de

---

16   *Ibidem*.
17   S. Forman. *Op. cit.*, p. 54.

dominação em que o grande proprietário agregava toda a família do trabalhador às suas terras, garantindo a reprodução da força de trabalho no interior do engenho ou da usina e sua dependência do roçado ou do endividamento no barracão.[18]

O agrupamento destas famílias trabalhadoras formavam aquilo que Grabois chamou de um *habitat disperso*, um *habitat* de casas simples, disperso por entre os canaviais do engenho, formando comunidades nucleares de trabalhadores residentes. Grabois, que estudou o processo de modernização da Usina Cruangi, próximo ao município de Timbaúba, onde funcionou uma escola do MEB entre 1961/1964, descreveu:

> (...) a monotonia dos canaviais era quebrada com frequência por casas ou conjuntos de casas próximas, porém separadas entre si por distâncias consideráveis de cerca de 500m ou mais, rodeadas por pequenos roçados e poucas fruteiras (...).[19]

Segundo este estudo, a morada de condição expressava uma necessidade de solução de problemas ligados à carência de mão de obra, já que nas terras da Mata Norte o corte da cana crua, sem a utilização da queimada e com dificuldades topográficas de implantar a mecanização, exigia profundo esforço físico, o que justificava a necessidade da permanência do trabalhador nas usinas e engenhos até momentos muito recentes da história da região.[20]

---

18  Na condição de morador de engenho, o trabalhador articula o tempo e o espaço da produção e reprodução em um único *locus,* o latifúndio. Nesta articulação, o proprietário desenvolve formas diversas de apropriação do trabalho e de renda, como, por exemplo, a estratégia do endividamento no barracão. As famílias com dificuldades financeiras e de locomoção desenvolvem práticas das compras no barracão que as tornam devedoras ao proprietário. Estas formas multiplicam as relações de dependência e submissão do trabalho em relação ao capital. Esta prática acompanhou o campo brasileiro desde a utilização da mão de obra estrangeira, no início do século XX na cafeicultura, até os dias atuais, com as práticas já denunciadas de escravidão por dívida em barracão. José de Souza Martins aponta as diversas práticas do barracão em diferentes obras. Ver: J. S. Martins. *Não há terra para plantar neste verão, 1986* e *O cativeiro da terra*, 1979.

19  J. Grabois. *Op. cit.*, p. 89.

20  *Idem*, p. 86.

## Trabalho e trabalhadores

A morada foi identificada no conjunto de cartas do Centro Radiofônico de Nazaré. Dos municípios de Timbaúba, Nazaré, Aliança, Bom Jardim e Buenos Aires, alunos das escolas rurais de engenhos e usinas da região apontaram o domínio da relação de uso da terra como organizadora de seu cotidiano de *condicioneiros*. Trabalhavam no domínio do senhor de engenho ou do canavieiro da usina e, por isso, recebiam pagamento, compravam no barracão e nas feiras locais os gêneros necessários para o complemento da subsistência. Moravam no engenho e, assim, puderam ter roça própria e ainda participar da escola instalada no interior das terras ou domínios da usina.

O envolvimento total do trabalhador com a cana no período da safra é perceptível em suas alusões ao trabalho e, consequentemente, um período de entressafra, em que o cultivo de gêneros alimentícios tornava-se também de interesse do dono do engenho, a fim de que este trabalhador pudesse garantir a sobrevivência familiar.

Nas cartas, endereçadas dos engenhos e usinas, a figura representativa do aluno que morava e trabalhava na grande propriedade se via dependente do bom relacionamento que conseguisse desenvolver no engenho. Uma trova veiculada entre o material didático do MEB revelava a consciência da dependência e, ao mesmo tempo, a consciência da exploração desenvolvida por moradores:

> *Se o pobre é morador*
> É obrigado a fazer
> *Tudo que o patrão exige*
> *E se não obedecer*
> *Ele vem com brevidade*
> E diz: da propriedade pode desaparecer
>
> *O pobre não tem direito*
> De criar um animal
> Ou uma cabra de leite
> Porque o patrão feudal
> Só está bem satisfeito
> Negando todo o direito
> Do trabalhador rural

> *Se o pobre planta algodão*
> E um quilo custa 70 cruzeiros
> Mas o patrão só quer comprar por 40
> No peso ainda lhe engana
>
> *Nessa exploração tirana*
> Camponês nenhum aumenta.[21]

A trova veiculava a consciência da necessidade da obediência como forma mantenedora da relação de dependência entre patrão-trabalhador. No entanto, mesmo sob a consciência da dependência construía-se a crítica à exploração do trabalho. Nas cartas, moradores deixaram registradas duras críticas ao sistema de exploração da situação de morada. Da cidade de Ingá, um aluno, que se autointitulou um *morador de engenho*, escreveu em uma carta às professoras do Centro Radiofônico discorrendo sobre sua situação:

> Ingá, 11/05/63
>
> Professoras,
>
> Eu venho por meio desta fazer-lhe ciente que eu e todos os alunos estamos bem satisfeitos com a escola radiofonica porque é uma facilidade para os pobres poder aprender a ler, mas, agente não pode ajudar o monitor no que é preciso por pobreza. O nosso estado é miserável aqui nos estamos disgracados ganhando duzentos e cinquenta cruzeiros por dia sem comida para comprar tudo, tudo é caro demais os moradores vivem tudo doente sem dentista e sem médico sofrendo fome é triste a nossa situação. Nos aqui pagamos 12 dias de cambao além do foro, o cambao é de graça e a seco é assim que os pobres vivem sofrendo no interior. A nossa monitora também sofre as necessidades porque trabalha de noite sem ganhar nada ela esta trabalhando de graca. Sera que o Estado não pode pagar minhas professoras que são dignas de falar por nos.[22]

---

21 MEB/PE. *A voz do camponês*. [19--]. Fundo MEB-Cedic. Cordel de Autoria de Antonio Teixeira, presidente do Sindicato de Trabalhadores Rurais de Pedro Velho, que compunha os livros de leitura do MEB nos sistemas de Pernambuco e Rio Grande do Norte.

22 Carta. *Fundo MEB-Cedic*.

Na fala do trabalhador, o foro e o cambão foram identificados como sistemas que limitavam os ganhos da mão de obra. O trabalhador interpretava o compromisso com o patrão como impedimento de ampliação de ganhos próprios, ao mesmo tempo em que a remuneração paga por seu trabalho não lhe satisfazia, impondo-lhe a condição de miséria. A crítica ao foro e ao cambão revela na verdade a vontade da dedicação exclusiva à lavoura, o que não era possível ao morador de condição ou ao foreiro.

A situação da prática de lavouras por moradores foi um tema que surgiu nas escolas e a percebemos por meio dos conteúdos dos programas de rádio e das cartas. Os programas se dedicaram a responder uma ampla gama de questionamentos sobre plantios, técnicas de correção do solo, combate de pragas etc. Assim, as lavouras persistiram como atividades dos moradores, apartadas da cana, e que interligavam as famílias, pais, mães e filhos no trabalho agrícola de subsistência.

A prática da lavoura discutida nos conteúdos das aulas radiofônicas e a demanda de informações acerca de temas que envolviam o plantio, controle de lavouras, melhoramentos agrícolas, dentre outros, permite identificar a existência de um segundo tipo de trabalhadores que frequentaram as escolas do MEB e que dirigiam a si mesmos como sitiantes ou pequenos proprietários.

O retalhamento de engenhos nas décadas de 1940, 1950 e 1960 foi uma solução encontrada por grandes proprietários para manter a produção canavieira. Manuel Correia de Andrade[23] afirma que, mesmo diante do processo de concentração fundiária vivido com a instalação das grandes usinas, senhores de engenho, em diversos municípios da Zona da Mata, faziam negócios vendendo partes pequenas de suas propriedades quando as consideravam pouco produtivas ou desvalorizadas, para reaplicar o dinheiro em prol da produção ou em atividades variadas.[24] Mantinha-se uma proximidade do núcleo das grandes propriedades com uma comunidade de pequenos produtores, que, por muitas vezes, a fim de complementarem a renda familiar, mesmo proprietários, trabalhavam na coleta da cana no engenho.

Nestas circunstâncias, as escolas rurais instaladas em engenhos e nas usinas reuniram moradores de condição e outros tipos de lavradores, como o pequeno

---

23 M. C. de Andrade. *A terra e o homem no Nordeste*.
24 M. C. Andrade. *Op. cit.*, p. 118.

proprietário, que, não dissociado do orbital da grande propriedade, uma vez que residia em território antes pertencente ao grande estabelecimento, adensava a demografia esparsa do *habitat* do engenho e/ou usina e frequentava seu espaço regularmente – escola, festas, trabalho.

Nas cartas dos camponeses, a complexidade de relações de trabalho, postas, naquele período, como sustentadoras das relações de produção da grande lavoura, foi para além das circunstâncias da condição, do foro e do predomínio do latifúndio sobre a pequena propriedade. O assalariamento se fez presente entre parte significativa dos trabalhadores que frequentaram as escolas, surgindo, nos registros do MEB, como uma relação de trabalho de alta variabilidade na grande propriedade canavieira.

A documentação apresenta moradores de usinas que frequentaram as escolas e narraram relações de trabalho que os caracterizavam como assalariados residentes na propriedade sem o direito concedido de lavrar a terra.

Em uma condição maior de dependência, recebiam casa para morar dentro da propriedade – a rua da usina – com dedução de aluguel, não tendo o direito à terra para cultivo, tornando-se um trabalhador assalariado, dependente do barracão da usina ou das localidades para a compra de gêneros alimentícios e de primeira necessidade. Este trabalhador foi chamado de trabalhador *alugado*, e a menção a este tipo de trabalho foi veiculada intensamente na literatura de cordel que acompanhou a ação didática do MEB e seu projeto de sindicalização. O trabalhador alugado encontrava-se no limiar entre o assalariamento e a morada. Ele residia no engenho/ou usina, compactuava das relações de dependência, porém, não desfrutava do uso da terra:

*Quando trabalha alugado*
Isto sim, ninguém nem fala
Nunca chega ajuntar
Por sua pequena escala
E é difícil botar
Uma roupinha na mala

*Peleja a semana toda*
Arranja uma asneirinha
Porém quando chega o sábado
Vai fazer sua feirinha

> *Pois a mistura que compra*
> É meio quilo de sardinha (...).[25]

O trabalho alugado foi um tipo de assalariamento característico das usinas de toda a Zona da Mata nordestina, em que o proprietário, mediante desconto em salário, fornecia moradia ao trabalhador e sua família, garantindo a permanência deste nas instalações da usina. Desta forma, o dono da terra mantinha o controle da força de trabalho, ao mesmo tempo em que garantia que o trabalhador (impedido de lavrar roça) dedicasse todos os dias da semana à produção da cana/açúcar.

Na condição de alugado, o trabalhador ficava à disposição integral do dono do engenho ou da usina. No Engenho Ribeiro Grande, a monitora Emiliana Barata de Morais narrou:

> Engenho Ribeiro Grande, 29 de setembro de 1962.
>
> Distintas e boas supervisoras
>
> Ao enviar-lhes estas linhas é para dar-lhes notícias da escola.
>
> Eu continuo sempre animada e satisfeita. Os alunos estão todos bem interessados e aprendendo, apezar de agora ter começado a safra da cana, e os alunos do sexo masculino estão perdendo mais aulas, por serem obrigado a encher caminhão de cana à noite, mesmo na hora da aula. São alunos que queriam até sair da escola. Mais eu pedi a eles que não saísse, comparecesse à noite que pudesse, e assim eles continua satisfeito (...).[26]

O trabalhador alugado era um trabalhador assalariado que não ocupava a posição de um proletário rural, na medida em que havia uma variabilidade do contrato de trabalho que lhe garantia a moradia, o que não impedia a alta exploração do trabalho, ao contrário, era justamente a proximidade física do trabalhador que incentivava o usineiro/dono de engenho a se beneficiar deste tipo de contrato.

---

25 MEB/PE. *A vida do camponês*. 1963. Fundo MEB-Cedic. O texto do cordel *A vida do camponês* é de autoria de José Alves da Silva, monitor da escola radiofônica do Sítio Jundiá da Zona da Mata pernambucana. O folheto foi editado em cordel para circular entre as escolas, tendo pertencido naquele momento à biblioteca circulante do MEB de Pernambuco.

26 Carta. *Fundo MEB-Cedic*. Algumas cartas narram exatamente a mesma situação: as escolas mantendo unicamente a população feminina, devido ao fato de os alunos do sexo masculino estarem trabalhando ininterruptamente nos turnos da usina e/ou engenho.

A alta variabilidade de contratos apontou também a presença nas usinas e engenhos da figura do trabalhador de fora. Isto significava que este trabalhador morava em vila, localidade ou município próximo ao local de trabalho, e se assalariava de forma fixa ou temporária nas propriedades canavieiras.

Devemos levar em conta que nas condições colocadas aos trabalhadores rurais, em princípios de 1960, a proximidade com o engenho ou usina empregadora para facilitar o deslocamento era de fundamental importância na viabilização do trabalho. Este fato originou a formação de localidades – pequenas aglomerações muito próximas aos engenhos e usinas – que assumiram funções de comportar a moradia, o comércio e todo um pequeno conjunto de estabelecimentos necessários à sobrevivência básica de famílias assalariadas, como a bodega, a botica, a mercearia, a escola.

No mapeamento da procedência das cartas do MEB, aparece a menção direta a um amplo conjunto de localidades, marcadas por características rurais e urbanas, concomitantemente, assumindo a funcionalidade de possibilitar a moradia e a subsistência da mão de obra que já foi expulsa da grande propriedade. Tratava-se de uma população de assalariados, ex-moradores, ex-foreiros, que se aglomeravam em bairros periféricos da grande usina, formando as *pontas de rua*, um *habitat* agrupado que circundava a usina com características de um urbano deficitário.[27]

Destas pequenas *pontas de rua*, os monitores escreviam ao MEB comunicando a evasão, mesmo que temporária, de alunos que, na situação de trabalhadores assalariados de fora, deixaram de frequentar as aulas devido à jornada de trabalho nas usinas:

> Orobó, 2 de outubro de 1962.
>
> Presadas Supervisoras do Sentro radiofônico
>
> Boa tarde
>
> Neide envio-lhe esta cartinha dando-lhe notícias da minha escola. Mandando-lhe dizer que eu estou muito triste porque os meus alunos saíram 6. Viajaram para trabalhar fora, nas uzinas. E eles me disseram que só voltavam lá para novembro. (...)[28]

---

27  J. Grabois. *Que urbano é este? O habitat no espaço de transição no norte de Pernambuco.*
28  Carta. Fundo MEB-Cedic. Assim como esta, outras cartas narram a situação de abandono da escola em decorrência da busca de trabalho temporário.

A região da mata combinou o trabalho alugado com o assalariado de fora da usina e/ou engenho, além de combinar o trabalho assalariado fixo com o temporário. Como trabalhador de fora, a usina também recebia os corumbas, um trabalhador assalariado migrante, que residindo no agreste, sertão, ou mesmo em determinadas áreas da Mata Norte, se deslocava pelo território oferecendo sua força de trabalho de forma sazonal, no período de colheita da cana ou algodão. De Brejo da Aliança, a monitora Alaíde Serafim narrou a Neide, professora do Centro Radiofônico de Nazaré, suas preocupações com a diminuição do número de alunos após a safra, quando os corumbas retornaram aos seus locais de origem:

> Brejo de Aliança, 5 de agosto de 1962.
>
> Neide, meu abraço, desejo que esta encontre todas vocês professoras sempre feliz como sempre.
>
> Olhe eu escrevo dando notícias de minha escola esta muito bem, meus alunos muito satisfeito.
>
> Olhe diminuiu muito os meus alunos depois da chuva porque muitos mora no interior e foram embora, mas o pouco que tem está muito adiantado. (...)[29]

Os corumbas frequentavam a escola durante sua permanência na Mata Norte e posteriormente se deslocavam para suas regiões de origem. Em outros casos, encontramos trabalhadores sazonais da região de Nazaré, que se deslocavam pelo território em busca de trabalho:

> Sítio Varjão, 29-9-1962.
>
> Prezadas supervisoras
>
> O objetivo desta cartinha é para dar-lhes notícias da minha escola. Vários alunos foram as usinas trabalhar porque a situação aqui está ruim por falta de dinheiro, mas eles levaram o livros para estudar lá. Os outros estão bem satisfeito com as aulas de matemática e de linguagem (...)
>
> Eva Maria da Silva.[30]

---

29  Carta. Fundo MEB-Cedic.
30  Carta. Fundo MEB-Cedic.

Nas escolas do MEB estiveram presentes diferentes categorias de assalariados, e as escolas instaladas diretamente nos engenhos e/ou usinas receberam uma diversidade maior de trabalhadores: moradores de condição, sitiantes dos arredores, moradores assalariados, trabalhadores de fora e muitos corumbas.

Em períodos do ano letivo que coincidiam com a safra da cana, é perceptível a preocupação dos monitores e professores do rádio, com o aluno que necessitava abandonar a escola, sem realizar os exames semestrais finais, devido ao deslocamento em busca de trabalho na cana ou em outras lavouras:

> Sítio Salobro, 2 de outubro de 1962.
>
> Presadas supervisoras
>
> Eu ao escrever esta é dando minhas notícias de minha escola.
>
> Falando sobre a animação dos alunos a frequência é boa. Neste mês de outubro não, os alunos trabalham nas usinas para arranjar o pão. (...)
>
> Termino com lembranças a todos.
>
> João Batista Ramos.[31]

A sazonalidade do trabalho influenciou diretamente na rotina da escola de rádio. Este aluno que não tinha trabalho fixo provinha algumas vezes de outros territórios – do agreste – ou *do interior*, como identificaram seus monitores, o que levava o projeto elaborado para agir sobre uma comunidade fixa na terra a redimensionar suas proposições. Estes alunos deixavam de frequentar as aulas, que eram obrigatórias, e solicitavam o retorno em períodos, por exemplo, de avaliação, como o mês de novembro, e/ou vice-versa, deixavam as aulas em maio/junho e não cumpriam as avaliações semestrais.

Cada monitor tentava, à sua maneira, não perder o aluno, que por questões de trabalho abandonava a escola. Diversas cartas solicitavam orientações dos centros radiofônicos para que estes alunos não perdessem suas matrículas ou a oportunidade de frequentar a escola. A condição do trabalho sazonal foi reconhecida, pelos próprios camponeses, como condição adversa. A dura rotina a que eram submetidos os corumbas comoveram moradores e pequenos proprietários.

---

31  Carta. Fundo MEB-Cedic.

O MEB acabava por ter que driblar as orientações quanto à reprovação por frequência, dentre outras, para poder atuar em realidade tão desfavorável.

## Mulheres no MEB: a condição feminina

O rol de possibilidades aqui levantadas acerca da situação de trabalho, de forma alguma abrange, a não ser parcialmente, o mundo do trabalho entre os camponeses do MEB. Uma figura marcante do MEB – o monitor – nos levou a olhar um segmento social envolvido com o projeto, que mereceu destaque devido sua situação diferenciada na condição camponesa e nas relações de trabalho identificadas: as mulheres.

Toda escola de rádio era coordenada por um monitor. Ele era um elemento da comunidade que, disposto a prestar um serviço voluntário, transformava-se no vínculo entre alunos, professores do rádio e equipes do MEB.

No processo de instalação de uma escola, os monitores eram escolhidos pela comunidade local, e, segundo as diretrizes do MEB, deveriam ser lideranças locais já instituídas. Nos primeiros relatórios e nos documentos de treinamento de pessoal, representou-se o monitor como indivíduo com potencialidade e habilidades para liderar, com requisito mínimo de saber ler e escrever, com capacidade para assumir as funções burocráticas da escola – matrícula, controle de frequência, aplicação das avaliações, apresentação de relatórios mensais, horas semanais de estudo –, além das funções de liderança comunitária.[32]

Depois de escolhido, na comunidade, o monitor participava de um treinamento, por meio do qual deveria adquirir habilidades mínimas para exercer sua função, sendo nomeado monitor apenas quando estivesse apto para exercê-la.

O monitor era quem que transformava uma série de programas educativos em uma escola radiofônica. Acompanhando as instruções do professor, o monitor deveria ser o elemento ativo que articularia as atividades propostas à realidade da escola. Sendo o MEB um projeto que almejava transpor a escolarização pura e simples em direção à ação cultural e política, a função do monitor ia além da escola, não se esgotava na escola, dirigia-se à ação comunitária.

A análise do contato de monitores e professores de rádio do Centro Radiofônico de Nazaré da Mata permite vislumbrar uma dimensão cotidiana

---

32 CNBB. *Relatório Anual do MEB*. 1961. Fundo MEB-Cedic.

da escola e traz à tona a percepção da centralidade da figura do monitor para existência e funcionamento dela.

A escola dependia do monitor, de sua relação com a comunidade, de sua disposição, suas habilidades em mobilizar e manter os alunos. Como a Educação de Base objetivava, dentre outras coisas, difundir conhecimentos que otimizassem a divisão do trabalho no campo e introduzissem ações do cooperativismo, a existência de vínculo efetivo entre alunos e monitor influenciava diretamente nas possibilidades de desenvolvimento do trabalho de politização, sindicalização e desenvolvimento comunitário.

No caso da região nordestina, a maioria dos monitores das escolas de rádio foi de mulheres. Em estudo realizado no MEB de Natal sobre o perfil dos monitores, Ferrari[33] estabeleceu a proporção de cerca de 80% de mulheres nas monitorias das escolas. A proporção entre o número de monitoras e de monitores em Nazaré excede os 80% de mulheres.[34]

De maneira geral, o MEB apresentou em seus postos de trabalho uma cúpula predominantemente masculina, ocupada pelas lideranças da Igreja Católica na CNBB, em contraposição a uma base predominantemente feminina nas monitorias. Na cúpula do movimento havia um desequilíbrio que privilegiava os homens, o que levou inclusive equipes do MEB a se preocuparem com a relação quantitativa entre homens/mulheres em seu quadro de funcionários. Em 1962, no Primeiro Encontro de Coordenadores, discutiu-se uma indicativa para formação das equipes que considerasse o equilíbrio numérico dos sexos nas funções do Movimento, com o objetivo de equilibrar e dar oportunidades iguais para homens e mulheres na direção do MEB.[35]

Na base, o MEB era eminentemente controlado por mulheres, o que leva a questionar a aparente contradição entre os preceitos de uma cultura tradicional que resguardava a mulher da condição de liderança social e/ou política e o fato de que, no MEB, as mulheres assumiram a posição de liderança nas comunidades, ocupando-se da monitoria das escolas. Esta aparente contradição pode ser

---

33  *Apud* L. E. Wanderley. *Educar para transformar: educação popular, Igreja Católica e política no Movimento de Educação de Base.*

34  Estimada a partir de uma análise das cartas do arquivo Fundo MEB.

35  MEB/NACIONAL. *I Encontro de Coordenadores/Conclusões I.* 1962. Fundo MEB-Cedic.

explicada por um conjunto de situações relativas ao trabalho e à vida camponesa do momento histórico analisado.

Efetivamente, as mulheres não ocupavam postos de trabalho formais nas relações de produção do nordeste canavieiro. Na relação de morada ou do trabalho alugado, a família do trabalhador habitava as terras da usina ou do engenho, não estando as mulheres da família – esposa e filhas – ligadas formalmente ao corte da cana ou à produção do açúcar. Essas esposas e filhas mais velhas assumiam, quando fosse o caso, o trato da roça e, na condição do alugado, assumiam os trabalhos domésticos como forma de reprodução familiar. No âmbito do assalariamento formal masculino, as mulheres ligavam-se, naquela conjuntura, à reprodução da vida familiar, através de um conjunto de trabalhos domésticos.

De acordo com o MEB, a média de horas diárias gastas pelo monitor com o trabalho voluntário na escola de rádio era de no mínimo três horas. A longa jornada de trabalho na cana, na maioria das vezes, não permitia que o trabalhador da lavoura se dedicasse a esta atividade, daí uma possível justificativa para o número significativo de mulheres nas monitorias das escolas. O trabalho doméstico ou o trabalho na lavoura de subsistência, por sua menor rigidez nos horários, pôde permitir um maior envolvimento da população rural feminina com a liderança de escolas.

Outra possível hipótese explicativa do envolvimento de mulheres com as escolas advém da representação feminina no ambiente escolar. Nas escolas rurais, a figura da professora predominava na cultura do homem rural, e a associação entre a monitoria e a docência foi um fato significativo a se considerar.

As monitoras do MEB eram donas de casa, com deveres de mães de família, filhas ou esposas, responsáveis pelo trato dos homens da casa, da casa, das crianças e tudo o que fosse necessário à reprodução familiar. Narraram as dificuldades em conciliar os trabalhos da escola com as tarefas cotidianas – dificuldades em sair de casa todas as noites deixando filhos e maridos, acúmulo de trabalho das escolas com atividades rotineiras, desgaste físico com as aulas noturnas etc.

O cotidiano da monitora casada, com filhos e marido, levava essas mulheres a assumirem os trabalhos da escola em meio a suas obrigações familiares. Uma monitora do Sítio Tanques, próximo ao município de Limoeiro, preferiu transferir sua turma para sua própria casa, devido à grande distância que precisava percorrer até a escola, o que consequentemente implicava um longo tempo perdido em caminhadas e no cansaço.[36] A tentativa explícita da monitora foi a de conciliar o trabalho doméstico com o trabalho escolar, poupando-se do desgaste dos deslocamentos.

Muitas foram as cartas em que, de diferentes formas, as monitoras narraram as extenuantes jornadas de trabalho que realizavam entre a escola e seus afazeres. Os compromissos com a escola envolviam: jornadas diárias em período noturno com alunos, trabalhos nos finais de semana, quando acontecia boa parte das atividades da escola, além dos trabalhos burocráticos da organização escolar.

Mesmo assumindo os afazeres da escola para além do trabalho familiar, o que causava desgaste físico e pequenos sacrifícios cotidianos, estas monitoras não deixaram de demonstrar entusiasmo e satisfação com o novo trabalho.

A escola foi, declaradamente, uma forma de ampliação das relações sociais e da ampliação de conhecimentos para a comunidade como um todo, mas particularmente para suas monitoras. Nas cartas surgem entusiasticamente as narrativas das viagens de monitoras para os treinamentos e encontros do MEB, que faziam com que essas mulheres se deslocassem de suas localidades para cidades maiores, dormindo fora de casa e deixando temporariamente o espaço doméstico.

Além disso, nos deslocamentos das monitoras pelas vilas e propriedades, elas travavam contatos com o poder público, com os representantes da Igreja e com os proprietários de terra e usineiros, o que demonstrava claramente o quanto suas relações se expandiam para além da casa e para além do marido e filhos.

As monitoras como agentes comunitárias organizavam nas escolas eventos sociais que interligavam os poderes públicos e privados com a comunidade local. Algumas cartas narraram reuniões comunitárias entre políticos locais e comunidades, reuniões para comemorações cívicas com a presença de autoridades públicas como vereadores, deputados, prefeitos etc., em que a função da monitora foi a de conduzir cerimônias e/ou festividades públicas.

Ao mesmo tempo em que assumiam uma função de maior visibilidade social e política, as monitoras do MEB procuravam preservar e manter seus vínculos familiares. De forma alguma, a casa, o marido e os filhos foram esquecidos ou colocados em segundo plano, em detrimento das novas funções. A correspondência

---

36   Carta. Fundo MEB-Cedic.

do MEB revelou-nos a citação constante dos filhos, maridos e familiares das monitoras na programação do rádio. Utilizar o rádio para oferecer versos, poesias e músicas nas datas de aniversários dos filhos ou aniversários de casamento ou noivado, foi uma maneira encontrada pelas monitoras de preservar laços, manifestar e declarar afeto e carinho à família.

Muitas monitoras eram jovens estudantes de vilas ou povoados, moças solteiras que frequentaram escolas rurais em tempo correto, e, portanto, com 16 ou 17 anos já estavam alfabetizadas. Essas moças, filhas de trabalhadores rurais, pequenos sitiantes e, inclusive, filhas de senhores de engenho, devido à disposição de tempo e a condição de escolarização, acabaram por ocupar um espaço no MEB, tornando-se monitoras de escolas e, mesmo com pouca idade, liderando ações na comunidade.

Como a atividade educativa tradicionalmente se associava à figura feminina, com a presença da professora primária nas fazendas e propriedades rurais, ocorreu quase que uma associação entre o papel da monitora jovem e da professora primária. Muitas moças deixaram transparecer nas cartas a intenção de seguir carreira no magistério após a experiência com o MEB.

As correspondências de moças solteiras que ocuparam a função de monitoras foram significativas,[37] nelas identificamos moças entre 16 e 23 anos sempre agradecidas aos pais por permitirem o trabalho como monitoras e, às professoras do rádio, pelas oportunidades de aprendizagem oferecidas pelos encontros com as equipes locais.

Em cartas carinhosas e escritas com caligrafias delicadas, notícias sobre as escolas foram narradas junto a fatos cotidianos próprios do universo das jovens solteiras: comunicados de noivados ou namoros, compra de enxoval para casamento, ofertas de músicas a noivos, namorados, irmãos, pais e amigas. Do Engenho Carnaúba, carta de uma monitora que se identificou como Teresa discorria quase que informalmente, primeiro, sobre a visita de uma supervisora à escola e, logo depois, *ousava* tratar da vontade dos alunos em conhecer as professoras do rádio, de sua data de aniversário, dos seus avanços na matemática e da falta de tempo devido aos estudos e à escola:

---

37  Luiz Eduardo Wanderley apresenta os resultados de enquetes feitas com 248 monitores do MEB e afirma que a maioria foi de mulheres jovens, quase 50% com idade de 20 anos ou menos, quando 20% apenas excediam os 30 anos de idade. L. E. Wanderley. *Op. cit.*, p. 412.

Engenho Carnaúba, 12 de maio de 1962.

Queridas professoras é com muitas saudades que pego em meu lápis para dar-lhes minhas notícias e ao mesmo tempo saber das suas primeiramente quero avizar que Dª Narciza visitou minha escola eu fiquei muito satisfeita e meus alunos ficaram mais ainda, agora estou esperando que uma daí venha, os alunos estão ansiosos para conhecer as professoras. Estão todos satisfeitos.

Sim esta semana eu fiquei muito contente porque aprendi a tirar a prova da conta de somar mais fácil do jeito que eu sabia.

Hoje segue a folha de matrícula e de frequência. Segue também uma santinha para a querida Neide do meu coração.

Se a folha não esta bem feita é porque o tempo que eu tenho é quando eu estou na escola porque eu estudo e não vivo quase em casa só quando dou aula de corte e costura. (...)

*Sim estou aniversariando este mês 18 anos. Sem mais abraço para todas da monitora Teresa.*[38]

As ações das monitoras mais jovens revelaram a estratégia de ação do MEB sobre a juventude rural. As jovens monitoras eram incentivadas a organizar e coordenar as Juventudes Agrárias Católicas (JACs) em suas comunidades, e muitas delas acabaram por tornarem-se lideranças. A monitora Luzia Pacheco da Silva narrou seu envolvimento com a politização da comunidade, seus trabalhos de catequese e de liderança da juventude:

Serra do Lombo, 31 de julho de 1962.

Presada professora,

Com esta venho dar-lhes notícias de nossa escola, o movimento aqui vai muito bem, todos os alunos e vizinhos escutaram o curso de politização, gostaram muito e ficaram acreditando que o homem politizado é um homem livre. Tenho escutado o programa conversa com os jacistas, gostei muito da palestra de Margarida e de Marina, sou dirigente da JAC e estou muito satisfeita, na comunidade no dia 15 próximo fizemos

---

38   Carta. Fundo MEB-Cedic.

um gato no pote compareceram mais de 10 moças e um grande número de crianças do catecismo. Temos também um campo de futebol para os rapazes afinal a turma está muito animada no próximo domingo o Padre Vicente virá a nossa casa para fazermos uma reunião (...) Nada mais da aluna que escreve atenciosamente,

Luzia Pacheco da Silva.[39]

As atuações cotidianas das monitoras jovens desdobraram-se para além da escola (no caso das estudantes) e dos deveres com os pais, dirigindo-se ao trabalho de catequese, mobilização da comunidade e politização. As cartas das jovens se caracterizaram por mesclar o trabalho de politização e/ou catequese, com as problemáticas do funcionamento da escola e discussões tipicamente juvenis, como namoros, lazer, escola, amigas. O âmbito doméstico foi transplantado rumo a uma rede de relações permitidas e alimentadas pela escola de rádio e pela JAC.

Nas atividades de animação popular e de politização aconteceram questionamentos, em algumas comunidades, acerca da condição de liderança que mulheres tão jovens passavam a exercer diante da comunidade, principalmente no tema da sindicalização rural.[40]

Nas correspondências de Nazaré não foi encontrado nenhum caso que associasse desrespeito ou boicote ao trabalho de formação política das monitoras. Ao contrário, o trabalho das monitoras foi respeitado e reconhecido comunitariamente, excetuando-se os casos em que pais interferiram na ação das monitoras proibindo a continuidade das jovens na função. Estes casos, no entanto, se referem mais a problemas relativos a questões do comportamento social das jovens do que a questões políticas. Caso curioso foi o da jovem que foi obrigada a deixar de lecionar na escola de rádio devido à presença de rapazes entre os alunos. Os pais da monitora julgaram como comportamento inadequado para moças solteiras de boa família o contato com jovens do outro sexo.

---

39  Carta. Fundo MEB-Cedic.
40  Wanderley cita resistências de algumas comunidades em atribuir significado a ações de jovens nos temas da política e da sindicalização. Porém, o que se encontra nas cartas é interferência dos pais de algumas monitoras proibindo a continuidade de suas atividades por juízos moralizantes, como a presença de homens e rapazes na escola. L. E. Wanderley, *op. cit.*, p. 413.

As monitoras do MEB não transitaram de ocupações meramente familiares para ação da comunidade. Dentro do universo analisado, foi possível identificar, além das monitoras envolvidas com o trabalho doméstico, um conjunto de monitoras que exerciam o magistério em escolas rurais municipais.

O MEB, ao instalar-se oficialmente em um município, realizava convênios com o poder local, que buscava fornecer recursos materiais e humanos para o funcionamento do projeto educativo. Assim, diversas professoras municipais e estaduais passaram a compor o quadro de monitoras nas escolas radiofônicas, constituindo-se num rol de mulheres que se encontravam relacionadas ao trabalho *fora de casa,* superando as representações homogêneas da comunidade rural e das funções femininas.

As professoras de escolas rurais ou das escolas de vilas e/ou municípios que participaram do MEB nos fizeram conhecer uma árdua rotina diária, que envolvia uma dupla jornada de trabalho na escola das crianças e, posteriormente, na escola noturna de rádio. Estas professoras se locomoviam entre as escolas rurais para crianças e as escolas de rádio nos engenhos, usinas, sítios ou fazendas. Suas cartas apresentaram uma rotina preenchida pela docência, pelo trabalho doméstico e suas obrigações com seus pais, maridos ou filhos, além de uma intensa ação comunitária – organização de festas, comemorações escolares, arrecadação de fundos escolares, compra de materiais escolares, reuniões etc.

Se em algumas cartas o deslocamento entre a escola das crianças e a escola noturna, através de longos e cansativos percursos é o teor principal da falta de tempo, em outras é devido às obrigações da docência. Sobre estas dificuldades, Maria Imaculada de Souza, monitora do Engenho Cumbé e professora da escola rural no mesmo engenho, falou das longas distâncias que tinha de percorrer entre sua casa em Cruangi e o Engenho, duas vezes ao dia, de manhã e à noite, quando se tornou monitora da escola de rádio. Quem se compadeceu dos problemas de Maria Imaculada foi o administrador do Engenho, Sr. João Cardoso, e sua esposa, que a recebiam em casa todos os dias à tarde, durante todo o período entre a aula diurna e a aula noturna que voluntariamente Maria assumia na comunidade de Cumbé.[41]

---

41   Carta 186. Fundo MEB-Cedic.

Professoras ou simples trabalhadoras domésticas, casadas ou jovens solteiras, a condição de monitora gerou um conjunto de mudanças na rotina das mulheres camponesas, ampliando seu círculo social e suas funções na sociedade rural.

Em suas narrativas, as monitoras do MEB deixaram transparecer certa consciência quanto à ampliação de suas relações interpessoais e suas funções no interior das comunidades, uma vez que transitaram entre papéis tradicionais ocupados na sociedade camponesa para novos papéis sociais que envolviam a liderança comunitária, a ampliação de relações pessoais e políticas e ampliação de conhecimentos.

Entre as monitoras há um sentimento de valorização, pelo o fato de assumirem funções organizativas exigidas pela Educação de Base, como as funções de organização das festividades escolares, comemorações, bazares e leilões para a arrecadação de fundos, em que a monitora protagonizava o cenário atribuindo tarefas, delegando funções, propondo ações e coordenando a tomada de decisões do grupo.

Em suas relações interpessoais, as monitoras perceberam a ampliação de seu rol de relacionamentos no contato com professores, padres, profissionais de áreas referenciais como agrônomos, profissionais de saúde etc., além das possibilidades de circulação por novos espaços físicos e sociais, conhecendo cidades e circulando por escolas, prefeituras, emissoras de rádio etc.

Cartas saudosas lembravam suas estadias no treinamento,[42] o estabelecimento de relações afetivas e de amizade com professoras, padres e freiras e com outras monitoras, demonstrando que a escola radiofônica criava novas referências sociais para a comunidade como um todo, mas, principalmente, para a monitora, que teve seu cotidiano de trabalho doméstico ou da docência tradicional transformado pela ação comunitária proposta pelo MEB.

A maioria das monitoras escreveu em um tom bastante pessoal à sua supervisão, tecendo cumprimentos familiares, falando de desejos futuros, comentando sobre visitas e encontros de ambas, elogiando encontros e conversas etc.

A princípio, a vida cotidiana apresentada pelas narrações ratifica a cotidianidade das sociedades camponesas baseadas em costumes que delegavam às mulheres os papéis domésticos de mãe, esposa e/ou filhas.

A força dos costumes pôde ser claramente percebida nas narrativas, quando as filhas se referiam respeitosamente a seus pais, demonstrando que obedeciam

---

42   O primeiro treinamento do Centro Radiofônico de Nazaré da Mata teve a participação de 42 pessoas, sendo 5 homens e 37 mulheres provenientes dos arredores de Nazaré, Orobó e Carpina.

suas orientações quanto a posturas e comportamentos individuais na escola; ou quando esposas se referiam aos maridos e/ou filhos reafirmando suas obrigações com a casa. Apesar disso, os costumes dessas famílias camponesas não excluíram a flexibilidade do papel da mulher. Naquele contexto histórico-social, os costumes usuais foram modificados na prática, uma vez que foi de interesse do grupo social como um todo que a escola se estabelecesse na comunidade, trazendo benefícios diretos – alfabetização, escolarização, politização, sindicalização.

A mudança, ou a ampliação do papel social de mulheres na comunidade, significou um conjunto de conquistas individuais – para estas trabalhadoras que ampliaram conhecimentos e relações sociais –, ao mesmo tempo em que significou mudanças coletivas de comportamento, trazendo inovações para a comunidade rural como um todo. Segundo Eric Hobsbawm, vertia-se vinho novo em velhos recipientes, pois valores e dimensões do passado se flexibilizaram, permitindo mudanças comportamentais dadas por necessidades do presente.[43]

Os novos papéis exercidos por mulheres das comunidades rurais da Zona da Mata pernambucana foram frutos de inovações das práticas coletivas das comunidades, suscitadas por uma realidade nova apresentada aos camponeses – a escola e suas necessidades funcionais. A rígida separação de espaços masculinos e femininos, o costume de dar a palavra aos homens em primeiro lugar, o hábito de permitir a condução de atividades públicas apenas aos homens, o de permitir somente aos homens a administração do dinheiro, foram comportamentos rompidos pela ação das monitoras, que passaram, em suas novas funções, a presidir reuniões comunitárias, coletar e administrar fundos, locomover-se sozinha por diferentes territórios, propor e coordenar a organização de eventos.

Um conjunto de operações culturais[44] moveu a trajetória das monitoras do MEB. Nesta trajetória, o papel da escola e de todas as suas demandas (manutenção,

---

43 Segundo o autor, o passado social formalizado rígido costuma, em sociedades tradicionais, fixar os padrões do presente. Isso não exclui, no entanto, a flexibilidade ou até a inovação de fato, na medida em que o novo possa ser construído mesmo que sobre formas e padrões do velho. Desta maneira, referindo-se à *função social do passado*, Hobsbawm trata da consciência presente enquanto uma dimensão da consciência humana composta por padrões do tempo passado e do tempo presente concomitantemente. Ver: E. Hobsbawm. *Sobre História*, p. 23.

44 Certeau propõe o entendimento da liberdade de condução das práticas populares. Não há uma rigidez cristalizadora de práticas e processos, e sim possibilidades infinitas de operações culturais que

organização e funcionamento) gerou a incorporação de padrões novos de mentalidade, percebidos nas mudanças que se detectam no comportamento social.

## O olhar do camponês sobre o seu lugar

Sem dúvida, a escola funcionou como um mecanismo responsável pela reelaboração de práticas coletivas no seio das comunidades rurais. Alterou a rotina diária da vida e do trabalho do homem e da mulher camponesa, impondo-se como um novo núcleo de sociabilidade. Com a chegada da escola, estabelecia-se uma interação entre as representações escolares e o conjunto de representações da comunidade, cujo resultado foi o estabelecimento de novos usos, novas práticas e novas representações sociais pautadas pelo entrecruzamento da cultura escolar e da cultura camponesa.

Foram investigados alguns processos de assimilação, negação e reconstrução de representações sociais travados entre a escola e o camponês do MEB. Dentre os diversos processos de trocas culturais possíveis de serem mapeados, privilegiando o resgate da reconstrução das imagens acerca do lugar de vida e trabalho do camponês após a sua interação com o discurso escolar.

Quando a escola do MEB se propôs a atuar na região Nordeste, um conjunto bastante hermético de representações sociais informou o olhar da escola acerca do analfabeto camponês e do seu lugar. As cartas permitem conhecer variados aspectos do olhar do morador, do sitiante e do assalariado do engenho/usina sobre o lugar em que vivia e trabalhava. As falas de monitores e alunos acerca de seu lugar de morada nos forneceram subsídios para o resgate e compreensão de um pequeno e diverso universo de representações de indivíduos submetidos a um mesmo contexto social.

Os relatos do camponês do MEB sobre o seu lugar ancoraram-se, de um lado, na sua vivência no território, e, de outro, em novos parâmetros comparativos do desenvolvimento *versus* o atraso introduzido nas comunidades pelos preceitos da Educação de Base. Isto porque os relatos e falas acerca do ambiente trataram do território, ora como um espaço próximo, vivido cotidianamente nas suas adversidades e sobre o qual não se tem controle, ora como território isolado, resultante do abandono das autoridades e da história da exploração do trabalho.

se movem por trajetórias *sui generis*. Nas práticas cotidianas, torna-se possível o esclarecimento de caminhos tomados pelas praxes coletivas. M. de Certeau. *A invenção do cotidiano*, p. 19.

De certa forma, o MEB alterou a relação do morador da vila e do engenho com o seu espaço local. A escola de rádio partiu do preceito de que o lugar em que atuava deveria ser atingido por um conjunto de mudanças que se relacionavam, inclusive, à reorganização espacial. Como objetivos desta reorganização estavam o uso racional do solo e a otimização da vida e do trabalho doméstico – o que incluía o reordenamento dos espaços externos e internos da moradia do camponês.

A intervenção sobre a moradia foi um preceito explícito da Educação de Base. Como parte dos conteúdos da área de *saúde e higiene* o homem rural deveria assumir posturas de melhorias de sua moradia. No interior da casa almejava-se a divisão do espaço interno por meio da criação de ambientes com funções específicas, como o quarto individualizado e a cozinha. Também se esperava o investimento na construção de móveis e utensílios domésticos adequados às novas proposições, assim como a adequação de materiais na construção das residências.[45]

Na parte externa, o camponês era orientado a criar jardins com plantas ornamentais, formar terrenos com a explícita separação entre a horta, galinheiros, pocilgas e a fossa. As noções de economia doméstica, nas aulas radiofônicas, complementavam as orientações das aulas de saúde e higiene, incentivando a ação das jovens e das mulheres em projetos *de alimentação, criação de animais, jardinagem, arranjo e melhoria do lar, cuidados com a saúde, higiene pessoal, corte e costura e cuidados com crianças e bebês.*[46]

Os programas de rádio incentivavam a intervenção do monitor sobre o espaço da escola como exemplo a ser seguido pelos alunos. Nem sempre as estratégias de convencimento acerca das melhorias nas moradias levavam à mudança de hábitos do morador rural. Uma monitora narra em sua carta ao Centro Radiofônico de Nazaré a triste experiência que teve ao plantar um jardim ornamental que demarcava caminhos na entrada da escola. O trabalho da monitora foi em vão, na medida em que o jardim foi constantemente pisoteado por alunos.

---

45 Lourenço Filho, defensor da Educação de Base e propositor de projetos de educação rural, resume, em texto de 1957, os princípios básicos da educação rural no que tange à melhoria das condições de moradia do homem rural brasileiro. Ver: L. Filho, A valorização das zonas rurais pela educação de liderança local. CNER. *Revista do Ensino*, nº 44, 1957, p. 45.

46 *Ibidem.*

> Vila Cruangi, 6 de abril de 1962.
>
> Queridas e boas colegas Carminha, Neide e Terezinha
>
> Não posso dizer-lhes que estou satisfeita com a escola radiofônica porque o pessoal estão achando que tudo que ensinam eles já sabem, principalmente nas aulas de linguagem (...).
>
> Peço-lhes que por favor na aula de educação de base fale sobre o assunto que lhes pedi porque não suporto mais o que eles fazem, vejam: como aprendemos mandamos cercar a escola para plantarmos, fizemos os canteiros e plantamos, sabem o que eles fizeram ? Todas as noites derrubam uma parte e pisam e assim o grupo esta pior do já era. (...)
>
> Ofereçam uma gravação em meu nome para Severina e Catarina, daquela monitora que fica no pior lugar do Brasil com mil dificuldades a resolver.
>
> Marisete.[47]

Valores próprios da comunidade a colocaram em oposição à intervenção da monitora sobre o espaço usual da escola. Orientada por estes valores, a comunidade reagiu com atitudes de negação à intervenção sobre seu espaço local.

Circunscrito inicialmente ao espaço de trabalho e de morada[48] (que podem coincidir), o camponês do MEB construiu uma forte relação com o espaço local, que permitiu visualizar a centralidade que o espaço da grande propriedade ocupou em seu cotidiano.[49]

Num primeiro momento, podendo remeter inclusive ao período colonial, o engenho foi responsável pela concentração da população em torno de seus aparelhos sociais, transformando as sedes de engenho em referências econômica, social e política para a população litorânea nordestina. A partir de 1950, mesmo

---

47  Carta. Fundo MEB-Cedic.

48  Faz-se necessário a exclusão do trabalhador denominado corumba que, por sua lógica de inserção na formação social e econômica, circula necessariamente por territórios mais amplos.

49  Na construção de sua identidade social, a dimensão espacial, gestada a partir da relação com a terra, é essencial na figura do camponês. Esta identidade pode expressar o pertencimento a um lugar, assim como a um modo de vida. Ver: Maria Nazaré Baudel Wanderley, *Identidade social e espaço de vida*, p. 63. In: M. N. B. Wanderley (org.) *Globalização e desenvolvimento sustentável: dinâmicas sociais rurais no nordeste brasileiro*, 2004.

percebendo o movimento de ruptura e mudança destas estruturas.[50] Deve-se considerar como fato presente na documentação que, nas narrativas de monitores e alunos, as referências concernentes à organização espacial da casa-grande, engenho, capela e aos poderes exercidos pelos senhores e senhoras de engenho (na condição de donos da terra) foram as representações que mais forte se colocaram entre os trabalhadores da cana. Seus referenciais centrais foram a casa-grande e o engenho e não a sua própria morada. A morada do trabalhador surgiu como provisória, o engenho e a casa-grande surgiram associados ao poder econômico e político de forma permanente.

No que tange à representação do espaço, criada a partir da forte relação com o local e limitada pela espacialidade do engenho e seus arredores, a representação sobre *o lugar* do camponês associou-se às dimensões e características físicas do ambiente, produzindo uma representação fundada nas dificuldades a serem transpostas no território em que se vivia.

A usina ou o engenho, associados a uma vila próxima, consistiam no espaço dominante de circulação dos alunos do Centro Radiofônico de Nazaré da Mata. Monitores e alunos narraram em cartas as dificuldades dos deslocamentos na travessia das estradas que interligavam as vilas, os engenhos ou as usinas, os impedimentos das travessias dos rios na época das chuvas, o cansaço para transposição de longas distancias ao fim do trabalho, as dificuldades trazidas pelo *massapé*, o frio e as chuvas de inverno:

> Poço do Pau, 02 de janeiro de 1962.
>
> Desejo que esta, ao encontro do Centro Radiofônico, encontre a Paz.

---

50  Peter Eisenberg discutiu a indústria açucareira no Brasil destacando características de um processo de modernização, visto como progresso e reorganização da produção, que não estabelece a higidez da indústria de açúcar e acaba por consolidar a posição do latifundiário na economia conservando-se os padrões sociais. Na passagem do XIX para o XX, a indústria canavieira do Nordeste herda o monopólio da terra como ponto organizacional, mantendo uma mentalidade conservadora que não favorece a inovação tecnologia e muito menos a inovação nos processos de trabalho. Destes dados, o autor extrai o conceito de modernização conservadora, que mantém o trabalhador rural aprisionado ao latifúndio e a um amplo conjunto de relações sociais reprodutoras do modo de vida colonial do engenho, e que está presente neste trabalho. Ver: P. Eisenberg. *Modernização sem mudança: a indústria açucareira em Pernambuco*. 1840/1910, 1977.

Prezado centro, os alunos estão faltando às aulas, e o motivo é o inverno e porque moram muito longe, no mais estão entusiasmados (...)[51]

Escola Dom Bosco, 08 de junho de 1962.

Estimo que esta vá encontrar todos com saúde. (...)

O fim desta carta é para avisar que os exercícios do dia 06 não foi possível fazer porque a escola fica na sede do engenho e neste dia choveu muito, o rio encheu e os alunos não puderam passar. (...)[52]

Catucá, 31 de março de 1962.

(...) Venho por meio desta dar notícias da nossa Escola Radiofônica, a turma está bastante entusiasmada pelas aulas; como também aviso que não houve aula sexta-feira por causa da chuva que encheu o rio e eu não pude atravessar (...)[53]

A narrativa acerca dos deslocamentos e suas dificuldades surgiam marcadas pela representação de um território inóspito: intransponível quando das cheias dos rios que dificultavam a travessia de pontes, repleto de dificuldades no cruzamento de estradas com os alagamentos, arredio no inverno, que indispunha alunos a locomoverem-se para a aula noturna. Assim, a cada carta que narrou a impossibilidade de locomoção dos alunos diante de intempéries da natureza, os lugares por onde circulavam monitores e alunos apareceram como inóspitos, demarcando uma representação tracejada por ausências: ausência de recursos materiais, ausência da ação do poder público, ausência de modernização.

Contudo, as relações sociais estabelecidas para o nível local naquele momento, considerando-se a própria escola de rádio, pautavam-se por dimensões outras que transcendiam a localidade e colocavam cada vez mais o trabalhador em contato e integração com as vilas, com territórios mais amplos da produção de cana, com outras regiões de produção agrícola, com as cidades e a capital.

No processo de modernização conservadora imposto ao Nordeste, as propostas para a mão de obra agrícola sustentavam-se no desenraizamento do trabalhador, ou melhor, em sua circulação territorial demarcada pelo trabalho sazonal ou

---

51   Carta. Fundo MEB-Cedic.
52   Carta. Fundo MEB-Cedic.
53   Carta. Fundo MEB-Cedic.

pela sua expulsão da terra. A circulação pelo território agrícola passou a ser um pressuposto, intensificando a sazonalidade da mão de obra e ampliando o assalariamento, uma vez que a morada de condição tendia a ser suplantada. Tudo isto fez com que a sobrevivência do camponês dependesse, paulatinamente, de um território mais amplo integrado ao seu território local.

Assim, a representação do lugar como inóspito apresenta-se sob dois aspectos: aquele que revelou o território local repleto de barreiras naturais a serem vencidas pelos moradores, fazendo com que, por vezes, a natureza derrotasse o homem sem recursos; e, um segundo aspecto, que revelou uma representação da região Nordeste como território inóspito ao trabalhador pobre, uma vez que os homens e o lugar se pautavam por condições da história e do tempo (contexto) que submetia os homens comuns à ausência da modernização.

Das missivas auferimos uma representação negativada da região, no que diz respeito ao que ela oferecia aos seus moradores e trabalhadores pobres. Sendo a cana a principal atividade, os moradores do lugar viam-se prisioneiros desta atividade central como única possibilidade de trabalho. Dentre outras monitoras que levantaram o problema do corte da cana como único trabalho possível no lugar, Virgília Barbosa narrou:

> Trigueiros 05-09-62.
>
> Padre Nilo
>
> (…) aqui como o senhor sabe: não tem outro trabalho a não ser as quadras do senhor de engenho. O povo não tem interesse nem em aprender, dizem eles, que para limpar cana não precisa mais sacrifício. Este recanto da serra não é olhado por quem pode. A gente não vê nada, uma festa religiosa, um cinema de vida de um santo. Vivemos isolados. Dá até tristeza. (…).[54]

Além das dificuldades enfrentadas no árduo trabalho da cana, os moradores das vilas, usinas e engenhos se viam isolados e abandonados pelos poderes centrais, o sentimento de abandono projetava-se para os poderes políticos centralizados, como o governo estadual e o governo federal, pois, se o lugar e suas condições

---

[54] Carta. Fundo MEB-Cedic.

limitavam a sobrevivência, era porque historicamente as autoridades não velavam igualmente por todos.

Com a modificação e expansão do espaço de circulação, rompia-se com a predominância da espacialidade rural e ampliava-se o contato com o urbano. Nos relatos há imagens negativadas do espaço local, que ora confrontavam o local *versus* o nacional, ora confrontavam o rural *versus* o urbano. Maria José Pereira de Barros, moça do povoado de Limoeiro, participou, junto com outras moças e rapazes da região da Mata em Pernambuco, do treinamento de monitores do MEB realizado na cidade de Aliança, logo no início do ano de 1962. Para ela, que assinou suas cartas como Zezita de Barros, foram *seis dias inesquecíveis que não lhe saíam da memória*. Numa longa carta, a primeira que escreveu ao Centro Radiofônico de Nazaré na condição de monitora, Zezita narrou, com certa tristeza, suas primeiras ações *percorrer as casas, recrutar alunos, matriculá-los, esperar seus alunos todas as noites na escola.*[55] Não se dizia desanimada, pois os alunos eram atenciosos e interessados, a tristeza que a atingia vinha da saudade que sentia de Aliança e do contato com a equipe local do MEB durante o treinamento – Marliete, Vera, Maria José, Neide, Irmã Cabral e Irmã Clotilde.

Em sua carta, a monitora lamentou o distanciamento da equipe, voltando-se ao seu cotidiano com olhos de crítica e insatisfação:

> Limoeiro, 1 de maio de 1962.
>
> Marliete
>
> Estou quase satisfeita com nossa escola, quase parece estranho, não é? Mas é verdade. A causa deste quase é devido ao número de alunos, pois só tenho quatorze (…).
>
> Acho que não foi culpa minha, fui de casa em casa, falei, demonstrei os livros, animei-os, enfim fiz o que pude (…) quando cheguei em casa trazia vinte e dois alunos alistados, mas que dê?
>
> Sim, quando virá aqui? Gostaria tanto de receber uma visita de vocês. Mostrar os meus alunos como são e estam, como dou aula, dizer como me sinto acerca da aula (…).

---

55  *Idem.*

Peço-lhe que não se esqueça de nós. Sinto tantas saudades de todos e de tudo. Meu microcosmo de Aliança continua nítido como uma lâmpada acesa.

Os mulunguinhos,[56] o barulho da Usina, "aqui parece tempo de guerra". Aqueles olhos doces e puros, o riso (…) o que eu mais amava estava presente ali, diante de mim o Deus presente e em torno de mim minha inseparável companheira (…) era um ambiente de paz, amor, e responsabilidade. Apenas 6 dias (…).

Zezita Barros.[57]

O treinamento em Aliança e o contato com a equipe estadual fizeram com que Zezita de Barros, que pertencia a Limoeiro, retornasse ao seu lugar de origem com olhos críticos, reconhecendo em sua localidade um conjunto de elementos a serem transformados, enquanto a cidade de Aliança e sua Usina eram rememoradas com nostalgia.

De maneira geral, há na narrativa dos monitores do MEB um sentimento nostálgico em relação aos momentos coletivos de trabalho, como os treinamentos e os encontros semestrais realizados em cidades referenciais da Zona da Mata como Nazaré, Aliança e inclusive Recife.

Nas referências aos encontros coletivos, transpareceram tanto a importância da possibilidade da quebra do isolamento social, que a vida e o trabalho na comunidade local relegavam ao monitor, como também a comparação do espaço local a outras referências espaciais (o urbano, por exemplo), o que ampliava os limites impostos pela vida cotidiana na usina ou no engenho.

Neste relato, um sentimento angustiante em relação a seu lugar tomou a monitora, que transferiu um conjunto de positividades para a cidade de Aliança, onde havia participado do treinamento de monitores.

As cartas apresentam um conjunto de representações acerca do lugar em que se vive – o engenho, o sítio ou a vila – que reiteram a imagem que Zezita criou acerca de seu lugar. Esta imagem edificava-se a partir das dificuldades físicas e materiais

---

56   Mulungo, corticeira, árvore ornamental de florais vermelhos, que fornece madeira porosa e leve. Mulunguinho, flor-de-coral.
57   Carta. Fundo MEB-Cedic.

enfrentados no dia a dia, e por sentimentos de abandono e isolamento fortemente presentes no olhar da monitora com relação ao seu lugar: *o tempo de guerra*.

Sob as influências do MEB, o olhar do camponês sobre a região se aguçou. Tornou-se crítico, reiterando sentimentos de abandono e isolamento, ao mesmo tempo em que alimentou a vontade de mudança, o desejo de conquistar melhores condições de vida e melhorias para o lugar. A escola passou a ter um papel de agregação e objetivação dos questionamentos presentes e pretéritos em relação às condições do lugar.

Nas cartas surgiram críticas ao monopólio da cana como atividade econômica e, portanto, à submissão do trabalhador a uma única atividade. Críticas à ausência de atividades religiosas e de lazer nas localidades, avaliações contundentes em relação à ausência de médicos e condições de saúde. Elas reiteraram uma representação do lugar como um espaço/tempo marcado simultaneamente pelas dificuldades de reprodução de relações sociais pretéritas que garantiam a sobrevivência – por exemplo –, o acesso à terra, e críticas às heranças sórdidas do passado, como a miséria, a ignorância, o analfabetismo.

Nas narrativas sobre a região, o olhar sobre o tempo e o espaço em que se vivia ressaltava a ideia de um lugar de dificuldades prementes, sempre por serem suplantadas. A representação construída falava em: *tempo de guerra, tempo de crise e fome, interior atrasado, "local das trevas da ignorância*.[58]

Para alunos e monitores, a região havia herdado do passado os problemas da ignorância e do analfabetismo. No presente, a região necessitava do olhar e da ação favorável do poder estadual e federal. Como mecanismo central, no olhar da comunidade, estava a escola posta como fundamental na projeção das desejadas mudanças.

## A voz do camponês

Nas interfaces entre as representações escolares e as representações do homem rural, novos sentidos foram sendo tecidos em relação ao trabalho, à vida cotidiana e ao tempo e espaço do camponês.

---

58 Cartas Fundo MEB-Cedic.

Foi na intensidade de um cotidiano[59] repleto de repetições que o trabalhador rural encontrou na escola um momento propício de ruptura e, ao mesmo tempo, de afirmações de representações coletivas próprias de si e de seu lugar social.

Mesmo diante da intensa diversidade de relações de trabalho e de *uso* da terra, o trabalhador rural do MEB não concebeu o seu trabalho como um aspecto separado de sua vida familiar, de seus hábitos ou de sua cultura. O trabalho no engenho, que por vezes associava-se à morada e ao cultivo de gêneros alimentícios visível no trabalho familiar, aproximava alguns trabalhadores da condição pretérita do camponês e do conjunto de valores culturais do campesinato, muito mais do que das premissas do contrato de assalariamento.

Concretamente, duas situações opostas se delineavam:

> 1. a permanência na terra, através do uso (a condição e/ou o aforamento) ou da posse, e/ou a manutenção da propriedade por pequenos sitiantes; ou
>
> 2. a perda do direito de uso, o que relegava o trabalhador às diferentes condições do assalariamento: trabalhador alugado, trabalhador de fora, trabalhador temporário ou permanente.

Ver-se como camponês, naquele momento, aproximava o trabalhador do MEB daquilo que ele queria conservar: o direito à propriedade, senão, ao menos, à permanência e ao uso da terra.

Ao conceituar-se como um camponês, o trabalhador do MEB abria perspectivas diversas acerca de sua condição. Em uma primeira perspectiva, ao intitular-se lavrador ou agricultor, o trabalhador rural se colocava na condição de homem da terra, demarcando sua campesinidade e ratificando o direito de reivindicar permanência, uso, posse e/ou propriedade desta. Esta estratégia foi, na verdade, a prática das ligas camponesas, surgidas na década de 1950, que demonstrou a

---

[59] O conjunto de ações cotidianas dos trabalhadores do MEB detém a possibilidade de entendimento de uma complexa rede de relações que envolvem aquele lugar social. Na atividade de repetição e de criação dos atos humanos, que nada mais é do que o cotidiano, se edifica um conjunto complexos de tempos históricos simultâneos que se interligam e se sobrepõem ao lugar social. Segundo Lefebvre, é no cotidiano que a atividade produtora de objetos e obras se realiza, o trabalho inventa o modo de vida individual e coletivo, e a cultura (inventada na práxis) transforma o homem e a si mesma. Ver: H. Lefebvre. *De lo rural a lo urbano: historia, ciencia e sociedad*, p.9 e do mesmo autor *Introdução à modernidade*, p. 144-145.

capacidade política do camponês de constituir uma lógica reivindicatória de um direito baseado em noções pretéritas dos valores e dos costumes (uso da terra), em oposição à lógica expropriadora do latifúndio.[60]

A partir das análises realizadas por Thompson, é possível afirmar que o conceito de camponês não aparta a condição do assalariado recente, o foreiro ou o meeiro da condição camponesa, condição esta que se rege por uma lógica própria, em que noções pretéritas da propriedade e uso da terra informam as ações presentes. Refletindo sobre os eventos que envolveram as ligas camponesas em PE, tendemos a afirmar que, a partir da função econômica da terra, de consensos populares e de experiências pretéritas, os foreiros do Engenho Galileia construíram pressupostos de ação direta para a conquista da terra. Assim, adotamos o conceito de economia moral de Thompson para explicar a elaboração de ações políticas e proposições econômicas do camponês pernambucano. Este camponês visualizou no rompimento do pacto entre o dono da terra e o trabalhador um rompimento de preceitos morais que justificaram a ação de luta pela expropriação do Engenho, uma vez que a *economia moral* foi rompida pelo dono da terra.[61]

A identidade social e política, guardada no termo camponês, favoreceu que o tema da Reforma Agrária circulasse entre as escolas e alunos do MEB. Proposto como tema nas escolas, uma vez que a CNBB concebia a necessidade da reforma como parte da modernização do país, a Reforma Agrária foi discutida pelos trabalhadores não apenas pela ótica da escola, mas também pelas ações experimentadas por trabalhadores em outras instâncias do cotidiano: no contato com as ligas camponesas,[62] com os sindicatos dirigidos pelo PCB e com valores e costumes pretéritos das comunidades.

---

60   Fernando Azevedo afirma que também o trabalhador assalariado do NE é um ex-camponês recente. Suas lutas políticas se ligam à questão da propriedade da terra por meio da reprodução de uma ideologia da autonomia do trabalho do produtor direto. A bandeira da Reforma Agrária, nesta perspectiva, foi assumida como objeto estratégico de todo o movimento social agrário, ampliando-se para além do campesinato, arregimentando o assalariado rural, sem que esta categoria deixasse de lado suas conquistas parciais e imediatas e suas reivindicações de caráter trabalhista e sindical. Ver: F. Azevedo. *As ligas camponesas*, p. 27-29.

61   E. P. Thompson, *Costumes em comum: estudos sobre a cultura popular tradicional*, p. 153.

62   Carta. Fundo MEB-Cedic. Esta carta faz referência direta às ligas camponesas, sendo que seu autor, o monitor Ambrósio Ivo Aureliano, se apresenta como membro frequente das reuniões das ligas.

Em versos de cordel produzidos para circular como material das aulas de rádio, um trabalhador construiu uma fala peculiar que refletia a visão conservadora da Igreja demarcada pelos limites das reformas estruturais propostas dentro da ordem social:

> O nosso Brasil precisa
> De uma Reforma Agrária
> Cristã e Nacional
> Que coisa extraordinária
> Só assim o povo sai
> Da sua situação precária.[63]

Nas cartas que envolveram a temática da reforma agrária, os alunos do MEB compactuavam com a legitimidade da reforma, reafirmando o discurso da escola: a reforma agrária compunha o rol de necessidades de modernização do país, ela deveria ser cristã, dentro da ordem, organizada e planejada. Em diferentes cartas, veiculou-se a fala de que a reforma agrária faria um *Brasil melhor*, pontuando-se um papel ao camponês, como aquele que poderia colaborar para a construção da nação por meio de seu legítimo trabalho com a terra.

Um segundo aspecto no discurso construído pelos alunos do MEB acerca de si diz respeito a uma identidade multifacetária que o trabalho no campo assumia. No caso das escolas do MEB em Pernambuco, percebe-se uma construção discursiva que estabelece a identidade para o trabalhador do campo que o articulava, ao mesmo tempo, à terra e ao trabalho rural. Esta estratégia permitia a reivindicação de um amplo conjunto de direitos sociais e do trabalho.

Nas cartas, na sua produção escolar e no conjunto de folhetos de cordel e versos populares, alunos e monitores expuseram esta perspectiva acerca de sua condição do camponês: o direito de lutar, ao mesmo tempo, pela permanência na terra ou por direitos no campo do trabalho.

Num folhetim de cordel, um membro do sindicato rural aluno da escola de rádio do MEB expunha:

---

63 MEB/PE. *A vida do camponês e o Sindicato Rural*. Cordel de autoria de Francisco José da Silva (Andorinha). [19--]. Fundo MEB-Cedic.

A VOZ DO CAMPONÊS

Versos do poeta: Antonio Teixeira

(membro do Sindicato Rural de Pedro Velho)

> Leitores pretendo agora
> Falar com ideia fina
> Com pensamentos poéticos
> E vocação heroína
> Leia com altivez
> Como sofre o camponês
> Na região nordestina
>
> *Nas fazendas do Nordeste*
> *O trabalhador rural*
> É igualmente um escravo
> *Tratado como animal*
> *Ao seu patrão é sujeito*
> *Ninguém lhe quer dar direito*
> Nem assistência legal (…)
>
> *Tem deles que bota o pobre*
> Em sujeição desumana
> Tem que trabalhar três dias
> Com exigência tirana
> Em três dias companheiros
> Ganha trezentos cruzeiros
> Como é que passa a semana (…)
>
> *Se o pobre é morador*
> É obrigado a fazer
> Tudo o que o patrão exige
> E se não obedecer
> Ele vem com brevidade
> E diz:
> Da propriedade pode desaparecer (…)
>
> *Esta história de Cambão*
> Nós temos que acabar
> Dando liberdade aos pobres

> Também temos que lutar
> Contra os mesquinhos salários (...)
> Que os latifundiários
> Tem pretensões de pagar (...)
>
> *Se o governo não tomar*
> Uma medida severa
> Criando a Reforma Agrária
> O povo se desespera
> Do sertão ao litoral
> Este Brasil de Brasil
> Finda virando tapera.[64]

O folheto, cujo autor exerce a função de presidente do sindicato, traz a ideia de que o trabalhador deve guardar direitos de requerer a terra, assim como os direitos de lutar pela regulamentação do trabalho rural. Este argumento ratifica a noção de que somente sobre os auspícios de um conceito amplo e diverso como o de camponês caberiam as reivindicações acerca da posse/uso da terra, ao mesmo tempo em que se reivindicava a regulamentação do trabalho.

O camponês do MEB, na diversidade e adversidades de sua condição social, reconheceu-se como classe. Ele soube suplantar a diferenciação estrutural intrínseca que resultava das numerosas formas de exploração do trabalho, característica da formação social e econômica da sociedade açucareira. Este camponês demonstrou sua estratégia política empreendendo lutas específicas, informadas claramente, pelos sentidos, valores, representações e comportamentos de gerações e gerações de camponeses, sem negar a condição comum que aglutinava os que não possuíam a terra àqueles que detinham o uso ou a posse dela.

Nas trilhas de um caminho que o levaria à construção de um conceito político da palavra "camponês", o trabalhador do MEB buscou – em um rol de opções do rural – as nomenclaturas que o articulavam à terra: sitiante, lavrador, agricultor. Declarar-se, identificar-se, ver-se, apesar de toda diversidade, como um camponês, acabou por se tornar um importante passo do conjunto de homens e mulheres que vivenciaram as experiências do MEB em direção a mudanças e transformações vividas no mundo rural brasileiro na segunda metade do século XX.

---

64   MEB/PE. *A voz do camponês*. Cordel. [19--]. Fundo MEB-Cedic.

# CAPÍTULO III
## Cotidiano e resistências

> "É como seres conscientes que mulheres e homens estão não apenas no mundo, mas com o mundo. Somente homens e mulheres como seres abertos são capazes de realizar a complexa operação de simultaneamente, transformando o mundo, através da sua ação, captar a realidade e expressá-la por meio da linguagem criadora."
>
> (Paulo Freire)

## E a escola chegou

Em 16 de maio de 1961, da diocese de Nazaré da Mata, padre Petrolino Pedrosa, diretor do Centro Radiofônico de Educação Rural, comunicava por carta à supervisora Marliete Pessoa, membro de sua equipe, a formação de 15 Escolas Radiofônicas que agregavam um total de aproximadamente 400 alunos, na região da Mata Norte de Pernambuco.

Formado em meados de abril, o Centro Radiofônico de Educação Rural de Nazaré da Mata funcionou ativamente no ano de 1961, tendo concluído o ano letivo no mês de dezembro com um total de 41 escolas e cerca de 1100 alunos.[1]

Neste centro, padre Petrolino e sua equipe de professoras-locutoras – Neide Veiga e Terezinha B. Correia – planejavam, produziam e emitiam a programação educativa das Escolas Ecumênicas Radiofônicas Rurais (EERRs), possibilitando o funcionamento de um sistema de educação rural à distância pertencente ao MEB, que cobria ampla região da Mata Norte de Pernambuco.

Um rádio receptor, o conjunto didático composto de cartilha e livros de leitura, uma lousa, cadernos e lápis, além da dedicação e boa vontade do monitor

---

[1] MEB/PERNAMBUCO. *Relatório anual da Equipe Estadual de Pernambuco*. 1961. Fundo MEB-Cedic.

escolhido entre os membros da comunidade, eram os elementos necessários para a formação de uma escola radiofônica.

O MEB e a Representação Nacional de Emissoras Católicas (Renec), ambos com sede no Distrito Federal, assim definiram a Escola Radiofônica Rural:

> (...) Um professor num microfone, multiplicando por 10, 100 e 1000 outros professores, graças a uma rede radiofônica de recepção organizada, de imensa simplicidade, onde em cada unidade está um receptor e junto dele um modesto monitor, obedecendo as vozes de um comando que vem de longe, mas vem redentoras, ensinando a ler, a escrever, a contar, ensinando elementos da agricultura, de educação sanitária, de higiene, de moral, de economia geral, de economia doméstica, de vida cívica e espiritual, dando a milhares de homens e mulheres, moços e adolescentes a notícia do que vai pelo mundo, pelo seu país, pelo seu estado, pelo seu território e pelo seu meio (...).[2]

A potencialidade da tecnologia do rádio seria utilizada para multiplicar a capacidade de alcance da educação de adultos. Desta maneira, o MEB, gerado no seio de uma ala católica consciente da urgência de ações interventoras sobre problemas sociais, econômicos e políticos no Brasil e principalmente no Nordeste,[3] apresentou-se no cenário de mediadores e agentes educacionais como movimento organizado e disposto a ações efetivas sobre as populações emersas na carência econômica. Como programa educacional lê-se, no Plano Quinquenal, sua propositura:

> (...) O Movimento de Educação de Base é uma solução concreta para situações bem definidas de zonas subdesenvolvidas, onde está sendo impossível chegar a escola tradicional. O processo educacional é por

---

2   MEB/NACIONAL. *Plano Quinquenal*. [19--]. Fundo MEB-Cedic.

3   Como já foi discutido, a intervenção da Igreja se fez nesse momento por uma vertente conservadora. José de Souza Martins identificou a interpretação católica da situação do meio rural como propositora de uma ação entre camponeses, que disputava espaço político com o Partido Comunista Brasileiro e outras instituições à esquerda. Posteriormente, especificamente pós-1968, Zilda Márcia Grícoli Iokoi identificou um setor progressista da Igreja Católica proponente de reformas sociais, de uma reforma agrária mais radical e de ações de combate à miséria, em países como o Peru e o Brasil. In: J. de S. Martins, *Os camponeses e a política no Brasil*, p. 81; e Z. M. G. Iokoi, *Igreja e camponeses*, p. 31-32.

consequência condicionado à situação do povo, tanto do camponês quanto do trabalhador urbano das zonas extremamente necessitadas.

A linguagem dos programas de cada emissora atende à situação e aos problemas locais, visto que as equipes encarregadas de elaborá-los são especialmente treinadas para este fim (...).[4]

Nesta perspectiva, a Escola Radiofônica deveria chegar maciça e eficazmente à família rural. Sua dinâmica foi concebida visando a funcionalidade escolar, a desburocratização e a democratização do acesso à escola, pois, no pensamento do MEB, somente isto poderia consolidar o projeto de educação e cultura popular nas comunidades almejadas.

Concebeu-se a partir daí uma escola desburocratizada e extremamente acessível aos trabalhadores. O processo de matrículas, o sistema de controle de assiduidade, horário de funcionamento, calendário escolar, para não falar das concepções didático-pedagógicas, procuravam respeitar as particularidades da população que frequentava a escola. A preocupação era a de que:

> (...) como método novo, de caráter áudio-visual, com rapidez de ação, destinado a massas populares, ela (a escola de rádio) deve funcionar em horários inteiramente adequados às possibilidades dos meios, das zonas demográficas e das regiões em que está implantada, devem – as escolas de educação de base que se situam nas vilas, povoados, pequenas cidades, fazendas, sítios – ser atingidas pelas pessoas, com roupas caseiras, de trabalho, sem problemas de transporte, apanhando o homem como ele é, para ajudá-lo a tornar-se o que ele deve ser.[5]

Segundo o MEB, a radicação de uma escola deveria iniciar-se a partir da experiência *in loco* dos problemas e da região de instalação. Em primeiro lugar, indicava-se a visitação das comunidades, com a intenção de conhecê-las e motivá-las, sensibilizando-as para a importância da escola. No discurso do Movimento:

> (...) A escola radiofônica é apresentada como um instrumento para a transformação. As comunidades devem assumir a instalação das escolas;

---

4 MEB/Nacional. *Plano Quinquenal*. [19--]. Fundo MEB-Cedic.
5 *Ibidem*.

elas são suas propriedades. Nessas visitas, procura-se, também, conseguir do próprio povo a indicação dos possíveis monitores das escolas radiofônicas. Em alguns lugares esta escolha torna-se uma verdadeira eleição (...). Os resultados são surpreendentes. Mais que semear escolas ou distribuir receptores, chega-se até o povo, fazendo-o assumir a perspectiva de sua própria educação. (...)[6]

A propositura da instalação da escola seguindo métodos de mobilização comunitária tornou-se um objetivo central perseguido pelo Movimento. O MEB se apresentou preocupado não apenas com uma ação pedagógica diferenciada das campanhas educacionais anteriores, como também com a focalização de situações e dificuldades específicas das regiões atingidas e com metodologias participativas para aprendizagem visando à ação comunitária. Seus pressupostos teóricos transcendiam as questões do aprendizado formal, pois foi construído como estratégia de ação da Igreja para intervir sobre problemas sociais, num contexto em que o movimento de ideias da sociedade concebia a ação cultural como ação política.

Vanilda Paiva identificou o período de 1958 a 1964, como um momento em que, sob os pressupostos do nacional-desenvolvimentismo, as práticas pedagógicas passaram conscientemente a ser consideradas ferramentas para se intervir na política, na organização social e nas ideologias:

> Em contrapartida, à medida que o clima político se radicalizava, em especial entre 1958 e 1964, a questão do combate ao analfabetismo e da educação das massas adquiriu um peso político, multiplicando-se os movimentos (de estudantes, da igreja, de partidos políticos, de todos os níveis da administração pública) para promovê-los. O questionamento do resultado político e educacional de toda esta mobilização só se tornou parcialmente possível depois do golpe militar (...)[7]

Tratando-se o MEB de um projeto de intervenção formal sobre as comunidades rurais, a eficácia da Escola Radiofônica tinha importância fulcral como instrumento de penetração efetiva no meio rural. Ela surge como o ponto nevrálgico

---

6   MEB/NACIONAL. *Relatório Anual.* 1962. Fundo MEB-Cedic.
7   V. Paiva, *Paulo Freire e o nacionalismo desenvolvimentista*, p. 23-24.

de um sistema de difusão ideológica, uma vez que a partir dela se irradiam ações de alfabetização, cultura popular e politização das comunidades.

Como unidade planejada de uma ampla rede nacional, as Escolas Radiofônicas Rurais aos poucos se espalham pelas mais remotas regiões da Mata e do Agreste nordestino, alcançando lugares em que a escola comum, em sua fragilidade estrutural, não conseguia cumprir suas funções quanto à educação básica de crianças e, muito menos, corrigir defasagens de escolarização de adolescentes e adultos.

A fase de *radicação*[8] das escolas iniciava-se pelo conhecimento *in loco*. A comunidade era abordada pela equipe local, que realizava um trabalho de pesquisa e mobilização com autoridades locais, famílias de trabalhadores e lideranças comunitárias. Para a radicação de uma escola, a equipe central orientava a equipe local quanto a objetivos, meios e técnicas de trabalho:

**RESUMO DE OBJETIVOS GERAIS**[9]

| OBJETIVO |
|---|
| 1) FASE DE RADICAÇÃO |
| Conhecer *in loco* os problemas da área e realizar levantamento realístico das necessidades e possibilidades locais: |
| -necessidade de educação rural |
| -contatos com possíveis monitores |
| -possibilidade de execução dos demais trabalhos do MEB |
| MEIOS |
| 1) FASE DE RADICAÇÃO |
| Escolha prévia da área |
| Visita de área: |
| -estudo de mapas, documentos da região antes da visita |
| -utilização de roteiro para visita |
| -verificação dos horários de trabalho, verificação da emissora e capacidade de recepção na área |
| -verificação da época adequada para duração do período letivo |

---

8   O termo radicação aparece recorrentemente na documentação sobre a educação radiofônica. O processo de radicação da escola refere-se à fase inicial de sua instalação envolvendo a parte técnica e as atividades de pesquisa e contato com a comunidade. Daí a opção do termo neste texto.

9   MEB/NACIONAL. *I Encontro de Coordenadores/Conclusões I.* 1962. Fundo MEB-Cedic.

| TÉCNICA |
| --- |
| 1) FASE DE RADICAÇÃO |
| Abordagem |
| Entrevista |
| Relatórios |
| Interpretação do Relatório |
| Reuniões com a comunidade utilizando material audiovisual |
| Participação da comunidade no levantamento da área |
| Verificação do nível cultural dos possíveis monitores |

Após as iniciativas da pesquisa *in loco*, a instalação e radicação da ER tornava-se prioridade estratégica na ação do Movimento. A ER tinha que ao mesmo tempo atender: à vontade da população quanto à localização da escola; às condições técnicas necessárias para recepção; às indicações das lideranças locais e autoridades, e ainda os objetivos de emancipação comunitária do MEB.

Nas orientações da equipe nacional, a valorização das demandas dos trabalhadores deveria ser objetivo central, no entanto, em balanços oficiais do Movimento, um dos problemas levantados no desempenho do movimento referia-se justamente às dificuldades em assistirem-se as decisões comunitárias, na escolha de locais para escola e na seleção de monitores.[10]

As ERs foram instaladas nos mais diferentes espaços físicos: em uma sala ou cômodo da casa do monitor, na sala de aula de uma escola de usina ou engenho em melhores condições, em uma sala de aula da escola das crianças de uma vila, no salão paroquial ou mesmo em um salão construído especialmente para este fim, por intermédio do prefeito, pelo usineiro ou pela comunidade. A coordenação nacional, que planejava o funcionamento macro da rede de escolas, sua expansão e prioridades de localização, propunha às equipes locais:

> (…) Escola Radiofônica: uma sala de aula, ou de casa de família, um alpendre, ou outro lugar qualquer que abrigue. Aí se podem reunir grupos de homens e mulheres para sua escola radiofônica. Um monitor ou monitora, um receptor, um quadro, negro ou flanelógrafo, cadernos, lápis, giz, cartilhas, um lampião ou uma lâmpada elétrica, eis os instrumentos da escola radiofônica (…).[11]

10 *Ibidem.*
11 MEB/NACIONAL. *Plano Quinquenal.* [19--]. Fundo MEB-Cedic.

As diretrizes firmavam que o espaço físico não deveria ser empecilho à instalação da Escola de Rádio, e não o foi. No conjunto das cartas analisadas, na ausência de um espaço formalmente escolar, como a sala de aula dos grupos escolares rurais, diferentes espaços foram adaptados para o uso da comunidade, desde a casa do monitor, onde funcionaram algumas escolas temporariamente ou mesmo de modo permanente, até salões de fazendas e usinas cedidos pelos proprietários.

Não foi incomum o funcionamento da escola na casa do monitor. A escola da monitora Severina Dias Pacheco foi transferida da escola de uma vila para sua residência:

> Cotias, 14 de abril de 1962.
>
> Revmo. Padre Petrolino
>
> (...) Esta é a fim de comunicar-lhe a transferência de meus alunos da escola "Antonio José Barbosa" em Cotias, para a minha residência no sítio (...)[12]

Em casas simples e modestas dos monitores funcionaram muitas escolas. Estas casas, na medida em que a escola se sedimentava, acabaram por configurar-se em espaços referenciais para a comunidade rural. Muitas comunidades passaram a ter acessibilidade ao aparelho de rádio por meio da escola, e a casa do monitor acabou por se transformar em um espaço de agregação para o recebimento de notícias, para a audição de programas musicais, da missa semanal e ensinamentos da catequese.

Uma segunda situação da instalação das escolas as relaciona aos espaços de uso coletivo da comunidade rural. A monitora Severina Pereira da Silva escreveu ao Centro Radiofônico de Nazaré:

> Surubim, 31 de maio de 1962.
>
> Centro Radiofônico de Educação Rural em Nazaré
>
> Por motivos superiores não foi possível escrever-lhes antes desta data. Em primeiro lugar porque só queria escrever quando fosse enviar a matrícula e a frequência.

---

12   Carta. Fundo MEB-Cedic.

> Graças ao nosso bom Deus, meus alunos estão satisfeitíssimos com o método empregado para a aprendizagem e principalmente com as aulas de Educação de Base, se assim continuarem ficarei sempre satisfeita.
>
> Estou dando minhas aulas radiofônicas em um salão da fazenda do Sr. José Bruno. Este concedeu o salão.
>
> Devido ser Nossa Senhora Auxiliadora a padroeira deste local, foi este o nome que botei em minha escola. (...).[13]

A quantidade de escolas que se formaram ocupando espaços de uso coletivo das usinas e fazendas foi significativo. Se a existência do espaço físico não se constituiu num empecilho para a formação da rede escolar radiofônica, não se pode também afirmar o mesmo acerca das relações, ou melhor, das *boas relações* da escola com o poder local.

O conjunto de ações desencadeado pelo Centro Radiofônico da Diocese de Nazaré, no início de 1961, e, depois, pelo Centro Radiofônico de Petrolina,[14] no transcorrer deste mesmo ano, efetivou-se mediante contato com o poder municipal e os poderes locais. Paróquias, associações comerciais, associações de lavradores e proprietários de usinas e fazendas foram procurados pelas equipes em busca de apoios institucionais na instalação das escolas:

> (...) O MEB deve estabelecer regime de colaboração com outras entidades e movimentos (particulares, oficiais e apostólicos) em âmbito estadual, municipal ou local, para imprescindível soma de esforços (...) Os meios de contato passam por levantamento das entidades atuantes, contatos particulares ou de caráter oficial e a organização de comitês estaduais ou locais para planejamento conjunto (...)[15]

Seguindo as orientações da coordenação nacional, as equipes locais de Pernambuco articularam-se aos organismos estaduais e municipais, viabilizando a ampliação do número de sistemas. No relatório anual de 1961, afirmavam as equipes:

---

13   Carta. Fundo MEB-Cedic.
14   A equipe do Centro de Nazaré da Mata assistiu e assessorou a instalação do Centro Radiofônico de Petrolina, instalado no final de 1961.
15   MEB/NACIONAL. *I Encontro de Coordenadores/Conclusões I*. 1962. Fundo MEB-Cedic.

Para a realização de um trabalho em tal amplitude, torna-se necessário ou mesmo indispensável, a união de esforços das entidades que atuam no meio rural com serviços afins. Por estes motivos, o MEB-Pernambuco atua em colaboração com o Serviço Social Rural e com o Projeto Piloto de Eletrificação Rural da Comissão do Vale do Rio São Francisco, em âmbito local (...). Desta maneira, isto é, em colaboração com as entidades, é que a equipe estadual atuou durante o ano de 1961, no setor de educação de base, mantendo entendimento com muitas outras entidades, especialmente com o governo do estado, com quem deverá elaborar convênio (...)[16]

Os apoios institucionais dos governos estaduais através de seus organismos e projetos regionais foram de fundamental importância para a disseminação do MEB. Deve-se, no entanto, somar a estas ações a capacidade de articulação com o poder local: o dono da usina, o dono do engenho, o padre da paróquia, o prefeito da cidade, sujeitos ligados diretamente às condições de instalação física das escolas.

Em Nazaré da Mata, no começo do ano de 1961, padre Petrolino e sua equipe percorreram 17 municípios da diocese, estabelecendo contatos com prefeitos, agentes de serviços estaduais, com párocos e, principalmente, com lideranças locais e membros das comunidades rurais. Dos acordos com as prefeituras dos municípios, logo nos primeiros meses daquele ano, surgiram escolas que, ao final do ano, chegaram a 41.

Inicialmente, a rede do Centro Radifônico de Nazaré interligava os municípios de Carpina, Machados, Limoero, Orobó, Bom Jardim, Aliança, Buenos Aires, Timbaúba; as localidades de Cruangi e Bizarra; as Usinas Aliança, Cruangi, da Barra, Olho d'Agua, e um sem-número de engenhos e sítios da região da Mata Norte de Pernambuco.

Pernambuco, que teve implantados em 1961 três Sistemas Radiofônicos, chegou a contar com seis sistemas. Localizados em Recife, Afogados da Ingazeira, Nazaré da Mata, Itacuruba, Caruaru e Petrolina, os sistemas em questão atingiram 16.964 alunos e, em 1963, formaram-se mais três sistemas – Garanhuns, Pesqueira e Palmares –, totalizando um número aproximado de 24.087 alunos.[17]

---

16  MEB/PERNAMBUCO. *Relatório Anual da Equipe Estadual de Pernambuco.* 1961. Fundo MEB-Cedic.
17  MEB/NACIONAL. *Relatório Anual.* Fundo MEB-Cedic. 1962 e MEB-NACIONAL. *Relatório Anual.* Fundo MEB-Cedic. 1963.

No desempenho dos estados nordestinos, Pernambuco, Ceará e Rio Grande do Norte registraram superioridade numérica em número de alunos. O território desses três estados da federação foi totalmente atingido pelas escolas radiofônicas e, entre 1961 e 1965, num total de 383.538 concluintes do MEB, 234.409 pertenciam aos estados citados.[18]

NÚMERO DE ESCOLAS DE RÁDIO POR UNIDADE DA FEDERAÇÃO – 1961-1965

| UNIDADES DA FEDERAÇÃO | 1961 | 1962 | 1963 SETEMBRO | 1963 DEZEMBRO | 1964 MARÇO | 1964 DEZEMBRO | 1965 |
|---|---|---|---|---|---|---|---|
| AM | - | - | - | - | 30 | 130 | 286 |
| PA | 75 | 362 | 500 | 500 | 705 | 548 | 765 |
| PI | - | 32 | 145 | 139 | 286 | 207 | 209 |
| CE | 941 | 1666 | 1217 | 950 | 883 | 781 | 708 |
| RN | 1083 | 1327 | 1524 | 945 | 1111 | 955 | 795 |
| PE | 74 | 617 | 1670 | 1298 | 1440 | 815 | 893 |
| AL | - | 408 | 487 | 152 | 181 | 35 | 28 |
| SE | 418 | 510 | 543 | 582 | 510 | 443 | 391 |
| BA | 70 | 261 | 190 | 147 | 211 | 104 | 40 |
| MG | - | 19 | 139 | 120 | 120 | 152 | 72 |
| GO | 26 | 261 | 190 | 147 | 211 | 104 | 40 |
| MT | - | - | 60 | 40 | 83 | 60 | 79 |
| TOTAL | 2687 | 5598 | 7353 | 5573 | 6218 | 4554 | 4522 |

*Número de Escolas de Rádio por Unidade da Federação/MEB entre 1961-1965.* Fonte: MEB em 5 anos. 1982.

Na interface das propostas do MEB como movimento nacional com suas práticas em nível regional e local, encontra-se a complexidade da história do movimento. A capacidade de multiplicar escolas pelo território resultou da interação entre ações locais e a funcionalidade do planejamento e ação da cúpula nacional.

O MEB revelou nas ações cotidianas das equipes locais e das comunidades a interação de uma grande história, representada pelos interesses da modernização expressos no ideário desenvolvimentista assumido pela Igreja Católica, com

---

18 MEB/NACIONAL. *MEB em 5 anos*. Fundo MEB-Cedic. 2ª ed., 1982.

uma história local, permeada de fatos aparentemente insignificantes, envoltos em relações de interdependência presentes nas políticas de mando, trocas de favores, comunitarismo etc.

Desde o início, a escola definiu transformações e novas perspectivas para a vida dos homens comuns do lugar, na medida em que alterou a vida cotidiana e a cotidianidade.[19] Para uma melhor compreensão dessa dinâmica, é necessário adentrar no universo cotidiano da escola, a fim de analisar e entender o conjunto de experiências que marcaram o encontro das proposituras do moderno (escola, rádio, igreja) com a essencialidade da vida cotidiana, ou seja, a experiência, a tradição, a repetição e as representações do homem rural.

## A escola e os poderes

A escola significou, no conjunto social em que atuou, a sobreposição de normas e diretrizes reguladoras imbuídas da cultura moderna – que orientava a ação cultural manifesta nos setores da Igreja Católica envolvidos com o MEB – a um conjunto de práticas sociais próprias da cultura do lugar. As ideias difundidas de emancipação e promoção das comunidades e do homem rural pretendiam renovar o velho contexto do mandonismo local e da política do favor e substituí-lo por um contexto de desenvolvimento comunitário cooperacionista, próprio das concepções racionalistas modernizadoras do populismo católico.[20]

Como metodologia de trabalho, as equipes utilizavam o *estudo de área* com vistas a deflagrar um conjunto de questionamentos que levassem a comunidade

---

19    Com um olhar diferenciado acerca do vivido, Henri Lefebvre estabelece noções diferenciadas entre o cotidiano e a cotidianidade. Esta última resulta de uma estratégia global (econômica, política e social) em que o vivido foi dominado e disciplinado, tornando-se espaço de repetições. Contraditoriamente, o cotidiano se apresenta como lugar da vida e da criação alimentando as potencialidades da rebeldia e da diferença. O vivido alterna espaços/tempos da alienação e repetição com a rebeldia e a transformação. Ver: H. Lefebvre, *De lo rural a lo urbano: historia, ciencia, sociedad*, p. 9. Do mesmo autor: *Introdução à modernidade*, p. 144-145; *A vida cotidiana e o mundo moderno*, p. 35.

20    Em Canclini, o popular foi construído historicamente na modernidade a partir de três correntes: o Folclorismo, a Indústria Cultural e o Populismo. O populismo, como ideologia, concebeu o popular como objeto puro, realizando a fragmentação das culturas e propondo a modernização como forma de superação do tradicionalismo que caracteriza o popular. Aqui, o movimento de aproximação com o popular realizado pelo catolicismo mundial, desde meados de 1950, é tratado como tentativa de construção de uma relação populista entre povo e Igreja. In: N. G. Canclini, *Culturas híbridas*, cap. 5.

a encarar a escola como instrumento de mudança e transformação. Segundo o próprio MEB:

> (...) No funcionamento do sistema radioeducativo é essencial a adequação da programação à realidade das comunidades a que ela se dirige, por isso o trabalho do MEB exige o conhecimento prévio dos problemas, necessidades e recursos existentes nas áreas a serem atingidas, como fase necessária para fundamentação do trabalho posterior, esse estudo que antecede a criação das escolas nas comunidades, é continuamente atualizado (...)
>
> Normalmente, essas primeiras visitas, para o levantamento da situação geral são aproveitadas para a motivação geral das comunidades para a escola.
>
> Essa motivação é sempre realizada no sentido de fazer a população local encarar sua educação como algo possível e necessário para a verdadeira promoção de suas comunidades (...).[21]

A ideia de *verdadeira promoção da comunidade* no universo mental do MEB associava-se aos preceitos da Educação de Base, em que a comunidade deveria promover autonomamente seu desenvolvimento *numa perspectiva de autopromoção que levasse à transformação decisiva da mentalidade e das estruturas*.[22]

Tais noções informavam as ações iniciais do movimento (na fase de radicação da escola), quando levadas a campo, esbarraram na realidade local. Na complexidade de relações sociais do lugar que reunia as grandes propriedades rurais, as usinas, as lideranças políticas locais, os trabalhadores agregados, pequenos sitiantes etc., percebe-se o processo contraditório que envolveu agentes do MEB, a cúpula da Igreja e os camponeses que inspiraram este estudo.

Na situação de convivência tácita das usinas de cana, que modernizavam a produção mantendo em seu território e sob seu controle o trabalhador agregado, tal qual na situação dos senhores de engenho, que persistiam como componentes desta mesma formação social e econômica, os mediadores do MEB, paradoxalmente, propunham ações de emancipação popular.

---

21   MEB/NACIONAL. *Relatório Anual.* Fundo MEB-Cedic. 1963.
22   MEB/NACIONAL. *Documentos Legais do MEB.* S/d. Fundo MEB-Cedic.

O paradoxo característico do momento reunia um discurso, estruturado pela cultura moderna, voltado para racionalização e inovação do cotidiano e do modo de vida dos trabalhadores rurais a uma realidade da formação social e econômica fundada em preceitos do não moderno, por exemplo, a existência do trabalhador agregado, a extração de renda mediante o foro e o cambão pelos proprietários tradicionais de engenhos, assim como pelos *novos e modernos* usineiros da região. O movimento da História apresentava para o Nordeste o desafio da modernização de um conjunto de relações sociais de produção composto, simultaneamente, da produção moderna – baseada na grande usina de açúcar que agudizava o processo de concentração fundiária mantendo o trabalhador alugado, ao mesmo tempo em apontava a tendência de proletarização – somada à antiga produção do engenho – submetida à usina – e à submissão do trabalhador agregado, cuja condição alimentava o processo rentista desta formação.[23]

Uma situação referencial de concentração de terra e perda de direitos de uso da terra (decadência da morada de condição) tencionava o território, que passou a comportar um conjunto de movimentos contraditórios de acomodação e conflitos. As proposições de autonomia e emancipação do MEB encontraram campo propício de ação no interior das comunidades rurais e revelam um movimento de desacomodação em seu núcleo. Segundo avaliação do Movimento, os resultados estavam sendo surpreendentes quanto à motivação e envolvimento das comunidades.[24] O discurso dos mediadores do MEB versava sobre processos de transformação e mudança das condições de trabalho, o que contribuía para esse cenário.

A desacomodação deve ser aqui entendida como um conjunto de atitudes políticas daqueles trabalhadores rurais que ocorreu no seio de comunidades envolvidas em relações sociais e que, de forma alguma, seriam rompidas abruptamente. A instalação da escola, situação inaugural de um conjunto de modificações da realidade, fundamentou-se em articulações ligadas aos domínios do poder local de caráter autoritário e clientelístico.

---

23 Na passagem dos anos 1950 para a década de 1960, Pernambuco sofre uma transformação radical no campo, na medida em que a proletarização se acentua com modernização das usinas. Este momento testemunha a decadência definitiva do Engenho Banguê, que se submete ao processo agroindustrial, e a concentração fundiária torna a área da mata uma região de fortes tensões políticas e sociais. M. Correia de Andrade, *Op. cit.*, p. 112.

24 MEB/NACIONAL. *Relatório Anual*. Fundo MEB-Cedic. 1962.

Inicialmente, a abertura de espaço para as escolas dependeu explicitamente das articulações entre MEB e poderes locais. A instalação física da rede de Pernambuco, por exemplo, resultou das conexões políticas com o poder estadual e de inúmeras conexões locais – dioceses, paróquias, prefeituras e lideranças políticas.[25]

É necessário considerar a trajetória da construção dos poderes locais no Nordeste brasileiro, que se fundamentou na concentração autoritária da propriedade fundiária. Para José de Souza Martins, no Nordeste a propriedade da terra foi a própria forma de subjugação do trabalho e, no plano político, garantiu o controle dos chefes regionais na troca de favores que se realizava, em nível nacional, desde a política dos governadores da República Velha.[26] Para o autor, a área canavieira e o agreste se assentaram sobre uma sociedade senhorial e fortemente hierarquizada marcada pelo coronelismo, sustentado efetivamente pela propriedade e sedimentado por valores do patriarcalismo – pacto de famílias, pactos de honra, políticas do favor.[27]

A análise das escolas radiofônicas remete a um deslocamento temporal para um momento de questionamento das estruturas político-jurídicas da concentração da renda da terra por parte dos trabalhadores rurais nos movimentos políticos camponeses do final dos anos 1950. No entanto, a dinâmica social e econômica, objeto de proposições transformadoras, seja por parte do nacional-desenvolvimentismo ou dos próprios trabalhadores, compunha-se de uma extrema complexidade de relações sociais, percebidas no conjunto de valores pretéritos da sociedade canavieira nordestina, que legitimava a propriedade da terra como suposto para a concessão de diretos e de favores.

Um exemplo disso é a concessão do direito de morada, situação de parte dos trabalhadores do MEB em Pernambuco, que se materializava como uma relação de troca – morada de favor pelo trabalho. Era uma troca desigual, em que, aquele que concedia o favor, detinha um nível de dominação sobre o outro, que ultrapassava a mera regulamentação das relações de trabalho, alcançando poderes para

---

25 Nas cartas, as relações locais aparecem explicitamente. As escolas se relacionam com prefeitos, vereadores, padres, políticos regionais, lideranças de trabalhadores, famílias de proprietários rurais, donos das usinas, dentre outros. Em muito, a "permissão" para funcionamento advém do proprietário rural, o que levanta desta forma o questionamento acerca da autonomia escolar.
26 J. S. Martins, *Os camponeses e a política no Brasil*, p. 45-46.
27 *Idem*, p. 59.

interferências pessoais sobre a vida cotidiana, comportamento e a conduta social do agregado.

Para instalar-se no nível local, a escola de rádio deparou-se com estes elementos do universo social, político e cultural da região nordestina. Como movimento de cunho institucional e de dimensões nacionais, o MEB demonstrou sua força e significado quando conseguiu efetivar as articulações políticas necessárias com os poderes locais, abrindo espaço para instalação da rede de educação radiofônica. Este processo dependeu em muito das capacidades e habilidades dos agentes locais e monitores.

De Chá do Rocha, a monitora Zilda Maria Aragão, também professora municipal, detalhava ao padre Petrolino suas ações no momento de radicação da EERR:

> Chá do Rocha, 11 de abril de 1962.
>
> Revmo. Pe Petrolino
>
> Neste momento estou comunicando-vos que no dia 09 deste, fiz reunião na E.R. conforme mandei dizer. Compareceu á mesma o Sr. Prefeito Dr. Adelino da Mata Ribeiro o qual presidiu a reunião. (...).
>
> Foi o seguinte o programa da reunião:
>
> Às 19:30 achando-se no salão da E.R. as pessoas convidadas, a monitora deu inicio a reunião convidando o Sr. João de Souza Oliveira (Juiz de Paz) para fazer parte da mesa de honra e em seguida o Sr. Prefeito para presidí-la e esse convidou o Sr. Chateaubriand Ribeiro – representante dos comerciantes, o Sr. Alberto Cristiano – delegado de ensino e o Sr. Manuel da Mata Ribeiro – vereador (...).
>
> O Sr. Presidente da mesa em ligeiras palavras explicou a finalidade daquela reunião e passou a palavra a monitora que continuou ao programa:
>
> a) explicação sobre a E.R.
>
> b) origem da E.R.
>
> c) explicações sobre a educação de base
>
> d) necessidade de apoio e cooperação da comunidade
>
> e) deveres dos que desejassem ser alunos da escola.[28]

---

28   Carta. Fundo MEB-Cedic.

A monitora Zilda, naquela reunião, demonstrava todo seu esforço em articular comunidade e autoridades locais em prol do bom funcionamento das escolas de rádio da região. Seus objetivos, narrados em outra carta, eram o de conseguir mais alunos e mais apoio da prefeitura local para as escolas. Em suas atitudes articuladoras, a monitora prosseguiu:

> (...) todos estes assuntos foram tratados, encerrando esta parte, eu, em nome das novas monitoras e de alunos da escola, prestamos homenagem toda especial ao nosso amigo prefeito, doando seu nome para a nossa E.R., o que de maneira alguma ele aceitou ficando este assunto para ser resolvido depois (...)[29]

Articular os poderes locais como prefeitura, poder legislativo e associação comercial, e estreitar os vínculos destes poderes com a escola, por meio de homenagem ao prefeito, compunha no universo da monitora e dos alunos as atitudes adequadas para sedimentação da escola. A situação narrada se repetiu pelas localidades, ampliando o número de ERs em que as escolas instaladas recebiam não só o aval dos poderes municipais, mas, principalmente, o dos proprietários de engenhos e usinas, quando edificadas diretamente em seus territórios.

A existência física da maioria das escolas dependia da permissão do proprietário rural – do dono do engenho, da fazenda ou da usina. Esta situação fez-se predominante no conjunto de missivas e revelou aspectos relevantes para o entendimento da dinâmica da cultura popular: a experiência dos sujeitos e o múltiplo aspecto das representações sociais, além de suas perspectivas contraditoriamente compostas na emancipação/aprisionamento, acomodação/desacomodação, ausências/presenças.

Nas narrativas de monitores e alunos, a figura do dono do engenho ou da usina – *dono da localidade* – apareceu com significativa constância. O senhor e a senhora do engenho não haviam perdido, ainda, no conjunto de representações daqueles trabalhadores, os ares da superioridade social. Nas cartas, foram descritas respeitosamente, destacando-se suas atitudes em benefício da escola e dos trabalhadores. Também a descrição dos espaços em que circulavam estes narradores legitimara as representações do espaço pretérito do engenho, da casa--grande e da capela, nos moldes clássicos da vida colonial nordestina narrada por

---

29  *Ibidem.*

Gilberto Freire em *Casa-Grande e Senzala*. Em sua carta, a monitora Maria Ana de Menezes contou aos professores do Centro de Nazaré:

> (...) o nome da escola é São João escolhido pelos alunos.
>
> São João foi quem batizou Jesus é muito interessante este capítulo do evangelho. E, ao lado da casa grande se encontra uma igreja em que o padroeiro é São João, por isso batizaram a escola em nome de São João. (...)
>
> Estou funcionando a escola bem pertinho do engenho ficou melhor para as professoras visitar. A casa fica na beira da estrada que vai para a casa grande. (...)[30]

Maria Ana e seus alunos batizaram a escola com o nome do padroeiro do engenho. O *batizado de Jesus* que, num primeiro momento da narrativa, foi usado como argumento para justificar uma possível decisão autônoma do grupo, posteriormente, na mesma carta, perdeu espaço para o argumento que relacionava o nome da escola com o padroeiro do engenho *São João*. A intenção dos agentes pareceu ser a de legitimação da escola, como se a escola para legitimar-se e pertencer ao lugar necessitasse de uma identidade relacionada à terra e ao dono da terra.

A situação narrada por Ana Maria se repetiu pelas inúmeras localidades. Em geral, o nome do lugar (engenho ou usina), da capela do engenho, dos santos de devoção da senhora de engenho, deu origem ao nome das escolas que se espalhavam: Escola Nossa Senhora do Rosário, Nossa Senhora Auxiliadora, Escola São José, dentre muitas.

As honras de dar à escola o nome do santo de devoção do dono da localidade revertiam no apoio que a escola certamente receberia do proprietário local. Do Engenho Horácio, a monitora Catarina Lucena, com profundo entusiasmo, contava à professora Neide do Centro de Nazaré:

> (...) Hoje fiz uma festinha com os alunos (para a comunidade do engenho) para arrecadar dinheiro e comprar material. Tive um resultado satisfatório, a festa constou de quebra-panela, cachorro quente e um leilão. A maioria dos alunos se prontificaram a me ajudar e contei principalmente com a colaboração do Sr. Manoel Xavier de Andrade,

---

30 Carta. Fundo MEB-Cedic.

proprietário desta localidade que tem muito interesse na escola, me ajudando no que for possível (...)[31]

As relações do favor materializavam-se nas constantes trocas de gentilezas, ajudas e apoio material. Também os senhores e senhoras de engenho e proprietários de usinas avalizavam as escola se fazendo presentes em aulas, participando de festas e reuniões em atitudes de demonstração de satisfação e aprovação do trabalho escolar.

Contrariamente, a indisposição da reprodução das trocas amigáveis regidas pela relação do favor, a inabilidade de articulação política da comunidade, do monitor ou do MEB na instalação e manutenção da escola, poderiam levar à sua inviabilidade.

Esta situação não pareceu significativa no conjunto documental, apenas uma carta tratou de uma situação de conflito, entre trabalhadores e proprietário do engenho, inviabilizando a existência da escola.

A situação ocorreu no Engenho Camarazal, quando em fevereiro de 1962 Maria da Graças Gomes Valeriano, filha do dono do engenho, comunicou à supervisora do MEB a entrega da rádio e o fechamento da escola em que era monitora:

> Prezadas Supervisoras,
>
> Sinto muito em fazer esta grosseria, mas sou forçada a fazer. É entregar a E.R., não é falta de interesse, desejo que todas desta equipe não encontrem que seja falta de vontade. É sim que os moradores estão revoltados com papai, não adianta fazer grandeza com eles, e eles não ter respeito com meu pai, não acha? (...).
>
> Fiquei bastante instruída com os encontros dos monitores e com as reuniões e com as muitas explicações pelas aulas da escola radiofônica.
>
> Depois levarei o rádio e as cartilhas. Eu não levo, mando, porque não sou capaz de me despedir de todas vocês.
>
> Aqui vou dando o ponto final saudosamente, que só o senhor Jesus é quem sabe. Adeus e até mais. Abraços para todas vocês.
>
> Maria das Graças Gomes Valeriano.[32]

---

31  Carta. Fundo MEB-Cedic.
32  Carta. Fundo MEB-Cedic.

O fechamento da escola de Maria das Graças parte de uma decisão individual, muito provavelmente, da decisão de seu pai numa atitude de punição da comunidade pelos conflitos existentes. A monitora caracterizou um sentimento de revolta que envolvia a comunidade em relação a seu pai, o dono do engenho, sentimento este que leva o dono do engenho a atitudes de punição da comunidade com o fechamento da escola. Ratifica-se a ideia, portanto, de que a radicação da escola envolvia habilidades políticas da comunidade em conquistar espaços junto aos poderes locais e ao dono da localidade, habilidades estas que se construíram preteritamente na política do favor e que não necessariamente se relacionavam aos preceitos do moderno – autonomia e emancipação – propostos pelo MEB.

Esta ideia não implica, porém, uma concepção de que a escola não promoveu transformações desta realidade. Na verdade, as relações pretéritas que sedimentaram a escola implica um entendimento de costumes e preceitos morais[33] que norteiam a cultura popular, sem, no entanto, esquecer das possibilidades de transformação e rupturas no interior das experiências políticas e sociais do camponês.

A situação de mudança social que estava sendo colocada para a sociedade nordestina envolvia os mais diferentes sujeitos neste processo de mudança. Tanto os trabalhadores quanto os donos da terra estavam diante de novos parâmetros organizacionais: para o latifúndio, a modernização mantinha a concentração de terras, exigindo investimento tecnológico, reorganização da produção e a assimilação de preceitos do direito social (como os direitos trabalhistas); do outro lado, o camponês se afastava do direito de uso da terra, aproximando-se da situação do trabalhador urbano, destituído dos meios do trabalho.

Assim, as escolas se instalavam em um lugar social de embates tencionados pelo projeto de modernização conservadora,[34] fazendo com que as atitudes dos grupos caminhassem no sentido de apropriação dos benefícios desta transformação. A cultura popular demonstrava a sua capacidade de interação constante com a realidade social em prol de sua própria sobrevivência, sendo entendida a partir

---

33   Esta ideia advém do conceito de economia moral de E. P. Thompson. Por economia moral, o autor compreendeu os consensos populares construídos a partir de visões tradicionais, de normas ou obrigações sociais com funcionalidade econômica ou social no interior de comunidades rurais. Nela encontram-se noções, valores, uma moral e uma ética popular construída tradicionalmente como sustentáculo de estruturas econômicas, sociais ou políticas.

34   P. Eisemberg. *Modernização sem mudança: a indústria açucareira em PE – 1840/1910*, Introdução.

de suas possibilidades de recriação de novas formas de ação e não mais como reflexo de um sistema rígido de valores tradicionais não suscetíveis à mudança.

No debate historiográfico que envolve o MEB e sua atuação em meados de 1960, tem sido preponderante a tese de que as perspectivas ofertadas pelo Movimento direcionaram as comunidades para a ação transformadora radical da sociedade, mesmo havendo-se reconhecido o conservadorismo e a ação centralizadora da Igreja, que concebeu, planejou e dirigiu o projeto educacional. Estas teses fundamentaram-se na diversidade de sujeitos históricos dos quadros do MEB, encontrando nesta diversidade a possibilidade de subversão dos preceitos interventores do movimento em direção a preceitos libertadores e autônomos. Esta linha de raciocínio concluiu que a política populista, somada ao momento histórico da Igreja Católica, em direção à *igreja dos pobres* ou o *catolicismo radical*, propiciou um enfraquecimento dos laços do MEB com suas origens conservadoras e consequentemente a radicalização política do movimento.[35]

Que a diversidade de sujeitos, e mais, a própria interação dos agentes educacionais com os trabalhadores rurais, tenham aberto espaço para transformações no Movimento de educação, requer, entretanto, uma análise mais aprofundada do papel das comunidades na vida escolar, a fim de não incorrer em análises parciais que levariam a uma interpretação da comunidade rural como mero objeto do projeto educacional.

A chegada da escola de rádio nas *terras do coronel* permite enxergar uma dimensão da realidade em que o conjunto de ações dos camponeses associados aos agentes do MEB promoveu intercâmbios entre o favor e o projeto modernizante. Segundo Nestor Garcia Canclini, a heterogeneidade temporal da América Latina é o resultado de um projeto modernizador que poucas vezes rompeu com o tradicional. Nesta perspectiva, mesmo sendo o favor um elemento antimoderno, a realidade social que envolveu a produção agrícola,

---

[35] Na introdução de sua tese, Kadt demarca a visão de que o MEB foi consequência direta do surgimento de um catolicismo radial no Brasil. Ver: E. Kadt. *Católicos radicais no Brasil*, introdução. Em Wanderley, a noção da formação de uma igreja progressista e da disputa dos leigos por espaço político nas bases da igreja contribui para a radicalização do MEB na sua opção por lutas populares. L. E. Wanderley. *Educar para transformar: educação popular, Igreja Católica e política no MEB*. Introdução.

o domínio da terra e as relações de trabalho no Nordeste, articularam o tradicional ao novo reconfigurando-se.

Na verdade, a contradição entre proposições de uma cultura moderna (paradigmas da modernidade), que se sustentava no discurso da autonomia da pessoa ou da comunidade, e a política do favor, baseada nos elementos concentradores do capital e em relações autoritárias entre classes, resolveu-se em sua dimensão histórica com a reconfiguração de suas diferentes partes. Utilizando-me da metáfora do caleidoscópio – um jogo de múltiplas partes que compõem um desenho –, é possível afirmar que os trabalhadores rurais das localidades do interior nordestino também retiraram da política do favor a parte que lhe cabia no trato.

Num momento em que se entrecruzavam os universos mentais do moderno e o universo popular, ambos demonstraram suas habilidades na disputa por espaços sociais. Citando Canclini:

> O favor é tão antimoderno quanto à escravidão, porém mais simpático e suscetível de unir-se ao liberalismo por seu componente de arbítrio, pelo jogo fluido de estima e autoestima ao qual submete o interesse material. É verdade que, enquanto a modernização europeia se baseia na autonomia da pessoa, na universalidade da lei, na cultura desinteressada, na remuneração objetiva e sua ética do trabalho, o favor pratica a dependência da pessoa, a exceção à regra, a cultura interessada e a remuneração de serviços pessoais. Mas dadas as dificuldades para sobreviver, "ninguém no Brasil teria a ideia e, principalmente, a força de ser, digamos, um Kant do favor", batendo-se com as contradições que implicava.[36]

A sugestão do autor é a de que o favor é nada mais que um acordo entre partes, em que uma parte não está disposta a denunciar a outra, sendo este valor um valor ativo da cultura nacional latino-americana.

Quando a escola chegou às terras do coronel, submeteu-se a ele, sim. Mas também o contestou. Ensinou o homem comum a ler e fazer contas, para que os patrões não enganassem tão facilmente na hora do pagamento do barracão, no pagamento dos dias, no desconto do aluguel.

---

36 N. G. Canclini. *Culturas híbridas*, p. 76.

A escola de rádio alfabetizou e permitiu a conquista do direito ao voto, outro mecanismo de barganha, trocas ou contestação usado pelos trabalhadores diante dos donos da terra. Por sua vez, *o senhor da terra* se sentia seguro. A escola era da Igreja, o padre promovia a *ordem* e afastava os avanços dos comunistas naquelas paradas.

## Construindo a autonomia

Para o MEB, a escola era o instrumento capaz de introduzir nas comunidades os novos sentidos norteadores da luta pela libertação total do homem. Cabe lembrar o processo de mudanças da doutrina católica e sua especificidade latino--americana, em que o enfrentamento dos problemas da pobreza e da desigualdade social culminava em ações e busca de soluções, pautando-se por valores comunitários e pela noção de consciência humana. A comunidade deveria ser o lugar de novas relações ancoradas no solidarismo, na cooperação, no reforço da instituição familiar, e o esforço a ser realizado pelo cristão seria o de combater a pobreza, o abandono, a intolerância e a desagregação social.

Desta forma, a escola do MEB optou por atuar pela *autopromoção comunitária* e pela *elevação cultural do homem rural*. Tratava-se de renovar valores comunitários visando à viabilidade econômica do homem rural. A interpretação particular da Igreja acerca do subdesenvolvimento econômico reforçou a ideia de que problemas econômicos do mundo pobre se vinculavam diretamente ao nível cultural e educacional de suas populações. A ação educacional e a ação cultural adquiriram a capacidade de combate do subdesenvolvimento econômico, e a leitura feita acerca das comunidades rurais passava pela noção de que os desníveis social, econômico e político das classes vinham acompanhados de um desnível cultural que deveria ser combatido:

> A cultura popular (movimentos de Cultura Popular) é um fenômeno histórico que tem surgido em sociedades em que se distingue um desnível cultural entre os diversos grupos que a compõem (...).
>
> Em países insuficientemente desenvolvidos, como o Brasil, o problema aparece mais facilmente em toda a sua dimensão: o desnível cultural proporciona um tipo radical de marginalização que impede a própria comunicação humana entre os diversos grupos sociais (...) as organizações (organizações de Cultura Popular) devem agir no sentido da

superação, pela sociedade, dos desníveis, entre os diversos grupos sociais que as compõem (...).[37]

Apoiado no conceito de *desnível cultural*, o MEB subordinava a cultura popular a paradigmas considerados superiores (cultura universal), criando uma dicotomia presente naquela literatura educacional, em que o processo de escolarização e/ou o contato com a cultura universal demarcava-se por necessidades de superação de condições *tradicionais* entendidas como *atrasadas*. Ao mesmo tempo, contraditoriamente, o Movimento apoiou-se nas positividades das comunidades, quanto à sua organização social e capacidade de articulação política e econômica, como formas de viabilização das condições materiais para instalação e funcionamento da escola.

No processo de implantação de uma escola, os rádios eram cedidos pelo Centro Radiofônico e ficavam sob a responsabilidade do monitor, e todas as noites da semana reuniam-se alunos e monitores para ouvirem as aulas transmitidas pelo Centro. A partir daí, a escola deveria ser mantida pela comunidade. Na documentação oficial do MEB, este momento deveria ser o momento oportuno para o desenvolvimento de preceitos da ação em Cultura Popular, que objetivava incentivar o engajamento das comunidades em associações cooperativas, sindicatos, clubes sociais e esportivos, com vistas ao *desenvolvimento comunitário*:

> As escolas radiofônicas, em funcionamento, exigem manutenção: novas cargas para os receptores, giz etc. Por outro lado, os alunos encontram dificuldades na aquisição de cadernos, lápis, borrachas, por falta de recursos ou de fornecimento local.
>
> Para atender melhor estas necessidades e a fim de iniciar uma educação cooperativista do povo, pensou-se em criar uma rede de pequenas cooperativas de consumo das escolas radiofônicas. Foram instalados quatro Clubes de Vendas, em Nazaré da Mata, Afogados do Ingazeiro, Recife e Caruaru. Estes clubes vêm fornecendo material escolar para as escolas radiofônicas e os alunos dos referidos Sistemas (...).[38]

37  MEB/NACIONAL. *Cultura popular: notas para um roteiro de estudos*. [19--]. Fundo MEB-Cedic.
38  MEB/NACIONAL. *Relatório Anual do MEB*. 1962. Fundo MEB–Cedic.

Na medida em que os recursos financeiros da escola dependiam de seus alunos, e que a manutenção da escola gerava uma necessidade constante de arrecadação de dinheiro – para a compra de pilhas que alimentavam o rádio, compra do querosene usado na iluminação das salas de aula[39] e todo o tipo de material escolar, quadro-negro, cadernos, lápis, borracha, canetas –, a escola do MEB já se instalava em um contexto de mobilização comunitária.

Logo de início, formou-se uma rede de comunicação nas localidades e vilas que funcionava exclusivamente para fazer circular os materiais necessários – em algumas cidades, a casa paroquial, um convento ou escolas católicas serviam de centro de compra e venda de materiais do MEB – Os *Clubes de Venda*s. Os monitores dirigiam-se a estes *clubes* para retirada ou recebimento de materiais, que, posteriormente eram pagos pelos monitores quando realizavam as prestações de contas de suas escolas.

Nos *clubes de vendas* as comunidades se organizavam com a intenção de circular mercadorias a preços populares, fazendo com que o homem rural percebesse o funcionamento de um circuito de ganhos como alternativa de trabalho. O *clube de vendas* teve inicialmente uma funcionalidade direcionada para a manutenção da escola, contudo, sua existência reiterava conteúdos da Educação de Base, como a economia doméstica, cuja proposta principal era que a comunidade produzisse artefatos e/ou produtos e efetivassem essas mercadorias com os *clubes ou associações*.

Em suma, as condições materiais necessárias ao funcionamento das escolas foram garantidas no MEB de forma a unir atitudes práticas, ações pedagógicas e preceitos organizacionais. Logo que se engajava ao Movimento, uma comunidade se deparava com desafios organizacionais que informariam a trajetória das escolas. Em sua quase totalidade, havia um alto envolvimento da comunidade nas ações de manutenção da escola por diferentes caminhos: algumas escolas optaram pela formação da *Caixa Escolar,* que promovia a arrecadação individual para manutenção das necessidades escolares; outras optaram pelo trabalho comunitário, em que monitores e alunos reuniam esforços para arrecadação financeira, através de práticas já conhecidas pela comunidade – a festinha, o leilão, a rifa, o bingo.

---

39  A maioria das escolas não possuía energia elétrica; nas cartas, constantemente, as monitoras se referem às dificuldades das aulas noturnas iluminadas pelos candeeiros e cuviteiras e aos custos da compra de querosene para a iluminação da escola. Caso curioso foi o de uma comunidade que se mobilizava pela luz elétrica para suprir as necessidades das aulas noturnas.

Luiz Eduardo Wanderley debruçou-se sobre o estudo da concepção de desenvolvimento de comunidade do MEB, apontando que o Movimento tentou criar condições para a transformação social, dando ênfase ao desenvolvimento comunitário em associações, clubes, cooperativas e sindicatos. Segundo o autor, o MEB lançou embriões organizacionais na comunidade, criando formas democráticas de decisões e execuções de tarefas que revelavam a necessidade da organização das classes populares[40] no processo de transformação social em curso.

Para Wanderley, o MEB foi responsável pela reorientação de práticas e representações sociais das camadas populares e de segmentos da Igreja Católica, tendendo a colaborar com a construção de unidades e frentes populares de luta política. Esta tese ressalta a ideia da construção do bloco histórico de Gramsci, identificando o MEB como um dos instrumentos de propositura da construção de uma contra-hegemonia das classes subalternas no momento de crise explícita do capitalismo brasileiro. O sentido de comunidade e o incentivo das ações cooperacionistas, na comunidade, foram interpretados como uma prática educativa libertadora ligada à prática política emancipadora.[41]

Nesta linha de raciocínio, a prática emancipadora não provinha da comunidade e sua busca constante de manutenção material de seus aparelhos sociais, mas sim de seu envolvimento no projeto educativo que direcionava uma ação emancipadora. A consciência de classe se fazia pela ação educacional, atribuindo-se ao mediador e ao intelectual um papel fundamental nas lutas sociais.

No entanto, é importante ressaltar que, por precárias que fossem as ações comunitárias agregadoras, manifestadas em festas, leilões, quermesses e rifas recorrentes no universo popular, estas constituíam-se não apenas em eixo principal da organização financeira (voltado para a circulação das mercadorias necessárias à manutenção da escola), como também revelavam o potencial organizativo da comunidade em sua localidade.

O mutirão, a feira, as festas de padroeiro, os leilões e as rifas das festas religiosas, podem ser interpretadas como estratégias econômicas das relações sociais de produção dos camponeses. As comunidades rurais, desde o período colonial se integraram à rede nacional de produção, distribuição e consumo através de

---

40 L. E. Wanderley. *Educar para transformar: educação popular, Igreja Católica e política no MEB*, p. 270-271.

41 *Idem*, p. 18.

relações ativas com o mercado. Para Shepard Forman, a dinâmica de integração do camponês ao mercado se articulou à dinâmica do mercado interno de consumo na Colônia, onde o *locus* da relação era a feira, lugar em que se materializavam as ações do camponês com o comércio.[42]

Nas cartas aparece a transposição dos usos e costumes da comunidade na solução de problemas de sobrevivência econômica para o espaço escolar. Um processo de adaptação de saberes e práticas comunitárias desencadeou-se a partir das necessidades de organização da escola. Do Engenho Cumbé, Maria Imaculada de Souza escrevia:

> Queridas da equipe do C.R.E.R.
>
> Voltei aqui novamente por meio desta cartinha conversando sobre nossa E.R. Estou bastante satisfeita com meus trabalhos, e nossos alunos estão gostando demais. O nome de minha escola é Maria Auxiliadora. (...) Meu rádio está ótimo, mas as vezes pegam 2 estações. Eu queria saber se vêm pilhas mais baratas para vender. Meus alunos são ótimos (...) eles cooperam com Cr$ 5,00 para a querosene e Cr$ 15,00 para as pilhas, é uma maravilha. Eu fiz uma folha com nome de todo mundo e dei a um aluno para ele trabalhar pelo dinheiro. Acharam ótimo. Eles mesmos fizeram um negócio, só os homens cooperam, porque as mulheres não têm dinheiro toda vez. (...) A luz da minha escola é um cuviteiro com dois bicos. Agora um aluno prometeu fazer um com 8 bicos, irá ser uma maravilha. São estas as minhas notícias (...).[43]

A viabilidade material das escolas radiofônicas dependeu efetivamente dos mecanismos de funcionamento das comunidades rurais que se alicerçavam em práticas autônomas e associativas anteriores às proposições em Cultura Popular ou Educação de Base. As condições materiais sempre escassas desta população levaram à construção de práticas coletivas solidárias, bastante remotas, que garantiram a sobrevivência das comunidades em um território carente de recursos durante séculos.

A cooperação e o associativismo, valores a serem reforçados pelo MEB, compunham ações pretéritas da comunidade presentes no trabalho em mutirão, por exemplo. A preocupação do MEB em criar suporte de emancipação financeira da

---

42 S. Forman, *Camponeses: sua participação no Brasil*, p. 129.
43 Carta. Fundo MEB-Cedic.

comunidade, através do trabalho cooperativo, articulou-se aos preceitos organizativos já instalados nas comunidades, servindo apenas como reforço para ações coletivas de viabilização material. A prática do mutirão e do trabalho cooperativo passou a reincidir na comunidade, tendo o MEB e a Educação de Base como referência central. Numa carta da monitora Maria Eunice de Vasconcelos de outubro de 1962, ficava clara a articulação das práticas comunitárias incorporadas aos preceitos da ação cultural do MEB:

> Chá Moreno, 28 de outubro de 1962.
>
> Presada Professora
>
> É com imenso prazer que lhe falo sobre a festa da exposição de artesanato no dia 21, (...) foi uma festa animadíssima, cada aluna deu um presente e todos os alunos da escola radiofônica participaram, houve cozinhado e baile, veio o clube de jovens de São Gonçalo, as professoras da igreja nova e muitos convidados de várias localidades. Na véspera da festa trabalhamos muito, uns carregando água, outros farinha, outros lavando a casa, varrendo terreiros. Cada aluna trouxe uma lata de café, a exposição ficou legal, *com 23 bolsas e 4 tecelagens, foi vendidas 2 bolsas por Cr$ 1200,00. Fizemos 3 bolos de ovos, e 1 de batatas, 4 galinhas, 8 quilos de carne na conserva, peixe, doce de goiaba, verduras, frutas, foi tanta coisa que fez gosto, todos almoçaram, beberam e dançaram satisfeitos (...). Estamos trabalhando com muita fé em Deus para cada um viver uma vida melhor. Os alunos da E.R. estão querendo outra festa e vamos fazer se Deus quiser (...).*[44]

Nesta, e em tantas outras narrativas construídas pelas monitoras nas cartas, a organização das festas e quermesses comunitárias em prol da arrecadação de fundos para a escola ou para a comunidade surgiu como pressupostos da cultura local que se alicerçavam em práticas coletivas e associativas.

Teoricamente, é necessário para o entendimento da lógica dos valores e hábitos sociais de um grupo, um posicionamento interpretativo da práxis social deste mesmo grupo. No que se refere ao camponês, há um conjunto de valores que compõe a sua campesinidade – o seu *modus vivendi* – que não corresponde simplesmente a um

---

44 Carta. Fundo MEB-Cedic.

lugar na produção, mas a todo um conjunto moral de valores, ritos e hábitos característicos.[45] O mutirão, a feira, as festas de padroeiro que arrecadavam fundos para a paróquia, os leilões e as rifas das festas religiosas podem ser encarados como estratégias econômicas das relações sociais de produção dos camponeses. O trânsito destas comunidades por estas ações comunitárias e solidárias deu longevidade à sobrevivência de famílias, grupos, hábitos e valores sociais. Os componentes do desenvolvimento comunitário do MEB, em si, não diferiam destas ações.

Em síntese, os elementos da experiência prática, ou daquilo que Henri Lefevbre denominou *o vivido*, presentes na cultura popular em contínua preservação e mudança, lhe permitem galgar espaços em direção a emancipação por vias próprias e não necessariamente por projetos e proposições externas. Esta característica dinâmica da cultura popular nos permite o uso do conceito de resistência transformadora,[46] uma vez que, ao assimilar o que é novo, os elementos da tradição e da transformação presentes no popular reordenam o entendimento do mundo, agregando a ele novas dimensões, oriundas da contemporaneidade dos processos históricos.

A formação da ampla rede de escolas radiofônicas do MEB, no Nordeste, deve, pois, ser compreendida em diferentes sentidos: se, por um lado, a eficiência de planejamento, a solidez teórica e a práxis engajada fizeram das iniciativas dos agentes do MEB um elemento fundamental para construção de um sistema nacional de escolas, por outro, há que se relevar o papel das comunidades, tanto na articulação política em favor da escola, quanto em sua organicidade econômica.

Apesar das intempéries – que surgiram no conjunto de cartas expondo dificuldades financeiras e materiais gritantes, assim como a desmobilização social de algumas comunidades – quando se trata da organização física e material da rede de escolas radiofônicas, não se podem desprezar elementos associativos dos trabalhadores rurais que explicam, de um ponto de vista não

---

45  K. Woortmann, *Com parente não se negoceia: o campesinato como ordem moral*. Introdução.

46  Zilda Márcia Gricoli Iokoi propõe a noção de resistência transformadora como ferramenta para o entendimento das novas formas solidárias construídas na organização de homens e mulheres diante das instituições e do Estado. Para a autora, o mundo globalizado permitiu a construção de novas solidariedades manifestadas em espaços de expressão dos resíduos constitutivos da cultura e das resistências articuladas universalmente. As resistências transformadoras são produzidas fora dos espaços convencionais e institucionais, como, por exemplo, o partido, permitindo uma maior liberdade dos grupos na construção de projetos e alternativas de resistência. Ver: Z. M. G. Iokoi, *Intolerância e resistência: a saga dos judeus comunistas entre a Polônia, a Palestina e o Brasil*, p. 388-389.

hierarquizante, o papel da cultura popular em projetos emancipatórios. Isto significa que, num entendimento da cultura, de sua prática e das relações sociais diversas que a envolvem, como a política, a cultura popular, também se nutriu de impulsos de autonomização e emancipação, e, por que não dizer, modernização, na medida em que valorizou não apenas a sobrevivência econômica da comunidade em questão, mas as melhorias em sua qualidade de vida, buscando assimilar as novas técnicas, o conhecimento universal, os preceitos do direito civil, social e político, dentre outros.

Articulando tradições, valores e costumes a novas perspectivas culturais, políticas e sociais, a escola chegou e se manteve presente nos mais distantes rincões do Nordeste, devido à postura ativa das comunidades rurais.

Na escola, um bom número de anônimos trabalhadores rurais, moradores das usinas, engenhos e pequenas propriedades de Pernambuco, visualizaram as múltiplas possibilidades da aprendizagem da leitura, da escrita e da matemática. Por meio da escola, o camponês enxergava um conjunto de possibilidades culturais e políticas, uma vez que, alfabetizado e escolarizado, adquiria direitos eleitorais de eleger e ser eleito, assim como conhecimentos dos códigos da organização trabalhista e outros direitos sociais que ampliavam suas chances estratégicas de transformação da vida e da *condição*. Assim, o MEB somou força à vontade contida do camponês de mudar e de transformar o cotidiano, acrescentou informações, diversificou o universo local. Tudo isso se passou naquele momento em que a grande história tocava os mais distantes lugares com os supostos da modernização, modernização imposta – do centro para o periférico, do Sudeste para o Nordeste, do culto para o popular.

# CAPÍTULO IV
## A escola e os costumes

> *"O cotidiano é o humilde e o sólido, aquilo que vai por si mesmo, aquilo cujas partes e fragmentos se encadeiam num emprego do tempo. E isso sem que o interessado tenha de examinar as articulações dessas partes. É portanto aquilo que não tem data. É o insignificante (aparentemente); ele ocupa e preocupa e, no entanto, não tem necessidade de ser dito, é uma ética subjacente ao emprego do tempo, uma estética da decoração deste tempo."*
>
> *(Henri Lefebvre)*

## A escola e os costumes

No MEB, a Educação de Base era tida como a forma de comunicação entre o camponês e os preceitos da modernização impostos pela necessidade do desenvolvimento.

> (...) A Educação de Base é de real necessidade porque vai diminuindo a ignorância e o analfabetismo de nosso povo, transformando-o social e economicamente. A escola radiofônica vai colaborar no desenvolvimento do povo, ajudando-o a viver e a trabalhar melhor, devido à capacidade formidável do rádio de atingir um maior número de pessoas adultas, dando conhecimentos necessários e práticos. (...)[1]

Na comunidade rural, o trabalho da Educação de Base consistiria em alfabetizar e educar indivíduos, visando mudanças de atitudes no plano econômico, social, político e cultural. Nos lugares em que o MEB atuou foram desenvolvidos

---

[1] MEB/PERNAMBUCO. *Relatório do 1º Treinamento de Monitores*. 1961. Fundo MEB-Cedic. 1961.

trabalhos nas áreas de saúde, alimentação e higiene; de habitação, convívio na família, nas relações sociais na casa e na vizinhança; nas relações de trabalho e na organização religiosa e política das comunidades.[2]

Na verdade, o projeto da Educação de Base sintetizava funções atribuídas pelo MEB à instituição escolar e seu papel no meio rural. Para o Movimento, a escola de rádio e sua ação de base poderiam integrar os indivíduos aos códigos da *cultura universal* e, mais do que isto, integrar indivíduo e comunidade rural em um conjunto social direcionado ao desenvolvimento que, sob a ótica da Igreja, exigia transformações radicais nos padrões de vida e de comportamento.

As acepções do MEB não se distanciavam dos papéis vividos pela escola na sociedade moderna. Segundo Bourdieu, os papéis da escola se definiram por propiciar aos indivíduos um corpo comum de categorias de pensamento que tornam possível a comunicação, assumindo funções de integração e de inserção social. A escola, nesta perspectiva, se responsabiliza pelo cultivo de códigos, percepções, ações e pensamentos necessários ao homem apto à vida social[3] e, em dadas sociedades, pode exercer funções de definir e hierarquizar o *cursus* da cultura adquirida, submetendo a cultura a um programa e a transmissões metódicas de conteúdos.

Tratando da escola moderna, o autor a elegeu como responsável pela integração cultural de indivíduos – que se integram através da família, da escola e dentro da classe social. Desta forma, obtemos uma escola histórica, gerida por dilemas e questões de sua época, estruturada e reestruturada, sucessivamente, por continuidades e rupturas que asseguram a condição da comunicação das diferentes gerações presentes na escola.

Naquele momento, o MEB buscava ratificar funções da escola que integrassem o homem rural a códigos e signos sociais articulados a um modelo de desenvolvimento econômico e social hegemonicamente estabelecido pelo pacto populista. Claramente, optou-se por um conjunto de intervenções necessárias junto a hábitos, comportamentos e valores, visando mudança de atitudes, em prol da aceitação de normas, regras e comportamentos ditados por um campo cultural distinto ao campo cultural do camponês. Assim, o camponês integrado

---

2 MEB/NACIONAL. *MEB: Documentos Legais*. [19--]. Fundo MEB-Cedic.
3 Bourdieu desenvolve a ideia de *homem cultivado* como aquele que recebe os códigos para a vida social através da cultura. Ver P. Bourdieu. *Economia das trocas simbólicas*, p. 207.

na família e na classe deveria também se integrar culturalmente à escola e a uma cultura outra que não a sua.

Na medida em que as escolas se estruturavam minimamente, resolvendo problemas do espaço físico e da viabilidade material, elas passavam a criar um circuito organizado de atividades e tarefas comunitárias proposto pela Educação de Base, que levava ao estabelecimento de rotinas comuns às comunidades e a introdução de hábitos e costumes até então estranhos à vida local.

Viver a rotina da aula noturna em si já se constituiu um hábito novo para as comunidades. Também o aluno rompia sua rotina saindo diretamente do trabalho agrícola para a escola, onde conhecia novos instrumentos de comunicação como o rádio, ou mesmo onde poderia se apropriar de um antigo instrumento de comunicação como a escrita.

Na medida em que se inseriu no cotidiano da comunidade, propondo mudanças na rotina, a escola passou a se deparar com as práticas costumeiras das localidades, criando um campo fértil de intercomunicação pelo qual se percebem as disputas travadas entre a cultura popular e os preceitos da cultura universal ou moderna, se assim a quisermos denominar.

Logo de início, a escola apresentou às comunidades locais novos signos, pertencentes ao universo católico institucionalizado, cuja intencionalidade era a de alterar práticas costumeiras da população. O espaço da escola acabou por tornar-se um espaço/tempo de confrontos entre o consenso popular, construído pela visão tradicional das normas e das obrigações sociais e os preceitos institucionalizados da educação escolar. Os resultados destes confrontos demonstram a complexidade do cotidiano e o importante papel do costume como articulador da ação direta dos grupos sociais diante do conflito gerado a partir de questões políticas ou sociais que envolvem uma segunda lógica consensual baseada nos preceitos da lei, da jurisdição etc.[4]

Com a escola, a comunidade recebeu um rol de informações e um conjunto novo de signos e significados, que tinham por pretensão reorganizar o ritmo cotidiano – homogeneizando atitudes, representações, criando comportamentos uniformes do local em relação ao nacional, demonstrando preocupações de intervenção sobre o trabalho, a casa do homem rural, sua religiosidade, sobre seu tempo

---

4   E. P. Thompson. *Costumes em comum*, p. 152.

livre[5] dentre outros aspectos. Em certo sentido, é possível falar em uma organização costumeira, responsável por hábitos e práticas sociais, que quando questionadas pela Educação de Base tende a ser reforçada como forma de resistência da comunidade em relação à cultura escolar. Da mesma forma que a força da moral resiste, ela pode absorver e ressignificar a cultura escolar promovendo uma interação responsável pela elaboração de uma nova moral no interior das comunidades, demonstrando que não necessariamente, o resultado do conflito foi a imposição da cultura escolar por sobre o cultura popular. Sob esta perspectiva, serão analisados alguns casos específicos dos encontros culturais vividos nas escolas do MEB.

## O calendário escolar

O uso e o sentido do tempo têm sido apontados como princípios diferenciadores de culturas.[6] Reconhecemos no modo de vida camponês um ritmo de tempo informado pelo trabalho agrícola, que o articula ao ritmo cíclico da natureza (safra/entressafra, tempo das cheias/vazantes), da religiosidade e das tarefas cotidianas.

O tempo compartilhado entre comunidades rurais organiza-se ciclicamente na divisão de tarefas do trabalho: atividades domésticas, colheita, plantio, somadas as atividades do simbólico materializadas nas festas, procissões, no mês das rezas, nos dias de santo, dentre outras. No ciclo anual dos alunos do MEB, nitidamente o trabalho com a cana marcou a cotidianidade, no período da colheita, a jornada de trabalho se ampliava, invadindo a noite e inviabilizando a frequência escolar; a entressafra levava alunos para outras regiões em busca de trabalhos complementares; em contrapartida, aqueles que permaneciam no engenho tinham na entressafra um tempo maior para dedicação aos estudos.

---

5     Iraídes Marques de Freitas Barreiro, em um estudo sobre as campanhas rurais de educação de adultos, reflete acerca da intervenção sobre o lazer do trabalhador rural, pois as formas de lazer das comunidades foram interpretadas como inadequadas, necessitando-se de intervenções de lazer dirigido como o teatro, brincadeiras coletivas, jogos etc. I. M. F. Barreiro, *Cidadania e educação rural no Brasil: um estudo sobre a CNER (1952-1963)*, p. 263.

6     A percepção do tempo se articula à cultura. A cultura proporciona uma notação interna do tempo que por sua vez orienta percepções de mundo. Thompson em *Tiempo, disciplina y capitalismo* levanta os significados das mudanças de hábitos dos trabalhadores ingleses e suas inter-relações com a ressignificação dada pelo tempo do relógio. Há na realidade uma mudança lenta na percepção do tempo pelo artesão que o permite incorporar os novos preceitos do trabalho da fábrica entre os séculos XVI e XVII. Aqui estão demarcados os princípios diferenciadores da percepção e organização do tempo no campo, princípios estes que diferenciam costumes e hábitos. E. P. Thompson. *Tradición, Revuelta y Consciencia de Clase: estudios sobre la crisis de la sociedad preindustrial*, p. 242.

De uma forma ou de outra, o tempo de trabalho e o tempo de lazer eram compartilhados e, na medida em que compartilhavam o tempo cíclico, os grupos sociais tendiam a construir e assimilar um calendário próprio, marcado por datas e festividades com significados mútuos e coletivos.

A chegada da escola demarcou a inserção de novos signos e símbolos no calendário festivo das comunidades rurais, confrontando valores diferenciados que informavam a escola e as comunidades.

A escola de rádio trabalhou por estabelecer o calendário escolar, proposto como um ciclo anual, a ser vivido comumente entre aluno, comunidade e escola. O calendário do MEB mesclou as proposições típicas do universo escolar, demarcando horários ritmados das aulas, períodos determinados para avaliação, início e fim do ano letivo e as datas comemorativas do calendário cívico, com o calendário religioso católico ritmado pelo ciclo da vida e morte de cristo, pelos dias santos, festas religiosas etc.

Nas cartas, pudemos perceber o esforço da escola em introduzir datas comemorativas no universo cultural do camponês, gerando novos marcos temporais, não necessariamente conhecidos ou legitimados pela população, além de esforços regulatórios das práticas e costumes religiosos da temporalidade local.

O calendário escolar do MEB introduziu festividades no cotidiano das localidades, principalmente comemorações cívicas, e reforçou festividades populares no calendário das festas católicas. Esta ação baseou-se na metodologia de ensino que, ancorada sobre preceitos da Cultura e da Animação Popular, elaborava objetivos da mobilização de comunidades por meio das festas e comemorações cívicas. O gerenciamento das festas populares foi interpretado pelo MEB como momento de planejamento, decisão, discussão e ação da comunidade em prol de objetivos comuns, o que levou a presença constante da escola na organização dos festejos.[7]

O ano letivo de 1961, no sistema de Nazaré da Mata, iniciou-se em abril e, nos anos posteriores, com a regularização do projeto, a tendência foi a de instituir o período letivo a partir de março. O calendário festivo começava com a Páscoa, primeiro evento do calendário escolar.

---

[7] Carta. Fundo MEB-Cedic. Nesta carta uma monitora narra ao centro radiofônico seus trabalhos organizativos do dia das Mães, da Páscoa e das festividades de junho. O Centro Radiofônico exigia um planejamento por parte do monitor de suas ações mediante as datas comemorativas citadas.

As monitoras versaram de forma tranquila sobre a data comemorativa e a importância da festa para as comunidades. A Páscoa surgiu como uma festa já fortemente incorporada e comemorada pelos moradores das localidades como um advento do calendário católico. Nas cartas que trataram sobre a festividade, as monitoras respondiam sobre suas ações na organização de festas e encontros comunitários para celebração do domingo de Páscoa, levando ao entendimento de que a escola propunha celebrações coletivas. A proposta de celebração coletiva atendia, muitas vezes, à condição de isolamento de algumas comunidades, que não podiam participar diretamente de festividades nas igrejas e paróquias.[8] Estas festas consistiram em encontros em que se organizavam almoços ou lanches coletivos combinados às celebrações, ou ainda, encontros voltados unicamente à reflexão e a celebração religiosa.

No mês de maio, nos anos de 1962 e 1963, as escolas do MEB em Pernambuco passaram a divulgar o Dia das Mães e solicitar dos monitores ações que gerassem festas, homenagens, encontros, produção de poesias e textos como atividades comunitárias em comemoração à data.

A festa do Dia das Mães foi apresentada à comunidade como necessária ao reconhecimento do papel social feminino – o de esposa e mãe –, o que enxertava naquela realidade concepções externas acerca da maternidade e da função social da mulher. De maneira geral, principalmente quando levamos em consideração que a maioria das monitoras era de mulheres, as cartas narram uma recepção positiva quanto à comemoração do evento e trataram da organização das festividades ligadas ao tema. Algumas monitoras organizaram encontros no domingo das mães, propondo a leitura de poesias, músicas e versos produzidos por alunos em homenagem à figura materna.

A festividade do Dia das Mães coincidia com o *mês de Nossa Senhora*, que nas comunidades era comemorado com novenas noturnas realizadas nas casas dos moradores. A prática recorrente das comunidades e a valorização de Nossa Senhora favoreceram a assimilação dos festejos do dia das mães, o que talvez tenha favorecido a organização de festividades nas escolas em homenagem às mães.

---

8   Nas cartas percebe-se o isolamento de algumas comunidades, que ouviam as missas e o catecismo pelo rádio, explicitando uma situação em que o contato com as paróquias era esporádico. Talvez daí a proposição do Centro Radiofônico da organização de comemorações coletivas.

Por outro lado, o significado dado pela comunidade ao *mês de Nossa Senhora* conflitava com exigências da escola. Encontramos manifestações de monitoras reclamando quanto à frequência escolar, que caía abruptamente no mês de maio, devido às *novenas de Nossa Senhora*. Uma carta muito direta da monitora Maria José solicitou às professoras do Centro Radiofônico providências quanto a um aluno faltoso devido à celebração dos terços. Nesta, e em algumas outras, as monitoras reclamavam da ausência causada pelas novenas ou terços noturnos:

> Engenho Bom-fim 1-6-1962
>
> D. Neide
>
> Envio-lhe esta carta para dar-lhe notícia de minha escola que vai até bem, só é um pouco discontrolada, poque os alunos faltam muito, envio sempre reclamação para que eles não falte tanto José Joaquim Rodrigues da turma B faltou o mês de maio todo, sem ter doença, só para ir ao terço. Por isso eu peço reclamação para esses que faltam sem ser por motivo justo, pra ver se melhora mais. Tem uns muito ativos, animados, como Severino Alexandre e outros com grande interesse de aprender a ler. (...)
>
> Monitora Maria José da Silva.[9]

A escola realizava um esforço em estabelecer um comportamento comum, genérico, que introduzia normas ao cotidiano das práticas religiosas, uma vez que, no discurso da escola, as novenas não deveriam inviabilizar as aulas noturnas.

A monitora Maria Virgília de Aguiar, em sua escola, esclareceu que os *exercícios marianos* deveriam ser sim realizados, mas somente após as aulas, fazendo reclamações contra alunas que aproveitavam o evento do terço para passeios noturnos:

> Pirana de Cima 5-5-1962.
>
> Presadas Dª. Marliete, Neide e Teresinha e demais do Centro radiofônico.
>
> Paz e bem
>
> Até o presente vou em paz e satisfeita apesar das dificuldades que eu e alunos encontramos.

---

9   Carta. Fundo MEB-Cedic.

Alguns alunos faltam por motivo justo, outros por falta de gosto ou compreensão.

Depois que entrou o mês de maio a frequência esta muito pouca devido irem aos terços. Eu estou rezando os exercícios marianos também, depois das aulas, a fim de que compareçam as aulas, mas como não quero anarquia, não vem muita gente. Peço que fale pelo rádio que as alunas venham também as aulas a noite, querem vir de dia, dizem que os pais não querem que venham a noite com medo dos rapazes, mas vão ao terço todas as noites fazerem anarquia. Graças a Deus os que vem prestam atenção (...).

Abraços para todas. Aqui sempre ao pequeno dispor

Maria Virgília de Aguiar.[10]

A situação da recusa do comparecimento às aulas em virtude da assiduidade aos terços causava uma tensão composta por uma curiosa contradição: a escola fora concebida e projetada pela Igreja (mesmo não se apresentando como uma escola católica),[11] contudo, os objetivos da escolarização não poderiam ser inviabilizados pelas práticas católicas populares.

O conflito entre a prática comunitária autônoma e as tentativas de interferência da escola, explicitadas de maneira clara na carta de Maria Virgília, reforça a ideia acerca das diferentes relações estabelecidas entre o ritmo de tempo das comunidades e o ritmo de tempo da escola e seus respectivos marcos temporais. Para as comunidades, até então, o tempo dedicado às manifestações religiosas – ao sagrado – não deveria encontrar limitações, quem sabe nem mesmo a limitação do trabalho, já que os dias santos e o calendário religioso tendiam a ser guardados rigorosamente pelas comunidades rurais.

A escola, portanto, não poderia se opor diretamente ao costume popular, procurando contemporizar a situação por meio da proposição de que os exercícios marianos fossem realizados na escola, e após as aulas. Esta contemporização demonstrava uma escola consciente dos problemas que esse tipo de conflito poderia causar, caso não se conseguisse respeitar, assimilar e/ou ceder a determinados costumes locais.

---

10   Carta. Fundo MEB-Cedic.
11   A escola de rádio não se apresentou como uma escola católica. Em documentos do MEB esclareceu-se a necessidade de permissão da liberdade religiosa entre os alunos.

Em junho, o calendário escolar se voltava para seu fechamento semestral, e neste período priorizavam-se as avaliações escolares. Junho também era o mês mais festivo das comunidades: o mês de Santo Antônio, São João e São Pedro. A quantidade de cartas que se referenciam às festas juninas comunitárias foi altamente significativa no Centro Radiofônico de Nazaré. Há uma forte mobilização das escolas que, na verdade, incorporaram os costumes que envolviam as comemorações dos santos do mês. Cabe marcar que o costume articulava camponeses, proprietários de engenhos, usinas e os poderes locais. A riqueza das narrativas das festas apenas reforça sua importância e significação nas comunidades. Sobre o Pentecostes e a Festa de Santo Antônio, Maria José Amorim descreveu:

> Chéus, 17-6-1962.
>
> Prezadas professoras do Centro Radiofônico, meu abraço.
>
> Esta será portadora dos últimos acontecimentos de minha escola radiofônica neste primeiro semestre do ano letivo.
>
> Primeiro vou falar sobre a noite das E.R. que por motivo de doença da monitora, só foi realizada no domingo de Pentecostes. Foi uma maraviha. O altar foi ornamentado de vermelho. À noite houve uma procissão luminosa do Coração de Jesus, saindo da escola para a capela. Após o terço houve um leilão cuja renda será aplicada na compra de chaminés para a escola.
>
> Sabem colegas, o santo Antonio na escola radiofônica, foi animadíssimo. Após a aula houve coco e uma grande fogueira que clareava todo o pátio. Bonitas lanternas coloriam as portas e janelas. À meia-noite: balões e fogos terminaram assim a festa em homenagem ao Santo dos noivos.
>
> Como sempre, se fez notar em tudo a colaboração do fazendeiro João de Bino, proprietário da casa onde funciona a Escola.
>
> Por hoje é só.
>
> Até julho,
>
> Meu abraço
>
> Maria José Amorim.[12]

---

12  Carta. Fundo MEB-Cedic.

As festas com fogueira, dança do coco[13] e bailes preenchiam o calendário festivo das comunidades rurais, ocupando, sem dúvida alguma, uma centralidade visível diante de todas as outras comemorações do ano religioso. As narrativas acerca das festividades nos sítios, engenhos e localidades apresentaram amplas dimensões para as festas que envolviam grande número de pessoas e diversidade de atividades de lazer. Como festa do calendário religioso, a escola não ousou confrontar as festividades juninas, ao contrário, a proposição da escola de rádio foi a de transformar o interesse pelas festas em evento comemorativo do encerramento do semestre ou do começo das férias escolares. Boa parte das monitoras encerrou os trabalhos letivos organizando pequenas festas juninas com alunos, promovendo encontros com danças, jogos e comidas tradicionais.

O calendário escolar propôs a incorporação e normatização de práticas populares sem conflitar diretamente com costumes. O MEB foi responsável não apenas pela introdução de festividades e comemorações pertencentes ao universo religioso, como introduziu um calendário cívico entre as comunidades.

No mês de agosto e setembro de 1962, os programas sugeriram como temática central: a *Pátria* e a *Nação*. Os professores-locutores incentivaram as comemorações do *Dia da Pátria*, referindo-se ao dia 7 de setembro. Nas cartas, o teor dos questionamentos sobre o Dia da Pátria, fica evidente a inexistência de um caráter significativo da data para as comunidades. Perguntas como: *O que é o dia da Pátria?* Ou falas do tipo: *Já expliquei aos alunos sobre o dia da Pátria, eles concordaram sobre a importância deste dia (...)*, demonstraram que a comunidade não havia elaborado autonomamente um significado coletivo para estas referências temporais. O mesmo aconteceu, em 1963, nas correspondências em que encontramos menções ao *Dia do Trabalho ou Dia do Trabalhador*. A comemoração foi proposta pelas ERs que tomaram precauções em explicar o sentido do dia do trabalho e a importância da comemoração do dia do trabalhador.

Mesmo como eventos não incorporados (até então) na prática social dos grupos, pode-se afirmar que a receptividade da comunidade e dos alunos às comemorações cívicas foram positivas. Nos meses de maio e setembro, passaram a surgir nas correspondências, menções acerca de pequenas comemorações organizadas por monitores em suas escolas, com objetivo de comemorar as datas. Estas

---

13  Dança popular de roda acompanhada de canto e percussão, também conhecida como pagode, coco de ganzá ou coco de usina.

comemorações se restringiram à pequenas reuniões para leitura de poesias e textos produzidos pelos alunos, em que a comunidade era convidada a ouvir aulas ou programas especiais do rádio sobre a comemoração cívica.

As comemorações do Dia 7 de Setembro e do Dia do Trabalho, apresentadas como conteúdos da educação moral e cívica, associavam a ideia de *Nação* a um sentimento de nacionalidade que convocava cada aluno do MEB e cada indivíduo da *Nação* a se engajar *na luta pelo desenvolvimento nacional*.[14]

Nas cartas, os monitores usaram o termo *Nação* ou *Pátria*, definindo a *Nação* como o conjunto de cidadãos brasileiros. A partir desta definição, buscavam dar relevância ao sentimento de pertencimento à *Nação* brasileira, reforçando atitudes cívicas de respeito e amor à *Pátria*. Cumpria-se uma tradição do conceito de nacionalismo advinda do XIX, em que o indivíduo era definido a partir da ideia de Nação vista como identidade cultural.[15] No discurso assumido pelos monitores e incentivado pelo MEB, naquele momento, como cidadãos, todos deveriam assumir o papel de trabalhar e lutar por melhorias sociais, políticas e econômicas do país.

Analfabetismo e cidadania, neste discurso, apareceram como termos desconectados. Tanto nos documentos do MEB, quanto nos discursos elaborados pelos monitores, a cidadania foi definida como consciência (ciência) dos deveres e direitos e como capacidade de tomada de atitudes em prol das transformações necessárias para a mudança social. Conceituado como indivíduo desprovido dos instrumentos básicos do conhecimento formal e relegado a ações isoladas, individualistas e inconscientes, o analfabeto rural foi representado como um não-cidadão, cuja principal atitude deveria ser a do reconhecimento da necessidade de seu aprimoramento cultural que o elevaria à categoria de cidadão brasileiro.

A tendência da comunidade ao aceitar a escola caracterizou-se, desde o início, pela concordância com a interpretação dada pelo MEB acerca do analfabetismo. Em muitas correspondências, os monitores deram vazão a um discurso que tratou a alfabetização como mecanismo de inserção social necessário à *redenção* do analfabeto:

---

14 MEB/Nacional. *MEB: Movimento de Educação de Base.* 1963. Fundo MEB-Cedic. Neste documento assinado por D. José Vicente Távora, o presidente do MEB demarca os compromissos do MEB com o desenvolvimento e com o povo brasileiro.

15 E. Said, *Cultura e imperialismo*, p. 25-26.

> Fazenda Rio dos Angicos, 17 de novembro de 1962.
>
> Bondosa Dª. Maria Rodrigues
>
> É neste maravilhoso momento que pego na caneta, a fim de dar-lhe notícias. (...) Avizo-lhe que estou bastante satisfeita com a escola radiofônica especialmente com o ensino radiofônico ensinando aos que não sabe, tirando das trevas da ignorância e do analfabetismo. Nesta escola já se acham alfabetizados 10 alunos, uns entraram mais não conseguiram aprendizagem, mas se sentem entusiasmados em saber que a escola é mais uma luz que brilha no meio das trevas tirando o analfabeto da ignorância. Eles estão compreendendo que a escola é o melhor meio para tornarmos um mundo melhor e a Pátria livre. (...)
>
> Maria de Lourdes Andrada (Lourdinha).[16]

Os monitores colocavam-se como *cruzados* envolvidos na extinção dos males causados pela ignorância e pelo analfabetismo, assumindo suas atividades na escola como decorrência de seu nacionalismo e empenho na colaboração ao desenvolvimento nacional. Exemplificando este pensamento, eis a fala do monitor da Escola Severino Ramos, em São Paulo do Potengi:

> (...) Tenho um total de 15 alunos com boa frequência e ainda me acho mais alegre porque além de ser monitor sou aluno. Os alunos estão lutando com entusiasmo agradeço a Dom Eugenio de ter esse entereço e estamos desposto a lutar neça cruzada de redenção (...).
>
> *Severino Moraes Sobrinho*[17]

O aluno do MEB tendeu a assimilar o discurso nacionalista, primeiro, compactuando com a ideia de sua participação na construção da *Pátria* e da *Nação* e, segundo, concordando sobre seu papel no desenvolvimento nacional, na medida em que, alcançar a alfabetização e a escolaridade tornavam-se contribuições da consciência cidadã do indivíduo para com a sua pátria.

De outro lado, não se pode desprezar o interesse da comunidade em negar a condição de analfabetismo. O analfabetismo era negado em nome da conquista

---

16   Carta. Fundo MEB-Cedic.
17   Carta. Fundo MEB-Cedic.

de uma nova condição, que projetava socialmente os indivíduos e que ampliava o número de caminhos a serem trilhados na superação de problemas da ordem econômica, política e social. O aluno do MEB seguia construindo uma noção peculiar de cidadania, em que a escolarização projetava uma condição social e política que colocava o trabalhador em condições de lutar e acessar direitos essenciais (o que em parte não deixa de ser realidade).

Ao assimilarem em seu discurso e em sua prática cotidiana os preceitos do civismo – realizando, por exemplo, a festa do Dia da Pátria e as comemorações do Dia do Trabalho –, as comunidades demonstravam a apropriação de uma ideia de cidadania que assumia um sentido claro de reivindicação e luta na conquista de direitos legítimos: do trabalho, do direito à terra, do direito à saúde e à educação.

O mesmo discurso que ratificava a necessidade da luta contra o analfabetismo propunha a construção de uma luta coletiva em favor da melhoria das condições de vida do país e do indivíduo e/ou do grupo social. Muitas cartas demarcavam a potencialidade das lutas coletivas que se iniciavam como respostas culturais construídas no grupo a partir da decisão pela escolarização:

> Escola Radiofônica Nossa Senhora de Fátima
>
> São Luís, município de Lages, 1 de setembro de 1962.
>
> Minha escola vai se movimentando bem, os alunos estão entusiasmados com os estudos, eles dizem que querem ser alfabetizados para construir um Brasil melhor. E se assim fizermos seremos uma força, porque sozinho nada podemos, unidos podemos tudo (...).
>
> Monitora Alda Moreira[18]

A noção de civismo da Educação de Base teve cunho exacerbadamente nacionalista, baseando-se em preceitos de uma cidadania limitada ao conhecimento de direitos e deveres do cidadão e sua atuação limitada pelas leis. No entanto, mesmo atrelada a um discurso nacionalista e intolerante à figura do analfabeto, as múltiplas possibilidades da escola demonstraram potencialidades políticas naquele contexto. Se novos ritmos de vida e novos significados irrompiam sobre práticas culturais seculares, deste movimento resultariam tanto a assimilação dos novos

---

18   Carta. Fundo MEB-Cedic.

estímulos, quanto a insurreição de costumes e hábitos interligados à funções ritualísticas e costumeiras do indivíduo e/ou da localidade.

Assumindo o discurso nacionalista, o camponês que vivenciou as experiências do MEB encontrou sentido para o conjunto de demandas econômicas e políticas concernentes ao trabalho com a cana, as suas condições de moradia e saúde, ao uso da terra, ao direito à escola, dentre outros, tornando a escola uma referência para a conquista destes direitos. Na história destes camponeses, quando vistas a partir das práticas sociais, as representações e os atos políticos representam um conjunto de respostas culturais – *respostas da cultura*[19] – que resultaram de mediações que os indivíduos e o coletivo realizavam em sua realidade material, em que subjaziam fatos e objetividades econômicas, sociais, políticas e culturais. Como respostas culturais, concomitantemente, a convergência de interesses entre a escola e a comunidade, assim como sutis divergências. Ao assumir festividades e comemorações cívicas propostas pela escola, a comunidade assimilava o calendário escolar sem deixar de dar sentido próprio para as novas datas. Entretanto, quando recusavam frequentar a escola no mês dos terços, indivíduos e/ou pequenos grupos respondiam negativamente às intervenções sobre o uso e o sentido do tempo livre ou sobre representações religiosas. Trata-se aqui de uma ressignificação de valores da ideologia liberal em que o trabalho e trabalhadores imprimiam às novas significações propostas um viés de classe.

## Hábitos, costumes e Educação de Base

Após um panorama acerca da intervenção da escola sobre o tempo livre do cotidiano e a introdução de eventos estranhos ao universo cultural das comunidades locais, vale investigar, mais detalhadamente, a intervenção sobre o indivíduo e seus hábitos. As cartas trouxeram como tema significativo os conflitos entre a Educação de Base e seus conteúdos *versus* as atitudes costumeiras dos alunos do MEB. Nos documentos entra-se um rol diverso de respostas culturais – resistências/assimilações – das comunidades e de indivíduos em relação ao projeto educacional.

---

19  O termo *resposta cultural* se referencia a ideia de Said acerca das resistências culturais. Para o autor, as resistências culturais são repostas culturais e políticas que grupos, etnias ou classes elaboram a partir de sua historicidade respondendo a intervenções culturais homogeneizadoras. Ver: E. W. Said, *Cultura e imperialismo*, p. 245-251.

Os conteúdos dos programas das escolas de rádio dividiam-se equitativamente entre ensinamentos da língua e da matemática, com ensinamentos da Educação de Base (EB). Como componente curricular central, a Educação de Base (EB) gerava temas e reservava a si conteúdos voltados à educação moral e cívica, à educação para o trabalho e às questões da saúde, do corpo e do comportamento social, fazendo-se presente por meio de aulas específicas da matéria ou nos textos de leitura das aulas de alfabetização e linguagem. Através da analise de materiais didáticos – as cartilhas *Educar para Construir*[20] e *Viver é Lutar*[21] –, do conteúdo dos programas educativos, de textos de formação de professores e das cartas, foram levantadas algumas mensagens centrais da EB irradiadas pelos centros radiofônicos diversos. Reconstruindo brevemente as temáticas, identificou-se como temas prementes:

* A Escola, a Família e a Comunidade, como instâncias da organização social;
* O papel social dos indivíduos (que envolvia temas do comportamento social);
* O Trabalho, o Sindicato e a Cooperativa e seus papéis na organização política do campo;
* A saúde e o corpo;
* A luta por direitos (que incluía a discussão da participação popular e do voto);
* A Cultura tratada como elemento de agregação e identidade social na construção da consciência política.

Em primeira instância, a Educação de Base definiu, de maneira articulada, a ação da Escola, da família e da comunidade como responsáveis por mudanças na qualidade de vida das populações. Nas pautas das aulas radiofônicas e em textos didáticos, o tema Escola/Família/Comunidade compunha uma tríade tratada para levar o aluno da escola a discutir seu papel em cada uma destas instâncias institucionais.

---

20   Esta cartilha foi produzida pelo sistema de Natal, sendo utilizada em 1962 e 1963, circulou também pelos sistemas de Pernambuco.

21   O material didático produzido em diversos centros durante os anos de 1961 e 1962 gerou a organização de uma cartilha nacional intitulada "Viver é Lutar". A cartilha foi preparada para ser implementada em 1963, quando sofreu processo de apreensão no Rio de Janeiro por parte do Governador Carlos Lacerda. Depois de intervenção da cúpula da CNBB junto às autoridades policiais, a cartilha pôde ser utilizada nos sistemas, sofrendo modificações após o Golpe de 1964. O Fundo MEB do Cedic possui Dossiê elaborado pelo MEB/CNBB sobre o processo de apreensão da cartilha e sua liberação.

Escola/Família/Comunidade dependiam das atitudes e da responsabilidade de cada indivíduo para com o coletivo. Sendo a família, o foco central da comunidade, nela, todos deveriam contribuir com ações para o convívio social harmônico e equilibrado.

O tema tocava num problema secular da família rural brasileira: a forte divisão de papéis femininos e masculinos na condução da vida doméstica e na educação dos filhos. As monitoras, em sua maioria mulheres, não contestavam os conteúdos da EB, porém, nas cartas, apontaram recorrentemente a resistência de jovens e adultos do sexo masculino em assimilar ou até ouvir falar em mudanças no papel masculino, seja na família ou na comunidade. Numa carta, a monitora de uma escola do CRER de Nazaré desabafava:

> Chã do Rocha, 04 de abril de 1962.
>
> (...) Meus alunos estão entusiasmados, isto é, a turma B. Tenho nessa turma 15 alunos. Todos já escrevem bem o seu nome e copiam com facilidades os exercícios, gostam bastante das aulas de matemática, por que fazem contas e escrevem números. Eles notam logo a diferença na aula de Linguagem, quando trocam de professora.
>
> Noto que ainda não há gosto pela aula de Educação de Base, especialmente quando se fala em economia doméstica, higiene da casa, da roupa, coisas que se referem mais a mulher, pois a minha turma é composta de 11 rapazes e 04 moças. (...).
>
> Zilda Aragão.[22]

Neste caso, o entendimento dado pela monitora e pelos alunos às aulas de EB, na escola de Zilda, foi exatamente o mesmo. A monitora ratificou o papel da mulher como responsável pelos afazeres domésticos, justificando o comportamento resistente de seus alunos ao conteúdo proposto.

O conjunto de conteúdos que tratava do papel dos indivíduos na família e na comunidade, tocou em assuntos concernentes ao comportamento social do homem rural – como hábitos, costumes e práticas sociais – relacionados a valores

---

22   Carta. Fundo MEB-Cedic.

comuns, desencadeando resistências de caráter puramente individual, ou por vezes, de caráter coletivo.

A escola deixou transparecer objetivos de uma *ação reformadora* do modo de vida do camponês tentando impor novas práticas cotidianas voltadas para a inscrição de indivíduos (ou da comunidade) em um circuito de apropriação e consumo de informações, organizados por valores e conceitos diferentes e conflitantes com as práticas locais.[23] Segundo Lefebvre, é um oportunismo estratégico destas intervenções globais, que partem das instituições, com a finalidade de intervenções cotidianas. Demarcadas as devidas diferenças com outros projetos institucionais, as escolas de rádio do MEB, ao proporem a reversão de hábitos, a extinção de hábitos/costumes e mudanças de condutas sociais, acabaram por se contrapor a dimensões do vivido, provocando insurgências e subversões.

Os hábitos e costumes mais combatidos nas aulas de Educação de Base foram: o uso de bebidas alcoólicas, o tabagismo e o porte de armas de fogo ou armas brancas, cuja incidência se concentrava na população masculina da ER Pelo rádio, as professoras-locutoras, insistentemente, argumentavam quanto aos malefícios das bebidas alcoólicas e do tabaco para a saúde dos trabalhadores rurais, tratando estes hábitos como *vícios prejudiciais à saúde* e *ao comportamento social* dos indivíduos.

Na dinâmica de comunicação entre a escola e o Centro Radiofônico, monitores e monitoras informavam acerca de hábitos e costumes comportamentais considerados inconvenientes à escola e ao convívio social. As professoras-locutoras, a partir daí, elaboravam suas falas nos programas e nas aulas com objetivo de combater e reverter os *maus hábitos*. Das ERs as cartas teciam reclamações sobre o hábito de fumar em sala de aula e diversos outros hábitos condenados por um novo padrão de comportamento social referenciado pela cultura escolar. Nas duas cartas a seguir são explicitados alguns hábitos considerados inconvenientes:

---

[23] Henri Lefebvre identificou nas intervenções sobre o cotidiano, atitudes que se responsabilizam por inscrever indivíduos e comunidades em um circuito de apropriação (consumo) de informações, valores e conceitos da cultura, que resultam das estratégias do Estado, do capital ou da indústria cultural, objetivando a gestão sobre a sociedade e principalmente sobre as particularidades da sociedade. H. Lefebvre, *A vida cotidiana e o mundo moderno*, p. 82.

Engenho Cardozo, 31 de agosto de 1962.

(...) aviso que os alunos da turma B pedem para fazerem sempre ditado, pois eles gostam muito. E também para aumentar os exercícios de matemática. Tem alunos que estão animados para fazer a fossa seca, peço que vocês deem um lembrete, perguntando quem já começou?

Segue agora perguntas minhas para juntá-las com as anteriores. O aluno deve fumar na classe? Mesmo escondendo a cabeça em baixo da banca? Será um costume certo andar com a camisa desabotoada? (...)

Nada mais a tratar, atenciosamente.

Alice Áurea de Lucena.[24]

Nazaré da Mata

Presadas professora,

(...) Esta certo o aluno sair no meio da aula para fumar ou conversar com alguém lá fora?

Também está certo o aluno com todo aborrecimento na escola sem ninguém lhe aborrecer, só porque não sabe fazer todos os exercícios?

Esta certo o aluno coçar os pés com o lápis ou levar o lápis a boca?(...)

Monitor José Laurentino Filipe.[25]

Nas correspondências, assim como Alice e José, muitos monitores questionavam acerca de comportamentos inadequados de seus alunos. Outro número significativo de cartas demonstra as frustrações de monitores ao não conseguirem alcançar os objetivos propostos pela EB, quando seus alunos persistiam em *antigos hábitos* – fumar, andar de camisa aberta, frequentar a escola com a roupa do trabalho, bebericar entre as refeições ou após a *lida*.[26]

Na interpretação dos monitores das escolas, estas atitudes compunham práticas conflitantes com os novos hábitos propostos para *um bom comportamento social*. Os programas de rádio, o material didático e a figura do monitor insistiam na necessidade da mudança de hábitos, construindo um discurso para o

---

24  Carta. Fundo MEB-Cedic.
25  Carta. Fundo MEB-Cedic.
26  Tais questões estão presentes em diversas cartas do Fundo MEB-Cedic.

trabalhador rural com orientações do tipo: *homens e mulheres devem demonstrar asseio pessoal* com uso de roupas adequadas, separando roupas de trabalho e roupas domésticas, como também usando roupas específicas para dormir, trabalhar etc.; *devem cuidar da higiene pessoal,* os cabelos devem estar penteados, o banho deveria ser diário, assim como a escovação dentária, em que se poderia utilizar a folha de juá; *o trabalhador rural deve passar por mudanças no comportamento social*: não fumar, não beber, não portar armas, dentre outros.

As cartas depõem acerca do fracasso dos programas junto ao seu público-alvo. Muitas delas apresentam apelos das monitoras, que solicitavam a reprise de programas e de discussões sobre o *vício do álcool e do malefício do fogo*. Monitores e monitoras expunham suas preocupações com o desprezo com que os alunos vinham tratando o assunto, na medida em que se perpetuavam as práticas, recorrentes tanto na escola, quanto no cotidiano daqueles indivíduos.

O porte de armas (de fogo e de armas brancas) foi, talvez, o hábito mais fortemente combatido nos discursos da Educação de Base, ao mesmo tempo em que apareceu nas cartas como prática arraigada da população masculina, que resistiu em aderir ao discurso do MEB sobre a questão.

Maria Eunice da Silva, da escola São Luís, narrou uma situação, em que insistentemente, ela se defrontava com alunos na tentativa de impedir que frequentassem a escola armados. Não mais podendo controlar a situação, diante do não atendimento aos seus apelos, ela resolveu desistir da solicitação, tamanho o desgaste da relação de diálogo no espaço escolar:

> Fazenda Jardim, 29 de setembro de 1962.
>
> Queridas professoras
>
> (…) Eu não estou pedindo mais as faca dos meus alunos, porque eu pedia e eles não dava com bom gosto! Então eu deixei de pedir quem tiver a boa vontade de dar dê e quem não, não dê. Tem dois alunos que não quer me obedecer, já fumaro dentro da escola, eu briguei, mais foi mesmo que nada, eles são o José Isidio e o Arlindo Candido. Tenho muitas coisas a dizer, mais só com a nossa vista.
>
> Maria Eunice da Silva[27]

---

27  Carta. Fundo MEB-Cedic.

Se as orientações dos professores de rádio eram para que os alunos não fumassem e não portassem armas na escola, a ação efetiva que pudesse impedir este tipo de comportamento dependia da relação monitor/aluno, o que gerava conflitos diretos.

A resistência, que se manifestava através de respostas comportamentais dos alunos, alimentava conflitos diários na escola. A resistência era gerada a partir das dimensões do vivido e se manifestava por atos que reafirmavam as práticas contestadas. O hábito de fumar e beber, os gestos de cuspir, andar de camisa aberta, portar arma, dentre outros, não foram abandonados pelos alunos, tornando o cotidiano um lugar de insurgências e subversões e ratificando o lugar dos gestos e atitudes como formas de resistência e contestação ante formas de homogeneização, doutrinação e expropriação política, cultural e econômica das particularidades culturais locais.

A escola de rádio fez emergir formas de resistências decorrentes de preceitos contraditórios intrínsecos à própria escola: se a escola exerceu ou tentou exercer um papel de integração cultural através de códigos e normas universalistas, naquela experiência, a subversão e a insurgência das particularidades camponesas romperam pretensões de homogeneização promovidas pelo projeto de EB.

A persistência do problema – fumo, a bebida e o porte de arma – apareceu nas correspondências de 1961, 1962 e 1963, mostrando o arraigamento dos hábitos na vida social do homem do campo. Na verdade, os hábitos e costumes devem ser vistos como fatores internos do modo de vida, que se sedimentam historicamente, segundo a organização social, política e econômica das comunidades. Antonio Candido, desde há muito tempo, tratando dos hábitos e costumes do homem do campo, nos chamou atenção para a historicidade dos modos de vida, a força dos costumes e para os conflitos gerados quando um modo de vida rejeita a intrusão de novos hábitos.[28]

O porte de arma de fogo ou branca tinha sentido secular nos costumes do habitante da zona da mata nordestina, representando, dentre outras coisas, a segurança do indivíduo, acostumado a caminhar por estradas ermas, a ouvir histórias ou a viver situações de conflitos na terra e no trabalho.[29] Tão arraigado era

---

28  Antonio Candido, *Parceiros do Rio Bonito*, p. 52-53.
29  A historiografia baseada em dados quantitativos acerca da violência no campo brasileiro apenas confirma o sentido do porte de armas da população rural nordestina, principalmente neste momento que envolve a atuação da ligas camponesas e a reação dos latifundiários. Ver: J. P. Stedile (org.).

o costume do porte de arma que, contrariando aos preceitos da Educação de Base e sua função de desenvolvê-la junto à comunidade, um monitor solicitou ao prefeito de sua cidade uma arma de fogo para se dirigir às aulas noturnas, o que veio reforçar nossa ideia sobre o sentido do hábito e do costume nas resistências transformadoras políticas e culturais:

> Agua Branca 30 de maio de 1962
>
> Faço ciente ao Centro Radiofônico, que a escola Nossa Senhora da Paz, si acha em bom progresso (...). Só uma coisa estou achando ruim é a viagem de volta para caza. Onde ensino prá minha caza fica distante. O motivo é que, neste tempo de crise e fome, na Sexta-feira passada dia 25 do corrente mês de maio, um malfazejo jogou um tacape na cabeça de um amigo e vizinho, a noite, e bateu com ele no chão. O pobre homem saiu rolando pelo chão. Sem sentido e quase que racha a cabeça. Não morreu, porque deu um grande grito e o sujeito correu.
>
> Foi ladrão que foi roubá-lo. Esse acontecimento foi no caminho onde passo toda noite.
>
> Por este motivo estou com receio. Vou falar com o Senhor Prefeito, para ele mi arranjar uma arma de fogo, pois só ando com a alma no corpo,
>
> Felicidades
>
> Venceslau Domingues Luiz.[30]

Tratase aqui de atos da vida social do homem do campo – cigarro de palha, camisa aberta, faca ou canivete levado à cintura, os *tragos* de cachaça em determinados dias da semana –, cuja contestação, apresentada pelos conteúdos da Educação de Base, resultou na fabricação de atos que burlavam o discurso externo e se confrontavam diretamente a ele. Tendo o cotidiano se tornado objeto de intervenções, aquilo que era costumeiro configurava-se como um ato de resistência, o que não significou, de forma alguma, que o aluno do MEB não absorveu ou aproveitou inúmeras das positividades da escola.

---

*História e natureza das ligas camponesas*, 2002. J. S. Martins. *O poder do atraso: ensaios de uma sociologia lenta*, 1994, dentre outros.

30   Carta. Fundo MEB-Cedic.

Na extensa documentação, pouco significantes foram os discursos de recusa ou não legitimação da escola. Em mapeamentos no Centro Radiofônico de Nazaré até 1963, apenas um caso de fechamento de uma escola (por motivo de conflito), e um caso em que a monitora falava em fechar a escola, lastimando-se acerca da baixa frequência e do desinteresse. Em sua carta, a monitora recuperava a frase: *Papagaio velho não aprende a ler*, segundo ela, utilizada como argumento por indivíduos daquela comunidade, que negavam a importância da escola para sua realidade social.

As manifestações explícitas de crítica, resistência e contestação do sentido e da utilidade aparente dos saberes transmitidos surgiram em relação a determinados conteúdos da Educação de Base, a ponto de, entre abril e maio de 1962, o Centro Radiofônico de Nazaré solicitar aos monitores uma investigação acerca da aceitação das aulas de EB na programação do rádio.

Dentre as respostas geradas, pode-se afirmar que, de forma geral, os alunos se posicionaram a favor das aulas, demonstrando interesses por assuntos da saúde, higiene, pela sindicalização e direitos do trabalho. Nas manifestações que se opuseram à EB, os alunos apontaram interesses na ampliação das aulas de língua portuguesa e de matemática e o consequente desinteresse em assuntos da economia doméstica e da educação moral e cívica.

O maior interesse pela Educação de Base concentrou-se em dois campos – Saúde e Sindicalização. Assim, como Ginsburg e Thompson,[31] que consideraram o sentido de um *materialismo elementar*, próprio da cultura popular (e no caso de Ginzburg, de camponeses[32]), é possível afirmar em um sentido fortemente material no valor positivo que os camponeses eventualmente atribuíram aos conteúdos, revelando assim que encontraram na Educação de Base uma forma de resolver problemas presentes no dia a dia das famílias vitimadas pela ausência de políticas públicas.

No tema da saúde, as correspondências solicitavam informações sobre: tratamento de doenças, procedimentos de higiene pessoal, cuidados com crianças, ações de saneamento básico, dentre outros. Os monitores transmitiam aos professores-locutores questões que solicitavam receitas para o tratamento de doenças, a manipulação de plantas e confecção de remédios, demonstrando ações da

---

31   E. P. Thompson. *Costumes em comum*, p. 153.
32   C. Ginsburg. *O queijo e os vermes: o cotidiano e as ideias de um moleiro perseguido pela inquisição*, p. 116.

comunidade que, acostumada a resolver por recursos próprios os seus problemas, buscava se apropriar de conhecimentos úteis a preservação da saúde diante da situação de abandono em que se encontravam. Comumente as cartas perguntavam:

> Água Branca, maio de 1962.
>
> Professoras do Centro Radiofônico do Centro de Nazaré da Mata.
>
> É com grande praser, que escrevo-lhes estas mal traçadas linhas, em procura de saber e ouvir pelo rádio, qual o remédio que cura vermelhão? Pois, nós não conhecemos.
>
> Os alunos procuram sempre saber, ouvindo pelo rádio, se existe também um remédio para frieiras? Até esta data procuramos todos os nossos recursos, mais tudo negativo.
>
> Informo-vos que do dia 7 aos 16 deste corrente, não estarei na aula. Irei com destino à Baía, assistir a reunião do Sindicato Rural dos Trabalhadores Camponeses. Felicidades as professoras do Centro Radiofônico, Nada mais,
>
> Venceslau Domingos Luiz.[33]

Neste contexto, o MEB acabou por assumir o papel de promotor de campanhas de saúde e de saneamento básico, utilizando-se da figura do monitor como um agente educacional que transmitia informações e desencadeava ações preventivas nas coletividades. As cartas relatam o desenvolvimento de campanhas de vacinação, uma campanha de combate à Namíbia, campanhas antitabagistas, e o incentivo à mobilização popular junto ao poder público na conquista de serviços básicos, como construção de fossa seca nas moradias rurais, tratamento da água e principalmente serviços de eletrificação rural:

> Várzea, 29 de agosto de 1962.
>
> Saldades de você Solange,
>
> (...) Solange estou muito animado com a minha escola (...), pois sempre tenho trabalhado pelos meus irmãos. Já entrei no sindicato rural e fui escolhido para ser o presidente do sindicato daqui de Varzea que foi fundado em 26 de agosto e o pessoal estão muito animado. Já tem

---

33   Carta. Fundo MEB-Cedic.

muitos sócios (...) Sim, sobre a Campanha de Fossas secas na comunidade, eu ainda não pude conceguir mais vou falar com os vereadores e o prefeito para conseguir fazer as fossas de todas as casas, com fé em Deus creio que serei atendido. Solange, meu desejo é grande de trabalhar pelos meus irmãos para vermos um mundo melhor, como Deus quer.

José Vicente Sobrinho.[34]

As recepções sempre positivas acerca das campanhas demarcavam os interesses do homem rural em adquirir conhecimentos novos que ampliassem suas possibilidades autônomas de cuidado com a saúde. Ao mesmo tempo, as campanhas acirravam as demandas pelo direito a saúde, que surgiram nas cartas com a reivindicação da presença de médicos nas comunidades.

Assim, a escola informada pela lógica de um *processo civilizatório*[35] propôs uma (re)modelagem da vida social do camponês com a mudança comportamental como forma de reorganização da vida social e cultural. Estas intervenções, do ponto de vista do camponês, foram interpretadas por óticas diferenciadas: num primeiro momento, em relação à repressão pura e simples aos hábitos e costumes, surgiram atitudes de resistência cultural que tendiam a negar a intervenção sobre o cotidiano; em um segundo aspecto, quando a escola oferecia saberes e conhecimentos potencialmente dotados de possibilidades de reversão da realidade social, a tendência das comunidades foi a de compactuar com o projeto da escola, transformando-a inclusive em veículo de divulgação das reivindicações de direitos.

O homem rural selecionou, dentre o rol de conhecimentos e proposições da escola, àqueles que diretamente influenciavam sobre os problemas relacionados à sua vida material. O sentido de preservação atribuído pelas comunidades aos aspectos centrais de seu modo de vida levou-as a aderirem parcialmente os conhecimentos e saberes escolares, tendo em vista a qualificação de suas condições de sobrevivência. Assim, o camponês, que participou do MEB, compartilhou

---

34   Carta. Fundo MEB-Cedic.
35   Norbert Elias propõe na analise da modernidade a discussão do papel civilizatório dos costumes. Privilegiando o estudo das classes dirigentes, o autor demonstra o papel da remodelagem cultural destas classes, para as quais os costumes se impõem alterando o modo de vida e o comportamento. Aqui, a educação de base surgiu também como proposição de remodelagem de costumes e hábitos populares, e a representação de um homem rural não civilizado alimentou a proposição civilizatória da escola do MEB. N. Elias, *O processo civilizador: uma história dos costumes*, p. 76.

com a escola uma noção peculiar da modernização, assumindo, a modernização, neste contexto, um sentido de resposta e/ou solução aos problemas do campo econômico, político e social que pudessem qualificar as condições de existência do trabalhador e sua família.

## Camponeses, sindicato e o MEB

O tema da sindicalização implica estabelecer a relação entre a modernização proposta pela escola (consequentemente pela Igreja) com os interesses do homem rural na superação de dilemas da sua vida social, política e econômica.

Entre 1958 e 1964, o MEB foi um dos mais significativos mecanismos da Igreja Católica na ação sindical.[36] Ele teve um importante papel no processo de sindicalização rural do Nordeste, notadamente em Pernambuco, Rio Grande do Norte e Paraíba, onde se destacou pela atuação do Serviço de Assistência Rural (SAR) coordenado pelos bispos regionais. As investidas do SAR e das escolas radiofônicas no campo da sindicalização rural se justificaram abertamente pela necessidade de *combater* ou *fazer frente* à ação dos comunistas e das Ligas Camponesas que ocupavam terreno na organização do movimento de trabalhadores rurais, principalmente, a partir de 1961, depois de realizado o I Congresso Nacional dos Camponeses.[37]

Os conflitos agrários e a ação do PCB levaram a CNBB, ainda na década de 1950, a apresentar um plano de emergência que enfatizava a necessidade urgente de envolvimento da Igreja Católica na organização camponesa por meio do movimento de sindicalização. Desta manifestação direta surgiram as grandes frentes agrárias: A Frente Agrária Gaúcha (FAG), Frente Agrária Goiana (FAGO), Frente Agrária Paraense (FAP) e o Serviço de Orientação Rural de Pernambuco (Sorpe).[38]

---

36 A Igreja Católica se envolveu na situação do sindicalismo por diferentes frentes da Ação Católica. Desde o assistencialismo conservador dos Círculos Operários, até a atuação intensa, da década de 1950 e 1960, na sindicalização em massa de trabalhadores rurais, almejando a formação de frentes agrárias, confederações nacionais e internacionais de trabalhadores rurais com ligação direta com a orientação institucional da Igreja. Tratam do assunto: D. D. Farias, *Em defesa da ordem: aspectos da práxis conservadora católica no meio operário em São Paulo (1930/1945)*, p. 184-185; Z. M. G. Iokoi, *Igreja e camponeses: teologia da libertação e movimentos sociais no campo/Brasil-Peru, 1964-1986*, p. 102-103 e, M. S. Manfredi, *Formação sindical: história de uma prática cultural no Brasil*, p. 90-91.

37 Clodomir Morais, *História das Ligas Camponesas do Brasil*, p. 48-49. In: J. P. Stedile. *História e natureza das ligas camponesas*, 2002.

38 MEB/NACIONAL. *Carta Relatório sobre Sindicalismo Rural*. Fundo MEB-Cedic. 1964.

As preocupações da cúpula da Igreja Católica com a organização camponesa acabaram por incentivar o envolvimento do MEB com a ação sindical. Em seu trabalho educacional, a escola do MEB encarregou-se de desenvolver ações que incentivassem a criação de associações profissionais (sindicatos) com intuito de propiciar ao trabalhador a conquista de direitos que a Igreja Católica concebia como *direitos fundamentais da pessoa humana*.[39] Criou-se, a partir de 1962, uma assessoria para o sindicalismo rural que viria a ser coordenada por Luiz Eduardo Wanderley, cuja função foi a de articular ações de apoio à sindicalização entre as equipes regionais e elaborar uma conexão entre o MEB e o Ministério do Trabalho.

Desde 1962, definiu-se nos documentos oficiais uma linha de atuação denominada *educação sindicalista*. Nesta perspectiva, o trabalho de sindicalização rural configurava-se como prática concernente ao processo educativo proposto para as equipes dos sistemas radiofônicos,[40] cujos membros deveriam se envolver na formação política de trabalhadores. Na formação política debatiam-se os temas do sindicalismo, direitos sindicais, papel do sindicato, legislação sindical e trabalhista, dentre outras informações. O objetivo foi formar líderes comunitários, incentivando a sindicalização e a fundação de novos sindicatos rurais.

Na história do MEB, houve conflitos entre as orientações da diretoria nacional que se pautava pela linha de *educação sindical*, e atuações orgânicas (ativas) de padres e militantes do MEB envolvidos diretamente na prática de fundação e direção de sindicatos.[41] Estes conflitos anunciavam as divisões internas do Movimento, em que a militância leiga, organizada na Ação Popular (AP), polarizava com os mecanismos burocrático-administrativo centralizados pelas fortes figuras de D. Eugênio Sales e D. Hélder Câmara.

Baseando-nos na discussão a respeito das divergências internas do MEB, realizadas por Wanderley, que desvendou a oposição entre ações conservadoras sobre as comunidades e ações de maior radicalidade política[42] empreendida por padres

---

39   Idem.
40   L. E. Wanderley, *op. cit.*, p. 284.
41   *Idem*, p. 285-286.
42   Silvia Manfredi na obra *Formação sindical* compactua da leitura de Wanderley, identificando uma linha conservadora da ação sindical no MEB, direcionada pelo alto clero, e uma linha sindical mais à esquerda que atuava via JOC, JUC e Associação Católica Operária (ACO). Ver: S. M. Manfredi, *Formação sindical: história de uma prática cultural no Brasil*, p. 76.

e por militantes da Ação Popular (AP), optou-se por investigar o tema da sindicalização naquilo que o envolveu com as estratégias do trabalhador rural em lidar com o sindicato e a sua funcionalidade naquele modo de vida.

Foi desta forma que o Sindicalismo ou a Sindicalização surgiu como tema nas cartas de monitores e alunos. A princípio, as cartas de 1961, dos sistemas de Pernambuco, não apresentaram a temática do sindicato. Entre os meses de abril e dezembro daquele ano, as escolas se envolveram com a sua radicação e viabilização material e, em suas narrativas, os monitores tenderam demonstrar as preocupações das comunidades com a apropriação do rádio como um veículo de comunicação, além dos dilemas materiais e as expectativas com a apropriação da língua e outros saberes na ação cotidiana.

Foi a partir de 1962 que membros do MEB preocuparam-se em implementar experiências voltadas à criação de entidades, associações, clubes e outras instâncias de organização comunitária. Entre os meses de fevereiro e junho, no sistema de Nazaré da Mata, começa um trabalho de incentivo à formação de Juventudes Agrárias Católicas, as JACs, assim como o incentivo ao funcionamento de um conjunto de associações comunitárias de jovens, clube de mães, associação de artesãos nas vilas e povoados envolvidos com a escola.

Os monitores ou monitoras noticiaram regularmente ao Centro Radiofônico, as medidas que vinham tomando para a criação das JACs nas localidades em que atuavam. A estratégia de sedimentação das JACs nas zonas rurais atendia à orientações majoritárias da Ação Católica no Brasil, de aproximação da Igreja com a sociedade e com os leigos, visando à realização de trabalhos de base no meio operário e entre trabalhadores rurais, a fim de instituir, dentre outras coisas, a articulação dos trabalhadores em torno de problemas trabalhistas referenciando a ampliação do movimento sindical.[43]

Em julho de 1962, o tema do sindicato e da sindicalização passou a surgir recorrentemente nas correspondências. Iniciou-se nesse mês o *Curso de Politização*,[44] um curso com horário específico na programação, dirigido a mo-

---

43  Silvia M. Manfredi, *op. cit.*, p. 101.
44  O Curso de Politização de 1962 foi identificado a partir das correspondências. Ele aconteceu durante o período de férias escolares, momento em que os alunos foram convidados a se reunir regularmente, à noite, para ouvir o programa que tratou da questão sindical e da questão eleitoral, uma vez que em Pernambuco havia um processo eleitoral em curso.

nitores, alunos e comunidade, que tratou da questão sindical, do processo eleitoral e do direito e dever do voto.

A linha de politização do MEB priorizava ações de mobilização da comunidade. Almejando a integração de monitores, líderes sindicais, jacistas e alunos, o curso de politização objetivou a introdução de propostas de sindicalização aos alunos trabalhadores, além de discorrer sobre a organização política e a representatividade eleitoral e outras formas de organização social de trabalhadores, como as cooperativas, por exemplo.

Os programas dirigiam-se aos camponeses, destacando o papel do sindicato na conquista de direitos do trabalhador, dentre outras temáticas, como a do voto e a da Reforma Agrária. A linha política dos programas seguia o discurso dos agentes sociais que achavam premente a necessidade de a sociedade brasileira se modernizar. A modernização, no entanto, deveria ser conquistada por processos democráticos de pressão política – como o voto e a luta sindical – em recusa a movimentos de ocupação de terras ou que incentivassem conflitos armados e ofensa da ordem pública.[45] Há uma clara oposição às ocupações de terras e, deste modo, à sobrevida do campesinato. A modernização propugnada apoiava a agroindústria e o assalariamento, considerando o crescimento econômico e a proletarização como elementos necessários para a promoção do desenvolvimento e as lutas sindicais como fator de regulação do trabalho, além de referir-se timidamente à modernização da propriedade brasileira por meio da reforma agrária e à organização de uma pequena produção moderna e articulada ao mercado interno.

A repercussão do curso de politização nas correspondências do MEB Pernambuco foi imediata. Os monitores descreveram a aceitação positiva das comunidades em relação ao curso, que passou a reunir homens, mulheres e jovens, alunos ou não, em reuniões noturnas para escutar o programa e debater suas questões.

A partir daquele momento, duas realidades se fazem presentes: reuniram-se no MEB tanto aqueles trabalhadores que necessitavam de informações básicas acerca do sindicato, sua atuação e funcionamento, quanto trabalhadores já engajados na vida sindical e que demonstravam clareza das linhas políticas de sua militância.

As primeiras cartas de 62 assumiam um caráter de indagação, curiosidade, demonstrando o desconhecimento de muitos monitores e alunos quanto ao tema

---

45  MEB/PERNAMBUCO. *Semana Nacional do MEB*. 1962. Fundo MEB-Cedic.

da sindicalização. O que é o sindicato? Queriam saber alguns. Outros, já haviam ouvido falar em sindicato, mas, para que ele servia? Como ele poderia ajudar na vida do trabalhador? Muitas das cartas que chegaram aos Centros Radiofônicos de Pernambuco continham questões básicas acerca do sindicato ou do processo de sindicalização:

> Cambé, novembro de 1962.
>
> Prezada Maria José,
>
> Muitas Felicidades para Vs.
>
> Venho mais uma vez te aborrecer pelas frases.
>
> Venho pedir-lhe uma orientação sobre sindicato, pois ainda não compreendo o que é. Já escrevi uma carta a Zélia e não obtive nenhuma solução. Se você quiser me fazer este favor, responda por carta, porque sempre no programa "correio rural" estou já uma légua distante...
>
> Zulmerino Cordeiro dos Santos.[46]

As dúvidas colocadas pelos monitores, por vezes, eram as mesmas dúvidas de seus alunos. Os monitores procuravam assimilar as propostas vivenciadas nos cursos de formação e, com discursos muito simples, preparar os alunos para a prática sindical. Desconhecedores do direito de sindicalizarem-se, alunos do MEB buscavam o máximo de informações acerca da proposta, procurando entender as novas possibilidades que esta ação traria às comunidades. Em uma carta datada de 1963, o depoimento da monitora Eunice mostra o significado que o sindicato passava a assumir nas comunidades. Eunice narrou em sua carta:

> Outeiro, 05 de março de 1963.
>
> Solange e Elviro
>
> (...) Não sabem o quanto a turma aqui ficou falando de voces, é mesmo uma saudade infinita.
>
> É tanto que desejamos ainda passar com voces outros quatro dias, ou então o dobro, já pensou?

---

46   Carta. Fundo MEB-Cedic.

> Na noite em que voces regressaram ficamos na latada da escola conversando, os meninos pedindo para eu contar o que aprendi no curso, eu conversei bastante.
>
> Eles inda acharam pouco, perguntaram o que eu entendia de sindicato, eu disse nada e o menino um pouco sapeca disse, eu não acredito, voce tem de nos dizer qualquer coisa que eu quero entender. Eu comecei dizendo assim a gente tem necessidade um dos outros. Sindicato deve ser: um grupo de pessoas unido por um ideal. O homem unido e mais forte mais irmão e mais feliz. O sindicato é um órgão para melhorar a nossa vida e defender nossos direitos. Pelo sindicato o trabalhador rural tem direito a dizer o que quer o que pensa e o que preciza, ensina o trabalhador a procurar os direitos que ele tem. O sindicato trabalha para vir leis para o campo. Toda pessoa humana tem direito de melhorar a sua vida, de possuir alguma coisa. Precisamos de lutar unidos para elevar o nosso meio rural, lutar com amor a Deus e ao próximo.
>
> Sindicato não é contra o patrão. (...)
>
> Monitora Eunice[47]

Comumente, os alunos queriam saber como o sindicato poderia colaborar ou ajudar na vida do trabalhador rural, há também questionamentos sobre o significado das contribuições sindicais, o valor das contribuições, que demonstravam uma preocupação com os custos da sindicalização e os benefícios reais que um trabalhador poderia ter caso se sindicalizasse.

A existência de uma dinâmica própria da comunidade que, orientada pelas experiências no trabalho rural, acabou por construir o seu olhar acerca do sindicato e suas funções. Referindo-se à cultura popular, Chauí[48] chamou a atenção para incorreções nas análises que desconsideram as experiências de vida e as leituras que o popular elabora de sua realidade, assim como das dinâmicas que alternam leituras diferenciadas em momentos distintos.

No caso do MEB e seus alunos, a princípio, se estabelecia uma relação direta entre direito e sindicato – garantias de salário, direito à greve, direito à previdência, assistência médica e social – que influenciava o trabalhador ao defender

---

47  Carta. Fundo MEB-Cedic.
48  M. Chauí. *Cultura e Democracia*, p. 54-55.

a sindicalização e se sobrepunha aos custos da sindicalização e seus problemas (como por exemplo, os conflitos com o patrão).

No entanto, acreditar apenas nos interesses imediatos do trabalhador em relação ao direito sindical seria novamente desprover a cultura popular de sua dimensão política – de uma cultura política.

O projeto de sindicalização rural foi incorporado, pelo aluno do MEB, numa relação que apresentou diferentes dimensões: a dimensão autônoma das comunidades, construída por ações políticas que levaram trabalhadores rurais a organização de mecanismos de defesa de interesses classe expressos em questões como o uso da terra e a defesa de direitos trabalhistas, o que explica a formação das ligas camponesas e o início do processo de organização sindical anterior à década de 1960; uma segunda dimensão, imediatista, direta, mediada pelos benefícios a serem incorporados com a sindicalização; e ainda uma terceira dimensão, que envolve a vontade de transformação da realidade social brasileira, sobre a qual o trabalhador do MEB passou a refletir mais sistematicamente a partir da escola.

As cartas trazem estas três dimensões. Em algumas revelam-se atitudes informadas por uma cultura essencialmente materialista que demonstrou o interesse de alguns alunos e monitores acerca do sindicato, em outras ressalta-se que alguns alunos do MEB já haviam se engajado em sindicatos e lutas políticas, independentemente da ação da escola. Entre estes, existiam monitores e alunos do MEB Pernambuco, que contatavam as ligas camponesas e outros que militavam em organizações sindicais rurais estruturadas regional e nacionalmente. Também há relatos que tratam da participação de monitores e alunos em diretorias de sindicatos rurais, em encontros (de frentes sindicais e agrárias), assim como em reuniões das ligas camponesas, veiculando notícias sobre encontros sindicais, narrando ações sindicais e comentários que revelavam o envolvimento de lideranças das comunidades na direção dos sindicatos e das ligas.

O monitor Ambrósio Lívio Aureliano, de Orobó, foi um militante sindical que poderia ser denominado engajado, se comparado à maioria das monitoras ou alunos que faziam questionamentos primários acerca do sindicato. As cartas indicam sua participação ativa nas Ligas Camponesas. Aureliano participou do 1 Congresso dos Trabalhadores Rurais na Bahia, cuja organização submetia-se às Ligas e não ao sindicalismo católico:

> Orobó, 7 de maio de 1962.
>
> Presadíssimas supervisoras.
>
> Venho por meio desta comunicar-lhe que viajarei para Itabuna no dia 8 ou 9 do corrente, tomo parte no 1º. Congresso dos Trabalhadores Rurais. Mas espero em Deus estar de volta no dia 14 se tudo correr em Paz.
>
> Depois de minha volta continuarei fazendo inspeção nas nossas escolas. Já visitei 6 e todas estão funcionando bem. (…)
>
> Peço que envie muitas lembranças a todos os monitores da diocese de Nazaré.
>
> Em que lugar vai ser o novo treinamento?
>
> Qual é o mal que faz as ligas camponesas?
>
> Como devemos ajudar o homem do campo?
>
> Monitor Ambrósio Ivo Aureliano[49]

A finalização da carta e o questionamento acerca das Ligas demonstraram certa intranquilidade do monitor em atuar junto às Ligas (participando do Congresso), ao mesmo tempo em que atuava nas escolas. O questionamento do monitor revelou a existência de um discurso contestatório das Ligas no interior do MEB, no entanto, em momento algum se percebe um impedimento de sua atuação nas escolas devido a este envolvimento. A prática de Aureliano e de um número ainda que restrito de monitores sugere uma autonomia de ação política de indivíduos em relação às diretrizes do MEB, cujas propostas confrontavam com as proposições das Ligas e do PCB.

Como já foi dito, o perfil de Aureliano foi diferenciado na realidade do Centro de Nazaré da Mata. Porém, a maioria dos monitores e alunos recebeu do MEB os primeiros estímulos para a reflexão acerca da sindicalização. Nessa dimensão, o interesse pelo sindicato foi despertado a partir dos benefícios que a sindicalização poderia trazer à vida do homem rural – garantias salariais, amparo legal, previdência social –, o sentido do uso assumiu forma peculiar, pois estabeleciam-se expectativas de benefícios que o sindicato deveria atender entre seus filiados.

---

49   Carta. Fundo MEB-Cedic.

Em uma terceira dimensão, o MEB e sua ação educativa também despertou ideias e sentimentos de identidade e de luta política, para além da ação sindical. O tema do sindicalismo suscitava o tema da união, da identificação de necessidades comuns, da necessidade da atuação coletiva diante de problemas. A luta pelo sindicato travestia-se de matizes que envolveram o discurso da modernização brasileira, do nacionalismo, da partidarização e da ação política do homem comum.

No MEB, Reforma Agrária, Reforma Sindical e Reforma Política foram temas tratados articuladamente e atrelados ao discurso da mobilização e participação popular. Construir os sindicatos significava a construção de preceitos modernos da relação trabalho e capital que se completariam com a necessidade de estabelecimento de direitos institucionalmente fixados.

Alunos e monitores, alguns de forma mais autônoma, outros informados pela necessidade de melhoria imediata na qualidade de vida, enxergaram nos sindicatos mecanismos de reforma de estruturas antigas e excludentes que deveriam ser transformadas com a participação do homem comum.

Muito mais do que um processo em que o Estado e as instituições realizam um movimento de cooptação das massas agrárias por meio da estrutura sindical, o crescimento da luta sindical no Nordeste, como ação empreendida pelas classes trabalhadoras, que constroem suas respostas aos dilemas e problemas da vida material atuando como classe na luta pela conquista de direitos civis, políticos e sociais.

Nesse sentido, José de Souza Martins defendeu mudanças de prisma da historiografia que tem desprivilegiado a ação de sujeitos históricos em seu cotidiano. Também Thompson[50] destacou a importância da prática cotidiana e dos costumes rotineiros na construção das primeiras disputas sindicais na Inglaterra.[51]

Confinados aos engenhos e usinas da zona da mata e em regiões do agreste, os trabalhadores do MEB conheciam, melhor do que ninguém, a rigidez da exploração do trabalho imposta pelo grande latifúndio. O trabalho na cana remetia o trabalhador a longas jornadas, ao trabalho sazonal e às agruras do regime do barracão. Tendo as Ligas Camponesas acenado com propostas de conquista e/ou afirmação de direitos de permanência na terra e de regulamentação do

50   E. P. Thompson. *Senhores e caçadores: a origem da lei negra*, p. 13.
51   J. S. Martins. *A sociabilidade do homem simples*, p. 23-24. E. P. Thompson. *A formação da classe operária inglesa: a árvore da liberdade*, p. 13. Especificamente sobre a ligação das ligas com a sindicalização rural ver: Clodomir Morais. *História das Ligas Camponesas do Brasil*, in J. P. Stedile. *Op. cit*, p. 7-8.

trabalho, espalhou-se por aquele território o embrião da organização autônoma de trabalhadores rurais.

O engajamento no sindicato e na luta sindical decorreu das instâncias que articularam o mundo do trabalho ao conjunto de representações culturais e políticas que os trabalhadores elaboraram acerca de sua condição e das soluções possíveis de seus problemas cotidianos.

Não se pode desprezar as investidas institucionais do Ministério do Trabalho, principalmente a partir de 1963, ano de criação da Comissão Nacional de Sindicalização Rural, investidas estas que explicitam as preocupações do Estado em tutelar e influenciar politicamente o movimento de trabalhadores rurais. Esta e outras ações tutelares acirraram as possibilidades de coação e controle dos sindicatos pelo poder do Estado. Na disputa pela tutela do movimento de trabalhadores também atuaram a Igreja e os partidos políticos. Entretanto, é preciso considerar que, na realidade do camponês do MEB, a presença de diferentes dimensões de organização política em prol de interesses comuns, revelada por uma cultura aberta ao associativismo, ao trabalho coletivo e à organização comunitária.

Estas variações da cultura levaram ao contato de trabalhadores com propostas de associação e ação política pautada pela identidade cultural. As mesmas variações facilitaram a assimilação das propostas da organização sindical do MEB, voltada tanto para atender interesses imediatos que garantiam a sobrevivência familiar, a previdência social, dentre outros, quanto aos desígnios e propostas políticas dos camponeses já engajados na militância política de partidos, sindicatos ou ligas.

# CAPÍTULO V
## Pelas ondas do rádio

> *"Camponês, o Sindicato*
> *é a esperança do país.*
> *A escola radiofônica*
> *Traz a luz, o bom senso diz.*
> *Nesta minha poesia*
> *Digo ao povo em geral*
> *Viva a Escola Radiofônica*
> *Viva o sindicato rural."*
> (Monitora Ada Maria Bezerra da E.R. São domingos, Cerro Corá, RN).

## A voz redentora do rádio

Entre 1961 e 1965,[1] o episcopado brasileiro colocou à disposição do MEB sua rede de emissoras, formando o maior sistema interligado de emissoras educativas que, até então, o Brasil havia conhecido.

Inicialmente, em 1961, o MEB contou com programas em 10 emissoras, evoluindo num crescente que, ao final de 1965, atingiu o número de 29 emissoras interligadas, responsáveis pela transmissão diária dos programas educativos elaborados pelas equipes locais de 14 estados brasileiros.

---

[1] O período entre 1961 e 1965 foi assinalado porque é nele que MEB atingiu o auge em número de emissoras vinculadas ao programa, o que não implica determinar que o sistema tenha funcionado apenas neste intervalo temporal. A continuidade do MEB em moldes diferenciados ocorreu durante o governo militar e, inclusive, sua atual atuação em patamares totalmente diversificados acontece na atualidade.

## NÚMERO DE EMISSORAS À DISPOSIÇÃO DO MEB PARA PROGRAMAÇÃO EDUCATIVA

| UNIDADE DA FEDERAÇÃO | 1961 | 1962 | 1963 | 1964 | 1965 |
|---|---|---|---|---|---|
| Amazonas | - | - | - | 1 | 3 |
| Pará | 1 | 1 | 2 | 2 | 3 |
| Piauí | - | 1 | 1 | 1 | 1 |
| Ceará | 2 | 4 | 4 | 4 | 4 |
| Rio Grande do Norte | 1 | 1 | 3 | 3 | 3 |
| Pernambuco | 2 | 5 | 7 | 6 | 6 |
| Alagoas | 1 | 2 | 2 | 2 | 1 |
| Sergipe | 1 | 1 | 1 | 1 | 1 |
| Bahia | 1 | 2 | 2 | 2 | 2 |
| Minas Gerais | - | 1 | 1 | 2 | 1 |
| Goiás | 1 | 1 | 1 | 1 | 1 |
| Mato Grosso | 1 | - | 1 | 1 | 1 |
| Rondônia | - | - | - | - | 2 |
| Total | 11 | 19 | 25 | 26 | 29 |

Número de Emissoras à Disposição do MEB para Programação Educativa. Fonte: MEB em 5 anos.

Sem sombra de dúvidas, esta articulação das emissoras católicas em função do estabelecimento de um sistema educativo à distância foi a primeira experiência de instalação de uma rede nacional de radioescolas com recepção organizada em território brasileiro.

De fato, ocorre que os debates acerca da radioeducação e da formação de sistemas radioeducativos, realidades nem sempre simultâneas, surgiram concomitantemente ao fenômeno do uso utilitário do rádio como meio da comunicação em massa. Numa retrospectiva generalista acerca das iniciativas da radioeducação, desde o momento em que se espraiou mundialmente como um mecanismo de comunicação, o rádio se impôs simultaneamente como veículo de diversão, informação, divulgação de ideias, da propaganda, da prestação de serviços e da divulgação da educação e da cultura. Com isso, ao mesmo tempo em que surgiu como mercadoria de consumo e de veiculação da cultura de massa, destinado a fornecer ao indivíduo motivações econômicas próprias da indústria cultural,[2] o rádio viveu uma contraditória polêmica que polarizou os planos da massificação do consumo aos planos da educação, da cultura e da informação.

Instalando-se rapidamente nas sociedades capitalistas ocidentais e ocupando lugar privilegiado na vida cotidiana de suas populações urbanas, o rádio propiciou de imediato a criação de uma linha de ação, por instituições nacionais e supranacionais, que o transformaram em ferramenta para propaganda política e instrumento de informação massiva.[3] Na gênese do processo de massificação do rádio como objeto de consumo das classes populares, os papéis deste fenômeno da comunicação não estavam ainda decisivamente estabelecidos, na medida em que concepções da cadeia de radiodifusão, enquanto sistema destinado ao fornecimento de motivações econômicas ao indivíduo, inextricavelmente articuladas ao prazer e diversão, mesclaram-se à concepções institucionais que concebiam os sistemas de comunicação como sistemas de propaganda,[4] sistemas de doutrinação ideológica e sistema educativo.

Neste sentido, nas décadas de 1920 e 1930, travou-se um debate formal no campo de diferentes instituições, como a Igreja Católica, a iniciativa privada e o Estado Nacional, acerca do gênero de informações e ideias possíveis de serem veiculadas por redes radiofônicas, instalando-se polêmicas quanto ao uso do rádio e seus fins.

A Igreja Católica, que entre 1920 e 1930 estruturava os aspectos de sua práxis conservadora em relação aos movimentos organizados de trabalhadores, tratou de definir premissas de cunho educacional e cultural como prioridade das transmissões radiofônicas. Lutando constantemente para afastar o rádio de sua lógica

---

2   As referências aos conceitos de cultura de massa, indústria cultural e consumo de massa remetem a Adorno e Horkheimer, que interpretaram a existência de um sistema dominante de produção e divulgação cultural baseado em um poder econômico em que o capital dominante propiciava monopólios culturais. Ver: Theodor Adorno e Max Horkheimer, *A indústria cultural: o iluminismo como mistificação das massas.* IN: L. C. Lima, *Teoria da cultura de massa*, p. 169.

3   E. Hobsbawm, *A era dos extremos,* p. 195.

4   Abraham A. Moles apresentou uma teoria geral da comunicação de massa e da cultura que explicitou concepções concernentes ao campo da *mass media* que enunciavam intencionalidades concernentes ao uso da comunicação de massas estabelecidos a partir de funções diversas dadas aos sistemas de comunicação, que podem ser mercadológicos ou doutrinários. Acerca das doutrinas identificadas por Moles ver: Abraham A. Moles, Doutrinas sobre a comunicação de massa. In: L. C. Lima, *Teoria da cultura de massa,* p. 75.

eminentemente comercial ou de indústria de entretenimento, a Igreja apropriou-se não apenas do rádio, mas também da imprensa escrita e do cinema como instrumentos de veiculação do ideário católico.[5] Nas ações dos Estados Nacionais, é possível identificar medidas que burlavam a lógica única de utilização do rádio como veículo de propaganda política, em direção a ações que estabeleceram os mecanismos da comunicação em massa como formas de transmissão de conhecimentos científicos e artísticos concernentes ao patrimônio da chamada cultura de elite.

Nas contradições intrínsecas ao estabelecimento do rádio como comunicador para as massas, no Brasil e no mundo, o papel do rádio como objeto formal de universalização da cultura dominante e como mecanismo voltado à educação, foi um objetivo presente no processo de estabelecimento da indústria cultural, permanecendo como um resíduo em sua trajetória temporal. Os usos do rádio para fins educacionais permearam e permeiam, ainda hoje, o universo de possibilidades deste e de outros meios de comunicação de massa, vivendo atualmente um processo de revitalização, principalmente diante das novas proposições do ensino a distância.

Entre 1931 e 1932, quase todos os países ocidentais da Europa já haviam feito ensaios de radiofonia escolar sob dois aspectos: articulando o rádio à educação escolar[6] ou utilizando a emissão radiofônica como forma de educação suplementar. No Brasil, afirmou Espinheira, até a década de 1930, a radiodifusão educativa não apareceu como iniciativa dos quadros oficiais a exemplo da Europa e EUA, tendo surgido a partir da iniciativa privada de empresários da indústria do rádio, nas ações, por exemplo, de Roquete Pinto.

A figura de Roquete Pinto associou o empreendimento da radiocomunicação à radiodifusão escolar, apesar de o rádio surgir, no discurso de Roquete Pinto,

---

5   Os anos 1920 no Brasil testemunham a organização da práxis conservadora da Igreja Católica, que ligada aos meios de comunicação de massa instalou mecanismos de controle e ação junto aos movimentos de trabalhadores, no sentido de impedir o desenvolvimento de pensamentos de ruptura com o capitalismo no cerne do movimento operário. O cinema, a circulação de revistas católicas e o rádio como instrumento de educação e propagação de ideias foram meios de comunicação de massa utilizados pela Igreja para atingir o público católico. Sobre a ação conservadora da Igreja e seu envolvimento com meios de comunicação de massa e o cinema educativo. Ver: C. A. Almeida, *Meios de comunicação católicos na construção de uma ordem autoritária: 1907/1937*, p. 229.
6   Entre 1931-1934, a Inglaterra chegou a conectar 3. 343 escolas de ensino primário a uma rede educativa que promovia cursos via rádio com recepção organizada e orientada por professores. Também se propagava à emissão da educação suplementar através de cursos educativos para públicos variados. A. Espinheira, *Radioeducação*, p. 105.

como um veículo eminentemente voltado à educação e divulgação da cultura formal. Em 1926, Roquete Pinto publicou na revista *Electron* – impressa pela Rádio Sociedade do Rio de Janeiro –, o primeiro plano de organização e implementação de atividades educativas transmitidas por rádio. De acordo com Espinheira, neste ano, Roquete Pinto inaugurou uma série de cursos ministrados por intelectuais de renome, como José Oiticica, Moraes Costa, Maurício Joppert, Mario Saraiva, Martins Fontes,[7] que com atividades sob a forma de aulas ou palestras, marcaram o início do emprego da comunicação radiofônica no campo educacional.

Das repercussões positivas da iniciativa de Roquete Pinto, outras estações promoveram palestras e conferências educativas, como a Rádio Clube Mayrink Veiga, também do Rio de Janeiro. Com estas iniciativas abriu-se caminho para que, em 1933, novamente sob a coordenação de Roquete Pinto, surgisse, na Confederação Brasileira de Radiodifusão, a Comissão Radioeducativa, com o intuito de promover o emprego da radiodifusão escolar nacional.

Por meio das emissoras associadas à Confederação, foram produzidos programas educativos que suplantaram a mera transmissão de palestras ou cursos e colocaram ouvintes e emissoras em contato, através de folhetos de aulas, correspondências e lições para avaliação de rendimento.[8] Com estas ações, a Confederação procurava tornar possível a interação entre o ouvinte e o indivíduo ou grupo de indivíduos que transmitiam os conhecimentos via rádio. Trilhavam-se os primeiros caminhos na construção de mecanismos da educação à distância, que naquele momento se restringia à radioeducação definida como *propagadora* de *elevação da cultura geral da população e de colaboração com a formação intelectual, moral e artística dos ouvintes, através da veiculação da instrução literária, musical e científica.*[9]

Os significados destas ações (da Confederação e de sua comissão de radioeducação) concentram-se, na verdade, no debate criado acerca dos caminhos que a radiofonia vinha tomando no país.[10] Das atuações da Confederação e de fatos que

---

7   *Ibidem*, p. 103.
8   V. Paiva. *Op. cit.*
9   Espinheira. *Op. cit.*, p. 104.
10  Elias Tomé Saliba identifica polêmicas nos partidários do rádio divididos entre aqueles que pensam o sistema radiofônico como instrumento político-cultural e aqueles que privilegiam a via empresarial e mercadológica do sistema de comunicação. Ver: E. T. Saliba, *Raízes do Riso. A Representação Humorística do Dilema Brasileiro: da Belle Époque aos primeiros tempos do rádio*, p. 205-207.

se relacionavam ao crescimento do uso do rádio e da indústria radiofônica, somados às modificações da vida política do país no decorrer da década de 1930, um conjunto de propostas normatizadoras surgiu naquele momento. A proposição central foi a de construção de um código de conduta das transmissões radiofônicas que, segundo seus defensores, deveria defender o uso do rádio para o *bom relacionamento entre povos e nações*, e cercear os *abusos de programas e/ou emissoras nas transmissões*.[11] Seu papel seria o de funcionar como reforço à necessidade de se legislar sobre *a propagação de ideias subversivas e a depreciação de autoridades públicas* através do rádio e seu *mau uso*.

Ampliaram-se as polêmicas entre os defensores do papel do rádio como promotor da cultura e da educação – dentre os quais Roquete Pinto –, os empresários privados do setor e suas razões de mercado, e o Estado, que pela figura de Vargas ratificava os usos e sentidos doutrinários do sistema radiofônico.[12]

No embate das diferentes visões acerca do rádio e seus papéis, intelectuais, empresários, usuários, dentre outros, polemizaram com a Confederação, a comissão e suas propostas. Polêmicas à parte, interessa-nos o fato de que a pedra fundamental da construção da radioeducação no Brasil já havia sido lançada, pois as ações de Roquete Pinto chamaram a atenção de Anísio Teixeira que, ocupando desde 1932 o cargo de Diretor Geral da Instrução Pública do Distrito Federal, criou na capital da República a seção de Radiodifusão do Instituto de Pesquisas Educacionais, com intuito de realizar estudos sobre a radioeducação, além de incentivar a montagem de uma estação de transmissão de programas educativos.

Sob a coordenação de Anísio Teixeira surgiu a Rádio PRD-5, do Rio de Janeiro, gerida pelo Departamento de Educação, que manteve, durante os anos 1930, dois programas educativos *A Hora Infantil* e o *Jornal dos Professores,* com fins de formar professores e fornecer educação complementar para crianças em alfabetização.

Entretanto, num balanço acerca dos caminhos das iniciativas oficiais da política educacional brasileira em radiofonia escolar, entre 1930 e 1940, não se pode afirmar que as políticas acompanharam o pioneirismo de Roquete Pinto ou

---

11   Espinheira. *Op. cit.* 105.
12   Como sistema doutrinário, Moles define sistemas de comunicação que, dominados por instituições como Partidos, Estado Nacional ou Igreja implantam a propaganda como meio de difusão de ideias, valores e categorias pertencentes às doutrinas político-ideológicas. Ver: Abraham A. Moles, *Doutrinas sobre a Comunicação de Massa*, p. 78. In: L. C. Lima, *Teoria da Cultura de Massa*, 2000.

Anísio Teixeira. Mesmo com o crescimento do rádio como meio de comunicação em fase explícita de expansão, as experiências foram esparsas, esporádicas e regionalizadas, fazendo com que a tendência da radiodifusão escolar fosse a de, somente ao final da década de 1950, encontrar propostas maduras para a construção de redes escolares organizadas na forma de sistemas educacionais.

Oficialmente, apenas em 1957, o Ministério da Educação e Cultura agiu de forma a construir os alicerces para uma educação à distância via rádio, com a criação do Sistema Radioeducativo Nacional (Sirena). Com a criação do Sirena, a intenção foi a e organizar experiências eficazes no emprego daquele veículo como promotor da escolarização de adultos e adolescentes na Campanha de Educação de Adultos e Adolescentes (CEAA). A iniciativa de criação do sistema educativo de rádio alinhava-se aos planos elaborados pelo Ministro da Educação, Clóvis Salgado, *orientado pelo lema "educação para o desenvolvimento"* do governo Juscelino Kubitscheck e por apelos de organismos supranacionais, como a Unesco, que desde 1949 se empenhava em viabilizar a expansão da radiofonia escolar como forma de estender a alfabetização e a educação básica pelos países pobres.[13]

As primeiras ações limitaram-se à planificação, produção de programas educativos e culturais, fomentando sistemas privados de rádio, orientando e assistindo tecnicamente sua irradiação. São limitações, na medida em que os objetivos do Sirena voltavam-se para a organização em território nacional de um sistema de escolas radiofônicas – o que demandaria não apenas a produção e irradiação de programas educacionais, mas a criação e instalação e uma rede organizada de recepção escolar.

Entre 1957 e 1959, o Sirena orientou sua prática fundamentando-se em preceitos da Educação de Base, atuando na elaboração de programas educativos dirigidos à população adulta, nas áreas de: saúde (profilaxia de doenças, alimentação racional e puericultura); agricultura e pecuária (noções); ensino de leitura e escrita; educação moral e cívica (noções comportamentais, noções de direitos e deveres cívicos); politização e economia doméstica. A responsabilidade técnica pelos conteúdos foi entregue a especialistas das áreas – médicos, agrônomos e

---

13   Em publicação oficial de 1949, a Unesco se posicionou pela criação de redes radiofônicas escolares de educação popular com vistas ao incentivo do desenvolvimento técnico e econômico das regiões pobres. A educação radiofônica visava atingir a formação profissional, a educação básica e a alfabetização de adultos. R. Clausse. *La Educación por la Radio – La Radio Escolar*. Paris: Unesco, 1949.

alfabetizadores – responsáveis pela sintetização de conteúdos, ao mesmo tempo em que uma equipe de radialistas e técnicos de rádio gravava os cursos a serem disponibilizados para organismos interessados na radioeducação.

Nestes dois anos de trabalho, o Sirena apresentou as seguintes atividades:

A) Quanto a sua primeira finalidade (Gravação de Cursos Básicos de Educação Popular), foram produzidos e postos à disposição dos interessados os seguintes programas educativos, gravados em *long playing* de 12 polegadas:

| ASSUNTOS | Nº DE PROGRAMAS |
|---|---|
| Higiene e profilaxia de doenças | 150 |
| Puericultura | 36 |
| Alimentação | 47 |
| Elementos da agricultura e pecuária | 108 |
| Horticultura | 77 |
| Avicultura | 80 |
| Ensino de leitura | 40 |
| Curso de escrita | 20 |
| Elementos da aritmética | 60 |
| Educação moral e cívica | 47 |
| Elementos de civilidade | 25 |
| Politização do homem rural | 114 |
| Economia doméstica | 80 |
| Assuntos diversos | 93 |
| Programas recreativos | 50 |
| TOTAL DE PROGRAMAS | 1027 |

B) no terreno do fomento e assistência técnica foram elaboradas e expedidas normas, instruções (...). Foi inaugurada uma emissora modelo (...).[14]

---

14   J. R. Costa, *Escolas Radiofônicas para a Educação Popular*, p. 19.

A fim de efetivar seus objetivos e ir além da produção de programas educativos, o Sirena optou pela criação de uma emissora-piloto na zona da mata mineira – a Rádio Sirena de Leopoldina MG –, que ao articular uma rede organizada de recepção, acenava com a possibilidade de transposição das ações de produção e irradiação de programas educativos, em direção à instalação de redes de recepção coletiva organizada, imprescindíveis ao projeto de radioeducação.[15]

A iniciativa, a princípio isolada, de Leopoldina, aproximou o Sirena do conjunto de experiências iniciadas por D. Eugênio Sales que, com transmissor próprio, construiu uma rede de 300 escolas articuladas para recepção organizada no Rio Grande do Norte. A partir de 1958, o Sirena acabou por se tornar um parceiro técnico da diocese de Natal e do Serviço de Assistência Rural (SAR) (também criado e coordenado por Dom Eugênio Sales), ampliando as bases estruturais para construção de uma rede radioeducativa de recepção organizada no país.

O conjunto de experiências de Natal colocou em contato o Sirena e a Representação Nacional das Emissoras Católicas (Renec), permitindo de um *fortalecimento* da radioeducação que iria se espalhar, a partir daí, por municípios do nordeste e de Minas Gerais como Crato, Sobral, São Luís, Maceió, Aracaju, Governador Valadares, dentre outros.[16]

Com tais experiências, preparava-se o terreno no qual, o MEB floresceria como o primeiro grande sistema radioeducativo de cunho nacional a funcionar de maneira contínua, ao menos por toda a década de 1960.

Se os limites temidos pelo Sirena diziam respeito ao problema da edificação de um sistema de recepção organizada, o MEB soube transpor estas limitações. Desde seus momentos iniciais, em 1961, o MEB teve a sua disposição um amplo número de emissoras, que possibilitaram sua instalação pelo território alvejado pelo projeto, graças ao aporte oferecido pela rede católica de emissoras de rádio:

---

15  A ação do Sirena na área foi concomitante às iniciativas da CNER e da *missão rural* de inspiração norte-americana instaladas em Minas Gerais, abrangendo a região de Itaperuna. V. Paiva, *Educação Popular e Educação de Adultos*, p. 199 e I. M. Freitas Barreiro, *Educação rural capitalista: a contradição entre a modernização e a educação da classe popular na Campanha Nacional de Educação Rural*, p. 25.

16  João Ribas da Costa apresenta também, fora destas regiões, os municípios de Vitória-Es, Penedo-RJ e Santa Maria-RS como municípios pioneiros na formação de sistemas radioeducacionais organizados. J. R. Costa, *op. cit.*, p. 24-25.

A rede de emissoras, através da qual o MEB atua, é de propriedade das autoridades eclesiásticas (com três exceções). É esta multiplicidade de emissoras que torna possível a descentralização e que dá eficiência à comunicação da mensagem educativa do MEB. As aulas têm que atingir o homem com seus problemas e experiências próprias, extremamente variadas de região para região.[17]

Munido de uma estrutura física garantida por esta rede, o MEB articulou objetivos e finalidades educacionais a uma lógica organizacional e técnica, que permitiu o funcionamento contínuo de diferentes sistemas responsáveis pela comunicação entre o aluno/ouvinte e professor/locutor, gerando, a partir daí, um processo educacional que conectava emissores e receptores com intuito de transcender a mera transmissão de conhecimentos e irradiar um conjunto de práticas coletivas que tivessem efeitos na vida cotidiana do trabalhador rural. Para o MEB, era preciso ir além da mera extensão de conhecimentos e construir uma comunicação entre o aluno e os agentes educacionais:

(...) O nosso drama não é só alfabetizar. Junto a isso, há urgência de muito mais. Há urgência de se abrirem aos nossos camponeses, operários e suas famílias as riquezas da educação de base, fundamental educação que chamaríamos de cultura popular, a qual tem a força de fazer o homem despertar para seus próprios problemas, encontrar suas soluções, defender sua saúde, manter boas relações com seus semelhantes, andar com seus próprios pés, decidir dos seus destinos, buscar sua elevação cívica, moral, econômica, social e espiritual. É esta escola que temos de jogar no seio das populações camponesas e operárias através de métodos próprios, já experimentados e vitoriosos. Evidentemente não falamos do tipo de escola tradicional com professor para um grupo de alunos. Seria impossível dessa forma, hoje, no Brasil, se atingir milhões de analfabetos. Vamos apelar para o rádio, para as escolas radiofônicas (...)[18]

A conexão entre a irradiação de conhecimentos e as mudanças de atitude deveria ser construída, no processo educacional, através de estratégias múltiplas da animação popular e da participação. Nesse sentido, a radioeducação proposta

---

17 MEB. *Relatório de 1961 a 1965*. 1965. Fundo MEB-Cedic.
18 MEB/NACIONAL. *Plano Quinquenal*. S/d. Fundo MEB-CEDIC.

pelo MEB almejava transcender preceitos da radioeducação concebida em 1930. Demarcado o pioneirismo de Roquete Pinto e Anísio Teixeira, não se pode deixar de notar nestes e em outros intelectuais do período,[19] a ausência da preocupação com a comunicação interativa entre o ouvinte e os conteúdos da proposta radioeducativa. Centrados em objetivos de disseminação dos preceitos de uma cultura pretensamente universal como elemento central do sistema educacional, a devolutiva do receptor (daquele que recebe a informação) pouco preocupou os primeiros empreendimentos em radioeducação no Brasil.

Com o MEB que articulava a Educação de Base às metodologias e práticas da Animação Popular e da Cultura Popular, a interação entre o emissor/receptor tornava-se o núcleo vital do projeto educacional. Ou o rádio permitia a formação de um circuito de comunicação entre criadores/difusores dos programas e o seu público, ou o projeto em si não se consumaria.

O sucesso dependia não apenas da capacidade de difusão das redes emissoras, mas estritamente de sua capacidade de reprodução, que se baseava no retorno dado pela comunidade ao projeto educacional. A vitalidade do MEB associava-se ao funcionamento de um circuito que envolvia a estrutura de seus programas, a difusão, a audiência, os retornos da audiência (interatividade) e a capacidade de reprodutividade constante deste mesmo circuito.

## Um professor, um microfone, milhares de homens

A radiodifusão do MEB estruturou-se sobre um sistema de recepção cativa. Assim, cada escola radiofônica recebia um radiorreceptor à base de transistor (pilha seca), para possibilitar o estabelecimento da escola em qualquer lugar sem a necessidade de instalações elétricas. Este receptor era um rádio cativo, destinado a receber apenas as emissões da rádio que irradiava a programação educativa em horários específicos e determinados.

Em consonância com os preceitos da Educação de Base, ficava a cargo da comunidade a escolha do horário de funcionamento da escola, o que levou ao maciço funcionamento das escolas no período noturno, logo após a jornada de trabalho. A maioria das escolas optou pelo funcionamento a partir das 19h00 horas, causando um incômodo problema entre o MEB e o Governo Federal, quando

---
19  Dentre os intelectuais da Educação que defenderam a difusão e o uso do rádio na escolarização, destacam-se as figuras de Lourenço Filho, Antonio Espinheira, Fernando Azevedo, dentre outros.

em 1963 este passou a obrigar as emissoras católicas radioeducativas a transmitirem a Hora do Brasil. A documentação mostra que a exigência da transmissão deste programa oficial forçou a transferência do início das aulas para as 20h00, desestimulando alunos e monitores de algumas escolas e causando o fechamento de escolas, o que levou o MEB a erigir uma campanha (sem sucesso) para acabar com a obrigatoriedade da Hora do Brasil.

A duração das transmissões girava em torno de 45 a 60 minutos, as aulas eram projetadas por uma equipe de programação que deveria apropriar-se dos dados obtidos nos estudos de área para planejar os programas. Na documentação propunha-se:

> (...) Planejar os cursos seguindo o método de globalização, devendo as aulas ser baseadas na realidade brasileira e nos fatos da vida real. Prever-se técnicos especializados para a assessoria dos cursos e programas. Procurar a colaboração de elementos de rádio-teatro para a emissão dos programas, almejando a organização de uma equipe de radio atores, não especialmente do MEB, mas que colabore com as EERR existentes. (...)[20]

Os programas eram escritos e produzidos segundo as técnicas e recursos usuais da radio transmissão comercial e continham: aulas dialogadas para a alfabetização, aulas expositivas diversas (higiene, saúde, agricultura, economia doméstica, civismo), tratando de aspectos da educação de base,[21] noticiários, palestras, radio-teatro, números musicais e *jingles*.

Os programas veiculados entre 1961 e 1965 apontam para a preocupação das equipes locais em adaptar a linguagem e a forma da radiofonia aos objetivos da Educação de Base. No dia 22 de maio de 1963, o Sistema de Afogados da Ingazeira (Pernambuco) transmitiu:

> Data: 22 de maio de 1963.
>
> LOCUTOR: o Sistema Radioeducativo de Afogados, integrado ao Movimento de Educação de Base, com a colaboração do Serviço Social Rural do Governo do Estado apresenta...
>
> TÉCNICA

---

20   MEB/NACIONAL. *I Encontro de Coordenadores/Conclusões I*. 1962. Fundo MEB-Cedic.
21   RENEC. *Plano Quinquenal do MEB Nacional*. [19--]. Fundo MEB-Cedic.

LOCUTOR: O programa das Escolas Radiofônicas, contando com a participação de Rogério, Lourdes, Claudete e Ivonete.

TÉCNICA

LOCUTOR: Com vocês. a supervisora Claudete.

CLAUDETE: Boa noite, prezados alunos e bondosos monitores. Estamos de volta com o nosso programa, iniciando com a palavra de Rogério.

ROGÉRIO: Boa noite para todos que me ouvem. Direi algumas palavras sobre sindicato. Sindicatos rurais: uma grande força. Cresce dia a dia a força dos camponeses. Antes, cada um vivendo separado e desunido dos outros, eram fracos e não havia quem lhes desse importância. Se hoje já lhe dão valor, isto acontece porque se uniram em seus sindicatos. E todos nós sabemos que devemos levar para a frente a sindicalização rural, pois este é O ÚNICO MEIO DE O HOMEM DO CAMPO MELHORAR DE VIDA.[22] Não queremos só para nós já sindicalizados os benefícios do sindicato e, por isso devemos esclarecer a todos os camponeses para que se unam, a fim de sermos verdadeiramente, o caminho da Libertação DO TRABALHADOR RURAL BRASILEIRO. Estejamos alerta, porque não admitiremos que continuem a roubar-nos os nossos direitos. Temos o DIREITO de viver, de subsistir, de alimentar e educar os nossos filhos, de trabalhar e cultivar a terra. Haveremos de reagir fortemente a todos os reacionários que não tiverem a consciência cristã de que os bens da terra/ foram criados por Deus, para o bem de todos os seus filhos e/ não para uma minoria escravizar a multidão.

TÉCNICA

ROGÉRIO: O SINDICATO RURAL é uma iniciativa da Igreja para a defesa dos agricultores.

TÉCNICA (...)[23]

Os programas focalizavam as figuras do locutor e dos professores-locutores, ambas eram responsáveis por transmitir mensagens simples e concisas, objetivando sensibilizar o ouvinte para problemas concretos de seu cotidiano,

---

22  O grifo, pontuação e sinalização gráfica do documento foram respeitados.
23  MEB/Nacional. *Programas de Rádio*. [19--]. Fundo MEB-Cedic.

encontrando nas técnicas do rádio (sonoplastia) a significativa função de enfatização e reiteração de ideias.

No programa de 22 de maio, a locução iniciava a condução do programa apresentando os colaborados da emissão, o sistema radioeducativo ao qual pertencia o programa, e os professores-locutores. Assumindo a função de professor-locutor, a supervisora Claudete introduziu a primeira temática da aula *o Sindicalismo rural*, sua discussão foi feita pelo professor-locutor Rogério. Por meio de uma variação entre a locução e a técnica de som, o assunto foi apresentado, destacando sonoramente os pontos significativos segundo a ótica de seus idealizadores.

A locução de Rogério reiterava a importância do sindicalismo rural, ratificava o papel da Igreja na questão sindical, além de alertar os alunos para a necessidade de uma militância sindical em que o indivíduo não fosse apenas um trabalhador sindicalizado, mas que assumisse o papel de um promotor da sindicalização rural e da defesa do sindicato.

O programa prosseguia, apresentando mais duas falas das professoras-locutoras Lourdes e Claudete, que trataram, respectivamente, do tema da *autoridade na família e na sociedade* e da *higiene pessoal*, cujas temáticas se relacionavam à Educação de Base. A primeira buscava sensibilizar o camponês para a necessidade da organização hierárquica como forma legítima da organização social, reforçando ideias do *poder das autoridades* na família, na igreja, no município, no sindicato; outra tratava de questões de higiene, deixando claro o intenso trabalho do MEB em introduzir práticas de saúde e de higiene pessoal na comunidade rural; *o banho diário* foi o tema central do programa.

Antes de terminar a aula, as professoras-locutoras anunciaram uma concentração de líderes rurais que aconteceria na cidade de Carnaúba no dia 23, anunciaram e parabenizaram os aniversariantes do mês, noticiaram a programação do dia seguinte, acusaram o recebimento de cartas de escolas e monitores citandos nomes de alunos e monitores que escreveram para a emissora. O encerramento se deu com a apresentação do programa a ser radiado na sequência, que seria o *Noticiário Rural*, de produção da mesma equipe local.

As pautas dos programas indicam que o conteúdo das falas articulava-se às técnicas de forma a criar intervalos da fala que eram preenchidos por música, sons de acompanhamento etc. Entre as falas de diferentes, ou do mesmo locutor, surgiam as técnicas de sonoplastia que assumiam uma função de enfatização dos textos e de criação de intervalos para reflexão ou conversas entre os alunos-ouvintes e monitores.

As técnicas de som usadas foram descritas nas pautas: sons musicais para prolongamentos, suavizações, acelerações, com variação de altura e ritmos (sons fortes, rápidos, tristes). Nos textos lidos ou diálogos apresentados faziam-se perguntas e criavam-se situações-problema propostas aos alunos-ouvintes, estes tinham um determinado tempo (tempo que durasse as técnicas de som em geral 5 a 10 minutos) para a reflexão e/ou discussão coletiva com monitores e colegas de sala. Na retomada da locução, os professores buscavam apresentar as possíveis respostas elaboradas e tratar, a partir delas, os assuntos de forma adequada, segundo as visões do projeto educacional.

Dois recursos foram recorrentes nas aulas transcritas analisadas, além da locução em forma de palestra, como a aula do dia 22 de maio, utilizou-se o formato do radioteatro como um recurso didático preponderante.

Nas aulas de Politização, tema introduzido nos sistemas de Pernambuco no ano de 1962, o radioteatro foi o recurso proposto para a abordagem da temática do curso que tratava da sindicalização, do voto, do sistema político e da representatividade partidária. O objetivo central do curso foi o de combater a prática da compra e venda de votos, recorrente, segundo a visão do MEB, em Pernambuco e em todo o Nordeste.

Narrando cenas do cotidiano da ação parlamentar, da rotina de trabalho na Câmara de Deputados e suas relações com o governo, o programa de radioteatro propunha a reflexão e o debate sobre as práticas da corrupção, da venda de votos e do papel do camponês e do homem comum em combater as distorções do sistema político.

No curso de politização, sob o lema "Povo politizado é um povo livre", personagens fictícios de um esquete teatral representavam situações que envolviam uma assembleia legislativa estadual e a câmara dos deputados de Brasília:

> NARRADOR: Não se houve mais foguetões. Os candidatos foram eleitos. Vamos à câmara dos deputados. Vamos ver o que andam fazendo estas pessoas que nós elegemos.
>
> TÉCNICA – Balbúrdia (Campainha batendo insistentemente)
>
> PRESIDENTE: Peço calma no plenário.

TÉCNICA – (Campainha – balburdia continua até se escutar dois deputados)

1º DEPUTADO: Vossa excelência é um vendido...

2º DEPUTADO: Vossa excelência não tem provas...

TÉCNICA – Campainha

PRESIDENTE: Peço Silêncio.

3º DEPUTADO: Senhor Presidente peço a palavra.

PRESIDENTE: É uma questão de ordem?

3º DEPUTADO: Não, senhor Presidente, como direito que me assiste como deputado desta casa.

TÉCNICA – Balburdia.

PRESIDENTE: Concedo a palavra ao deputado Maribeto Dantas.

MARIBETO: Senhor presidente, senhores deputados desta casa. Estão me chamando de burro. A imprensa me calunia, mas estou/ aqui em nome do povo para denunciar as severgonhices/ de um governo que, em vez de cuidar do bem do Estado, cuida de encher os bolsos do governador...

1º DEPUTADO: Vossa excelência me permite um aparte?...

3º DEPUTADO: Peço a vossa excelência que deixe de ser impertinente.

TÉCNICA – Balburdia.

(campainha)

1º DEPUTADO: Insisto, excelência...

3º DEPUTADO: Senhor presidente, desta maneira não consigo terminar meu pensamento...

TÉCNICA – Toca a campainha e acaba a balburdia na sala.

2º DEPUTADO: Vossa excelência diz que o governo está roubando e esquece que está implicado no roubo de 10 milhões de cruzeiros dos dinheiros públicos.

4º DEPUTADO: (lentamente) Senhor presidente, sinto-me como homem de bem, eleito pelo povo para representar este mesmo povo, triste, porque vejo que enquanto projetos e mais projetos que vem beneficiar a população do Estado estão enterrados na gaveta, colegas meus esqueceram-se que foram eleitos pelo povo, para trabalhar por eles e não vir aqui arengar ou xingar num recinto sagrado, como é uma assembleia. Assim, enquanto o povo passa fome e não tem escolas, ocupam-se os meus colegas a acusarem-se uns aos outros. Esquecem-se que o voto do povo é algo sagrado e que deve ser respeitado. Esquecem-se que todos os deputados tem/ a única finalidade: trabalhar pelo bem comum...

TÉCNICA – forte e triste.

NARRADOR: Parecia uma voz perdida no deserto. Uma andorinha só não faz verão. Aquele moço que se esforçava para levar uma mensagem nova ao povo não era entendido por aqueles outros que o povo escolhera sem pensar...

TÉCNICA – Transição (Triste)

NARRADOR: Isto se passou numa assembleia de deputados estaduais.[24]

Seguindo um esquema próprio do teatro de rádio, que se desenredava pela sucessão de narração, técnicas de som e diálogos de personagens, o curso comunicava mensagens ao aluno-ouvinte, ao mesmo tempo em que, reproduzindo o ambiente da assembleia legislativa, apresentava ao homem do campo informações sobre universos diferentes do seu.

O enredo do programa em questão propôs um *passeio* pela assembleia regional, apresentando diferentes visões e discursos dos deputados. A narrativa realizou uma trajetória do ouvinte entre assembleia estadual e assembleia federal, incentivando os ouvintes à interpretação dos diálogos que reproduziam situações em um e em outro lugar. Em Brasília, os diálogos envolviam a discussão de um projeto-lei sobre a Reforma Agrária. Ao final da representação, a locução retornava à cena, propondo questões a serem respondidas pelo grupo de alunos-ouvintes:

LOCUTOR: Quem são os responsáveis pela eleição de candidatos que devem trabalhar em benefício do povo?

TÉCNICA – música suave (5minutos)

---

24   MEB. *Programas de Rádio*. Fundo MEB-Cedic. [19--].

LOCUTOR: O que você acha daquela reunião em Brasília? Os deputados cumpriram seu dever votando no aumento de ordenado e deixando de comparecer a votação do projeto de Reforma Agrária?

TÉCNICA: música suave (5 minutos)

LOCUTOR: O que devemos fazer para que Brasília comece a ser realmente a capital da esperança?

TÉCNICA: música suave (5 minutos)

LOCUTOR: O que você pode fazer para mudar esta situação? Qual deve ser a posição do cristão frente esta situação?

TÉCNICA: musica suave (5 minutos).[25]

Como recurso didático o radioteatro, utilizando uma situação-problema, propunha-se a desencadear questionamentos entre os ouvintes, que após uma discussão coletiva ouviam as conclusões finais da locução. No caso analisado, frisava-se a importância da reflexão e do cuidado do eleitor na escolha de seus candidatos, sugerindo o reconhecimento de representantes *legítimos* dos trabalhadores rurais.

Segundo o pensamento das equipes locais do MEB, confirmado em suas avaliações,[26] a variação das técnicas de áudio eram fundamentais para o sucesso das aulas, daí a exploração máxima dos recursos do rádio em direção ao lúdico, buscando-se seduzir, enredar e prender a atenção do aluno-ouvinte, envolvendo-o numa situação que o levasse à reflexão de suas atitudes presentes e pretéritas.

A análise de programas e cartas permite identificar também uma estrutura comum recorrente na programação diária, construída quem sabe, para uniformizar os tipos de programas dos diferentes centros, além de almejar o estabelecimento de uma rotina cotidiana a ser seguida pelas escolas.

---

25   MEB. *Programas de Rádio*. [19--]. Fundo MEB-Cedic.
26   Na primeira avaliação geral de coordenadores do MEB, que tinha por objetivo uma revisão crítica da prática das escolas radiofônicas, coordenadores nacionais, estaduais e professores locutores avaliaram que a questão técnica no MEB merecia reencaminhamentos; colocava-se como necessária a melhoria da qualidade das transmissões, a intensificação dos treinamentos dos professores locutores com a finalidade do aperfeiçoamento das técnicas de rádio na qualificação dos programas. MEB/Nacional. *I Encontro de Coordenadores/Conclusões I*. 1962. Fundo MEB-Cedic.

Todos os dias da semana transmitiam-se as aulas de Linguagem e de Aritmética, primeiro para o ciclo I (em que se agrupavam alunos em fase de alfabetização), depois para o ciclo II (alunos com domínio parcial da escrita). Nestas aulas, a sala se dividia em grupos de interesses diferenciados e o monitor assistia a cada grupo de acordo com as orientações do rádio. Num segundo momento das aulas, transmitiam-se, para todos os alunos presentes, os conteúdos da Educação de Base que agrupava os temas da saúde e higiene, da educação moral e cívica, noções e técnicas de agricultura e pecuária, além de veicular os conteúdos dos projetos de Sindicalização Rural e Politização.

No sistema de Nazaré da Mata, é perceptível constatar mudanças nas emissões da programação, que em um movimento crescente, foi ampliando o número e o tipo de programas do sistema cativo.

Em 1961, as cartas trataram exclusivamente das radioaulas que eram seguidas pelo *Noticiário Rural*, já em 1962 e 1963 houve uma ampliação do uso do rádio cativo, que passou a captar uma programação mais ampla e diversificada, exibida em horários específicos, principalmente, aos sábados e domingos.

Dos questionamentos e perguntas dos alunos-ouvintes acerca dos conteúdos das aulas, surgiu o programa *Pergunte que Responderemos,* que passou a ser transmitido alguns dias da semana após as aulas. Neste programa, um professor-locutor lia as questões de alunos e monitores procurando responder e sanar as dúvidas elencadas. Há, também, diversas manifestações positivas por parte dos alunos e monitores a partir da criação do programa:

> Emburetama, 8 de outubro de 1962.
>
> Presada Neide
>
> Abraços
>
> Rogo a Deus que esteja passando esta vida em plena alegria.
>
> Neide o fim desta carta é para dar-lhe muitas notícias:
>
> 1º Os alunos estão gostando bastante deste programa "Pergunta e Responderemos". Todos muito bem animados.
>
> 2º só não estou mais satisfeita é por que os alunos estão saindo muito, mas tudo por motivo justo, não por não gostarem das aulas, mas porque

vão trabalhar em outras terras e tem que deixar as aulas, mas isto é só por uns dias, logo mais iram regreçar se Deus quiser.[27]

Os questionamentos de monitores e alunos eram diferentes. Os monitores enviavam perguntas ao programa que diziam respeito à organização e funcionamento escolar, e, principalmente, quanto às providencias a serem tomadas mediante comportamentos inadequados de alunos: conversas durante as aulas, desconsideração às orientações e encaminhamentos do monitor, namoros na escola, problemas com o rádio, hábito de fumar, dentre outras. Já os alunos enviavam questões em pequenos bilhetes ou, quando ainda não escreviam, por meio da carta do monitor. Os questionamentos de alunos continham perguntas relativas aos conteúdos dos programas de Linguagem, Matemática ou Educação de Base, solicitavam esclarecimentos acerca dos assuntos das aulas, perguntavam sobre tratamento de doenças, sobre receitas de remédios caseiros, procedimentos agrícolas como uso de adubos e de fatores de correção do solo etc.

A interatividade passou a ser alcançada pelo rádio quando, rompendo com a forma unidirecional de programação em que os objetivos são o do consumo puro e simples das mensagens pelos espectadores/ouvintes, o sistema de correspondências passou a ser o mecanismo de contato entre os programadores e os receptores, tornando possível um diálogo entre ambos os pólos da comunicação radiofônica (emissão/recepção), o que passou a caracterizar o sistema como um sistema interativo. Na medida em que um número maior de alunos se envolvia com as aulas, e, com a escola, a tendência foi a de que o rádio fosse sendo introduzido na rotina da comunidade aglutinando alunos, monitores e seus familiares em torno de audições coletivas de programas de ordem diversas, incentivando atitudes de participação e/ou ação comunitária mediante a comunicação das mensagens.

Aos domingos, ao cair da noite, irradiava-se a missa, que, no Centro Radiofônico de Nazaré, era rezada por padre Petrolino.[28] Nas missivas, a audição coletiva da missa tornou-se um evento de ampla significação nas comunidades, recorrentemente, alunos e monitores teciam elogios e comentários positivos às missas do Padre Petrolino e de seus ensinamentos de catequese:

27   Carta. Fundo MEB-Cedic.
28   Padre Petrolino Pedrosa foi fundador e diretor do Centro Radiofônico de Nazaré da Mata.

Município Santana do Mato, Sítio Jardim, 11 de agosto de 1962.

Presada Professora

D. Carmem Pedrosa

Abraço

Estas linhas tem como finalidade a dizer o que vai pela minha escola.

Que maravilha a minha comunidade depois do ensino radiofônico, todos se sente instruídos pelo ensino a trabalhar por um Brasil melhor.

Antes o povo ignorava. Eu comecei fazer reuniões e mostrar o valor do Movimento de Educação de Base.

Hoje todos gosta de ouvir os programa educativo e principalmente a missa é grande o número de gente.

E agora vai ser fundada outra escola em minha localidade e assim espero acaba com o analfabetismo em minha localidade.

É grande o entusiasmo pela escola porque gosto de ensinar e dar recreação e catecismo. (…)

Monitora Maria das Neves Lisboa.[29]

Com a fundação das EERRs, a missa irradiada, no domingo à tarde, passou a ser uma atividade referencial das comunidades locais fazendo da escola ou da casa do monitor um espaço assiduamente frequentado pelos alunos-ouvintes e as populações dos arredores do engenho ou da usina. Muitos monitores narraram o sucesso das missas de padre Petrolino que reunia dezenas, e até centenas, de pessoas em torno da radioescola.

No domingo de manhã, a partir de 1962, o Centro de Nazaré da Mata passou a transmitir o programa *Rimas e Viola* e depois o *Catecismo*. O programa *Rimas e Viola* atendia na verdade, uma demanda criada nas aulas noturnas por parte de monitores e alunos-ouvintes: a constante solicitação de músicas nas cartas, com pedidos de dedicatória a namorados, maridos, esposas, filhos, pais, amigos. A criação de um programa musical foi a solução encontrada pelos Centros Radiofônicos para atender a intensa demanda de pedidos musicais preservando-se os objetivos das aulas.

---

29  Carta. Fundo MEB-Cedic.

*Rimas e Viola* nasceu de demandas das comunidades pelo lazer e o prazer de ouvir a música pelo rádio, e ao mesmo tempo, passou a compor o projeto de Cultura Popular do MEB. O programa incentivava a audição da música brasileira regional e a veiculação de composições de músicos regionais, além de veicular outras produções culturais como o cordel, as emboladas, parlendas e as rimas de origem popular. As pautas dos programas atendiam as solicitações das gravações musicais – em sua maioria composições de Luiz Gonzaga e Patativa do Assaré – e divulgava versos populares, cordel, emboladas e desafios compostos por trabalhadores rurais das escolas do MEB e por artistas locais.

Também aos finais de semana, desde julho de 1962, as comunidades rurais do sistema de Nazaré passaram a receber a transmissão do programa *Marcha Rumo ao Campo*, um programa que se articulava ao curso de Politização (iniciado em julho) e de Sindicalização Rural, cujo objetivo claro era promover a mobilização popular, reunindo membros da comunidade para discussão de problemas relacionados à organização sindical, às condições do trabalho nos engenhos/usinas e a participação dos trabalhadores rurais na organização política local, incentivando, também, as discussões da representatividade do poder político e da mobilização popular como forma de participação no movimento pelas Reformas de Base apoiadas abertamente, naquele momento, pelo Movimento de Educação de Base e pela CNBB.

Definitivamente, as EERRs haviam transformado o cotidiano do camponês. Primeiro, fazendo com que, diariamente após o trabalho, ele se reunisse para estudos sistemáticos propostos sob a orientação de uma visão pedagógica preocupada com os problemas e a mudança de situação das comunidades. Segundo, porque a forma que assumiu o ensino de rádio transcendeu a rotina da aprendizagem bancária, criando a possibilidade de interação da comunidade com o rádio como forma de comunicação da cultura, da religiosidade e da política.

A fim de sustentar tais considerações, convém levantar algumas percepções possíveis acerca da cultura, das transformações culturais e das mudanças na produção e circulação das representações sociais geradas pela tecnologia, que em nosso caso específico, se materializou no rádio.

Não foi incomum na sociologia e nas teorias da comunicação a percepção dos meios de comunicação de massa como responsáveis pela imposição de simbolismos e representações quase que de forma homogênea no tecido social. Daí a inegável possibilidade de uma interpretação do uso de tecnologias no ensino como forma impositora de uma cultura da dominação. Talvez, com um olhar horizontalizado e linear, a tendência fosse enxergar o rádio como o elemento da modernização, que invadiu a vida do camponês de forma a fazê-lo rever rotinas e incorporar novos hábitos e comportamentos próprios do urbano (o que ratificaria as ideias de imposição/dominação cultural ou da superação progressiva do atraso pela modernização e pela técnica, recorrente em pensamentos teleológicos acerca da cultura popular, que entenderam o processo de modernização como um processo mecânico de superação do tradicional em direção ao moderno, quase como consequência da própria história).

Sem dúvida, a responsabilidade das transformações culturais não é exclusiva dos poderes instituídos, das tecnologias ou dos meios de comunicação. Néstor Garcia Canclini[30] nos apresenta uma visão amplificada desta questão chamando nossa atenção para o estudo dos processos de participação da cultura popular na construção da cultura de massas, além de um conjunto de outras hibridações culturais que compõem a modernidade.

A partir das proposições de Canclini, pode-se levantar problemas de duas ordens: primeiro, problemas relacionados à influência dos meios de comunicação de massa no processo educacional, e, segundo, as possibilidades de interação da cultura popular com a cultura dominante e de massas.

É certo que a escola de rádio surgiu com intuito mesmo de invadir o cotidiano do homem do campo, nele se instalar e alterar um conjunto de práticas sociais organizadas e repetidas a partir das funções e das estruturas mediatizadas pelas representações sociais e pela formação social e econômica capitalista. Mesmo negando as teorias puramente reprodutivistas, István Meszarós retomou a discussão do papel da educação para o capital, rememorando a articulação íntima da reprodução social e dos processos educacionais em que a educação proposta pelo capital é a educação para o trabalho.[31] Como herdeiro de projetos de extensionismo rural

---

30  Canclini discutiu sagazmente as diferentes maneiras de construção da imagem do popular na América Latina desde o XIX, uma imagem que passou do tradicional ao ingênuo chegando, ao século XX, como representação do subalterno, do inculto e do atrasado. Nesta discussão, o autor revela a necessidade de construção de novas imagens acerca do tradicional e do popular que considerem a autonomia e a capacidade de interação do popular com a cultura dominante e a indústria cultural. Ver: N. G. Canclini, *Culturas híbridas*, 2000.

31  I. Meszarós, *A educação para além do capital*, p. 23.

gestados pelos diferentes desenvolvimentismos da década de 1950, o MEB, dentre suas várias características, sugere um sentido de invasão cultural,[32] em que sujeitos e instituições se aproximaram de um espaço e de seus moradores com intuito de sobrepor aos indivíduos sistemas de valores e representações culturais dominantes.

O que não se pode negar é que os fundamentos causais enraizados na formação social e econômica do tempo e espaço mostraram-se profundamente antagônicos, revelando, pela ação do MEB, um conjunto de contraditórias relações que opunham a participação popular *versus* manipulação, a massificação *versus* a produção cultural autônoma, a dialogicidade *versus* a antidialogicidade, a autonomia *versus* a heteronomia, dentre outras díades.

Superando os preceitos puramente reprodutivistas da invasão cultural, e do uso do rádio como mecanismo desta invasão, com a radioescola, a experiência cotidiana do camponês adquiriu novas conformações, se considerar a organização e uso do tempo do não-trabalho, as tentativas de otimização do trabalho, as propostas de alteração ou supressão de hábitos reveladas pela Educação de Base, a ampliação da capacidade de comunicação entre indivíduos e grupos de diferentes localidades, a recepção de informações sobre assuntos múltiplos.

É importante destacar que, a partir da análise das cartas trocadas entre alunos, monitores e os Centro Radiofônicos, não foi na verdade a dimensão dos efeitos didáticos ou pedagógicos do rádio como mecanismo de ensino-aprendizagem, nem mesmo a capacidade de difusão da ideologia modernizadora do MEB no seio da cultura popular, que passou a ser para nós um falso problema.[33] O foco primordial, no entanto, foram as questões que envolveram as interações entre rádio e as comunidades e as respostas culturais produzidas no interior das mesmas, na medida em que cada comunidade com demandas próprias solicitou da escola radiofônica serviços, atos e funções que atendessem a necessidades ou representações singulares.

---

32  O conceito de invasão cultural foi tomado de Paulo Freire que define os projetos extensionistas em projetos dialógicos e antidialógicos. No extensiomismo antidialógico um sujeito invade o espaço histórico--cultural das comunidades impondo valores próprios. Ver: P. Freire, *Extensão ou comunicação*, p. 40-41.

33  A oposição cultura erudita versus cultura popular passa a ser um falso dilema, ou um falso problema se a Cultura for considerada de maneira híbrida, miscigenada, articulada de popular, erudito e massificado. N. G. Canclini, *Culturas Híbridas*, 2000.

## Queremos nosso nome no rádio

O tema do uso do rádio e das dimensões que envolvem o consumo das informações nos pareceu significativo para a elucidação dos preceitos da cultura popular e suas relações com a modernização.[34] Mais do que um transmissor dos conteúdos de cunho perceptivelmente conservador e disciplinador da Educação de Base, ou mesmo, muito mais do que um transmissor sistemático das noções de sindicalização e politização defendidas a partir das opções políticas do MEB e seus agentes, o rádio foi, para as comunidades rurais do MEB, um comunicador.

Reconstruir uma imagem do aluno do MEB, como a de um aluno passivo, que recebia e deglutia as informações de forma acrítica, acomodada ou inerte, não faria jus à documentação analisada. Na verdade, o aluno do MEB apareceu nas cartas como aquele que participou ativamente, questionou, apresentou demandas, realizou cobranças, aceitou e resistiu aos preceitos do projeto educacional.

Isso significa que as representações elaboradas acerca do analfabeto rural, e ratificadas por visões iluministas acerca da escola e da alfabetização de adultos que vitimaram agentes do MEB, responsável muitas vezes pela veiculação de uma imagem compactuada do analfabeto como *incapaz*, instalaram-se por sobre o vivido suprimindo e/ou desprezando as experiências concretas do camponês e da cultura popular.

O uso que a comunidade rural passou a fazer do rádio, a partir da escola, nos deu elementos para entender a função que a escola adquiriu na comunidade, na medida em que a transmissão oral, como recurso de íntimas relações da comunidade rural, incorporada pela cultura local endossava costumes e hábitos do camponês. Isto significa que, como recurso de transmissão oral, o rádio foi facilmente assimilável pelas comunidades e acabou por ratificar a funcionalidade da escola, na medida em que, além de se estruturar sob uma forma pertencente ao campo cultural da comunidade, o projeto do ensino pelo rádio tratou de oferecer um conjunto de proposições que iam ao encontro das expectativas de direito daqueles camponeses, expectativas estas que, mesmo derivadas de costumes, do uso, de tradições ou pactos clientelísticos não deixavam de se conformar em expectativas

---

34 A dimensão que envolve a investigação do consumo cultural e não apenas da imposição e da massificação cultural foi sugerido como temática relativa à cultura e às representações, seguindo-se proposições de H. Lefebvre e de M. de Certeau nas obras aqui referenciadas.

de direitos à permanência na terra, do campo do trabalho, do acesso à educação e ao lazer[35] dentre outros.

A familiaridade com a transmissão oral com certeza foi um fator facilitador da comunicação entre as comunidades rurais e as equipes de rádio. Prevendo isso, as equipes usaram e abusaram das diferentes formas de comunicação oral conhecidas e veiculadas pelos camponeses nordestinos: o cordel, a música regional e as emboladas[36] foram utilizados nas aulas de rádio com intuito declarado de aproximação entre o universo da escola e o universo camponês. Sentindo-se familiarizados com a programação radiofônica, timidamente, monitores e alunos iniciaram uma intensa comunicação com as equipes locais passando a influenciar diretamente na programação e nas temáticas das aulas.

O sistema de Nazaré, desde sua primeira carta datada de abril de 1961[37] até agosto daquele ano, apresentou características que limitavam a correspondência a assuntos relativos à preparação das escolas, ao treinamento de monitores, a questões organizacionais, aos problemas de transmissão e do processo de matrículas escolares, sendo os monitores, os emissores exclusivos (características justificáveis, pois o sistema de Nazaré se estruturava e as necessidades relacionavam-se aos acertos administrativos e burocráticos).

Estas características começaram a mudar em setembro de 1961. Uma carta[38] endereçada de Limeira pela monitora Maria José para a professora-locutora Neide, com muita timidez, porém não sem ousadia, após noticiar o envio da folha de frequência e assuntos corriqueiros da escola, perguntou acerca da viabilidade do ato de se enviar através do rádio, *saudações a todos os monitores de Orobó* que haviam participado do treinamento junto com Maria José. Num estilo receoso, a monitora

---

35 Uma referência a Thompson e suas preocupações com o contexto necessário para o entendimento do costume ou *mentalité* na percepção do uso racional dos costumes por comunidades tradicionais na conquista ou manutenção de direitos. Ver: E. P. Thompson, *Costumes em comum. Estudos sobre a cultura popular tradicional*, p. 17-18.

36 Forma poético-musical, improvisada ou não, apresentada com versos binários e declamada em melodias organizadas por curtos intervalos, declamadas por solistas ou dialogadas como o Coco e os Desafios.

37 A primeira carta identificada por nós no sistema de Nazaré da Mata data de 21 de abril de 1961 e trata-se da carta do monitor Antonio José dos Santos endereçada aos professores e ao padre Petrolino da cidade de Carpina. Cartas. Fundo MEB-Cedic. 1961.

38 Carta. Fundo MEB-Cedic.

esperou para fazer sua solicitação ao final da carta, deixando clara a insegurança quanto à pertinência de seu ato quando questionou a viabilidade de seu pedido.

Esta carta quase que pode ser considerada um marco nas correspondências do Centro de Nazaré da Mata. Depois dela, a correspondência se abriu para solicitações e pedidos diversos endereçados ao Centro. Ao que tudo indica, o pedido de Maria José foi atendido, pois, em 13 de setembro, outra monitora, Maria José Nogueira, do Engenho Brilhante, em agradecimento pelas palavras que ouviu no rádio escreveu:

> (...) Também gostaria que fosse possível mandar do noticiário um abraço para Maria José de Carvalho monitora do Engenho Limeira-grande, como também a todos os monitores que tomaram parte do treinamento de Nazaré.[39]

A partir daí se multiplicam as cartas com pedidos e solicitações de transmissão de mensagens que variam entre saudações, recomendações e transmissão de recados relativos a encontros pessoais entre monitores:

> (...) Peço por favor que mandem este aviso para Orobó com as seguintes frases:
>
> Sr. Ambrosio Aureliano de Orobó, Antonio José dos Santos manda muita lembranças para você, e o Sr. Venceslau ele não escreveu porque perdeu o seu endereço (...)[40]

Daí se evoluiu para a presença intensa da participação de monitores e alunos nos programas de rádio, que solicitavam a transmissão de mensagens, números musicais e *serviços* variados dos professores-locutores, como a divulgação de aniversários, nascimentos, festas, convites para eventos das comunidades, divulgação de batizados, casamentos, dentre outros.

O *Noticiário Rural*, que objetivava veicular notícias para a comunidade rural, acabou por dedicar uma parte de seu tempo à veiculação das mensagens das comunidades, o que deu origem a um segmento do noticiário denominado *O*

---

39   Carta. Fundo MEB-Cedic.
40   Carta. Fundo MEB-Cedic.

*Correio Rural*, nele garantiu-se o espaço para troca de mensagens entre comunidades distantes, porém, agora, interligadas pelo sistema radioeducativo.

Centrada em um sentido prático do uso, a comunidade colocou ao programa de rádio quase que um *conjunto de condições* na comunicação das mensagens trocadas entre aquele que veicula as mensagens (MEB) e seus os receptores, pois a interação entre comunidade e rádio se estreitava, na medida em que a comunidade se identificava e se via retratada na programação diária.

Nos casos analisados, o funcionamento da recepção organizada, partiu obrigatoriamente do princípio da troca entre emissor/receptor, afastando-se qualquer possibilidade de interpretação que privilegie apenas a relação unidirecional de transmissão de ideias e/ou mensagens entre quem produz e quem ouve o programa de rádio.

Ouvir o seu próprio nome no rádio, ou o nome de sua escola ou localidade, acabou por se tornar um mecanismo de identidade entre o aluno com o MEB. Massivamente, as cartas de monitores solicitavam a divulgação dos nomes de alunos das EERRs em suas datas de aniversário, com congratulações e oferecimento de gravações musicais. Caso curioso aconteceu logo ao início da prática de divulgação de aniversários no Noticiário Rural em 1961, quando uma monitora enviou carta ao Centro de Nazaré, solicitando a divulgação dos nomes e dos aniversários de seus alunos, que completaram anos antes do mês de setembro (mês em que se iniciou este tipo de divulgação), pois estes desejavam poder ouvir seus nomes no rádio, ainda naquele ano:

> Peço que no noticiário saia o aniversário dos alunos que já fizeram anos nos meses já passados, pois quando eles ouvem os aniversário dos outros, ficam esperando também os nomes deles e porque eu prometi que sairia também o nome deles no rádio (...)[41]

A mesma carta também questiona:

> Quando teremos um programa de sábado para os monitores se divertiram? Estou ansiosa que já preparem pois nós aqui não temos divertimento nemhum, seria uma maravilha (...)[42]

---

41  Carta. Fundo MEB-Cedic.

42  *Ibidem.*

Ouvir seus nomes no rádio, ouvir o nome de suas escolas, ou mesmo, ouvir os anúncios de datas significativas de suas comunidades como casamentos, batizados, noivados e aniversários; ver atendidos seus pedidos de veiculação de pequenos recados ou mensagens a parentes e amigos levou o aluno da escola radiofônica a estabelecer relações com o rádio mediadas a partir de movimentos em múltiplos sentidos, nos quais deve-se considerar, além do estabelecimento de relações de identidade entre escola/comunidade, o sentido prático do uso da tecnologia do rádio no cotidiano rural.

O rádio, como recurso tecnológico, no projeto do MEB, não foi (e nem poderia ter sido, levando-se em consideração as intenções de interatividade entre a comunidade e os agentes) unidirecional. As transmissões e o sistema de correspondência geraram uma relação de interatividade em que, a proposta educacional acabou por sofrer as influências de demandas próprias do universo simbólico e mental das comunidades, na medida em que a comunidade não se limitou a encarar o rádio apenas como um transmissor de mensagens, mas sim, como um veículo de comunicação e de lazer.

As comunidades rurais do MEB, em seu relacionamento com os Centros Radiofônicos, apercebem-se do conjunto diferenciado de funções e/ou perspectivas que a comunicação via rádio podia oferecer. Assim, apropriando-se do rádio, apresentavam suas demandas primeiramente como um prestador de serviços e, paulatinamente, como veículo de diversão e lazer.

O uso atribuído ao rádio, pelo MEB, e, pela comunidade, assumiu sentidos diferenciados, chegando a ressignificar o seu uso na educação, ultrapassando limites impostos pelo projeto educacional.

Segundo o pensamento católico, desde os anos 1930, o poder da comunicação do rádio, da TV e inclusive do cinema, deveria direcionar-se para a irradiação de preceitos da cultura, da educação e das artes, servindo é claro, como mecanismo da catequização e fortalecimento do ideário católico. Utilizando-se do sistema de comunicação para difusão de valores categóricos da doutrina, a instituição católica objetivava partilhar de cadeias de comunicação (rádio, revistas e cinema) de modo a fazer circular imperativos comuns de seu sistema ideológico.

No MEB, este sentido doutrinário não desapareceu. No entanto, o contexto que envolvia as modificações doutrinárias das décadas de 1950 e 1960 e as particularidades da história da Igreja Católica no Brasil (e seu envolvimento com a questão agrária), foi suficiente para fazer do MEB um movimento *sui generis*, em que a comunicação radiofônica superou concepções rígidas que centravam o uso dos veículos de comunicação como mecanismo unilateral de difusão doutrinária, apontando para a criação de circuitos de difusão e consumo dinâmicos, em que a difusão de ideias (sistema de valores) persistia como objetivo comum, convivendo simultaneamente com preceitos de uma relação interativa com o público.

O rádio foi reconhecido como mecanismo central na transmissão dos conhecimentos e saberes desejados pela comunidade que tendeu a compactuar de um pensamento positivo acerca do papel do rádio e da escola:

> São Gonçalo de Amarante, 30 de outubro de 1962.
>
> Estou mais uma vez para dar notícias de minha comunidade, sim está indo muito bem, estão ficando mais desenvolvidos, um pouco mais desacanhados e estão falando melhor, graças a Deus este rádio foi uma das coisas melhores que já vi. Damos graças também a D. Eugênio de Araújo Sales, ele é um grande e sábio herói, porque através do rádio muitos, isto é milhares de brasileiros, ficarão alfabetizados, e bem politisados, para ajudar a engrandecer o nosso Brasil.
>
> Na minha casa ao pé do rádio, não falta gente para os programas.
>
> No domingo a noite dá mais gente, por causa da missa, pois é muito apreciada, todos a escutam com muito respeito.
>
> "Rimas e Viola" pela manhã, todos ficamos satisfeitos para escutar, pois a dias não escutávamos, os demais programas são muito apreciados. Não me envergonho de escrever tão errado, pois não tenho curso nenhum, estou na classe como os alunos, também estudando com muita atenção.
>
> Saudações
>
> Anita Valcácio de Andrade.[43]

Ao mesmo tempo, o reconhecimento da centralidade da função educacional do rádio, não impediu a apropriação do mesmo como mecanismo de comunicação que transcendia a função educacional formal, alimentando expectativas de uso direcionadas à prestação de serviços e atividades culturais, religiosas e de lazer.

---

43   Carta. Fundo MEB-Cedic.

As cartas dos monitores, em 1962, 1963 e 1964 foram invadidas por pedidos de números musicais, que por vezes, ocupavam o maior espaço nas linhas das correspondências. Sem alternativas de lazer, os monitores se referiam ao papel do rádio no rompimento do isolamento social em que se encontravam os membros das comunidades rurais.

Se a recepção cativa foi pensada e utilizada pelo MEB, como mecanismo de garantia à fidelidade das comunidades à programação radiofônica educativa, restava, ao ouvinte, unicamente o *pedido* como forma de persuasão para que, além da programação educativa, o rádio oferecesse diversão e lazer aos seus ouvintes. Assim, de cada escola rural, na medida em que se iniciavam as aulas, multiplicavam-se os pedidos de músicas e o seu oferecimento aos namorados, maridos, filhos, pais, padrinhos e afilhados e um amplo universo de relacionamentos pessoais. De cada aluno ou aluna e de cada monitor, partiam pedidos de canções que eram esperançosamente aguardadas pelos ouvintes dos programas:

> Figueiras, 5 de outubro de 62.
>
> Caríssimas Supervisoras
>
> Ao fim desta é só para lhes descrever que nós estamos bastante satisfeitos com nossa E.R. e com nosso monitor que é Cirilo Galdêncio Pereira estamos bastante satisfeitos com ele. Olhem supervisoras peço-lhes por bondade que dediquem uma gravação ao nosso monitor e todos os meus colegas.
>
> Sim queremos ver nosso nome pelo rádio, principalmente destes alunos Gescimo Miguel, José Miguel, Josefa Maria da Conceição, Severino Francisco Filho todos os alunos enviam muita lembrança para as supervisoras.
>
> Peço-lhes que não se esqueça da gravação dedicada ao monitor.
>
> Lembranças
>
> Nada mais
>
> Severino Emiliano Alves
>
> Da Escola Nossa Senhora.[44]

---

44   Carta. Fundo MEB-Cedic.

Monitores e alunos queriam ouvir artistas renomados como Luiz Gonzaga, Nélson Gonçalves, e as canções de Patativa do Assaré gerando, como resultado das demandas, modificações na programação do MEB, que passou a contar com um programa musical diário – o programa *Roda* – que surgiu nas cartas de 1962 e 1963 como receptor das solicitações de canções e números musicais dos alunos-ouvintes.[45]

Em muitas cartas, o retorno dado pelos monitores aos Centros Radiofônicos destacavam os sentimentos gerados pela expectativa *dos pedidos*, algumas narravam lamentos e sentimentos de decepção pelo não atendimento das solicitações, outras agradeciam entusiasticamente e com satisfação quando músicas eram tocadas, quando o nome da escola era veiculado e os *oferecimentos musicais* eram atendidos pelos locutores.

Em certo sentido, o uso cotidiano do rádio nas escolas radiofônicas do MEB, apresentou matizes que variaram entre os conteúdos formais da Educação de Base e múltiplos sentidos do uso que reivindicavam serviços, lazer, diversão, o que com certeza, subvertia a lógica formal da radioeducação tradicional, que até então, havia demonstrado muito mais características de transmissão de conhecimentos do que de interatividade comunicacional.

O uso do rádio no MEB, tanto interferiu no cotidiano da comunidade como sofreu interferência da mesma em seu formato e nos propósitos da programação radioeducativa. Assim, a comunidade não atuou apenas como receptora de mensagens, opiniões e ideias, mas sim, como aquela que responde, dialoga, assimila e/ou resiste aos conteúdos e mensagens transmitidas pelo projeto educacional, completando um ciclo processual de interação comunicacional que integra receptores e emissores. As cartas, nesse sentido, foram de uma maneira ou de outra, responsáveis pelas insurgências possíveis dentro do projeto educacional, na medida em que garantiam o diálogo entre alunos e centro radiofônico aproximando significados dados pela comunidade ao uso e consumo do rádio. Nesta relação interativa articulavam-se os sentidos do uso e do consumo próprios da comunidade com objetivos da Educação de Base e da escola.

---

45  Foram identificados dois programas musicais nos Centros de Pernambuco, o programa dominical *Rimas e Viola* atrelado ao projeto de cultura popular que visava valorizar a música regional e o programa *Roda* veiculado nos dias da semana voltado exclusivamente ao atendimento de pedidos musicais dos Centros Radiofônicos.

# CONSIDERAÇÕES FINAIS

Este trabalho tratou a cultura popular não como um objeto homogêneo composto unicamente de elementos do autoritarismo da sociedade colonial, e, muito menos, cultivou a posição romântica de uma cultura popular libertária. Procurou-se privilegiar o homem comum, seu modo de vida e trabalho, suas representações sociais e suas práticas políticas nos processos de mudança em curso, buscando entender práticas e representações populares, num contexto em que a modernização conservadora encontrou na cultura resistências à exclusão e a ausência de direitos.

Foram analisados os sentidos atribuídos à cultura do homem rural e a praxes necessária para a construção de uma Cultura Popular. Identificamos no MEB uma construção histórica do popular que, nos termos definidos por Canclini, subordinou práticas culturais populares a uma hierarquização de culturas.

Segundo o autor, o popular tem sido *construído historicamente em patamares hierárquicos inferiores*. Quando reconhecidos pelos protagonistas da cultura dita superior, como excluído e injustiçado, o popular tende a ser tratado como espectador/reprodutor, ocupando, no que diz respeito a produção da cultura e da arte, um lugar quase sempre associado ao pré-moderno (sua arte não é arte, pertence a uma categoria outra, designada artesanato, por exemplo). No que tange à questão do consumo, a cultura popular aparece como destinatária, quase sempre tratada como expectadora da cultura dominante (de elite ou de massa).

A cultura popular, segundo Thompson,[1] transformou-se em um termo generalizante, que tem sugerido um entendimento errôneo e um tratamento genérico do popular como um sistema fechado de valores, atitudes, formas simbólicas e significados compartilhados e incorporados por populações. O MEB, ao definir a cultura popular do homem rural, produziu um entendimento que encerrou

---

[1] E. Thompson. *Costumes em comum.*

o termo a um sistema acabado de valores, signos, formas de expressão e comunicação. A invocação do termo cultura popular só pode ter sentido quando o inserido em um contexto histórico específico. Para se falar em cultura popular do camponês nordestino, por exemplo, é necessário localizá-lo como um conjunto de práticas sociais que envolvem: relações sociais de produção, o ambiente de trabalho, exploração e resistência à exploração, relações de poder, paternalismos, deferências e os conflitos que demarcam o lugar material em que a esta cultura popular se situa.

Assim a cultura é sempre dinâmica, vindo a configurar-se como um sistema, quando elementos conflitivos colocam-se em oposição, ou, em relação a ela. No período estudado, a cultura popular apresentava-se como uma prática social de camponeses que, diante de um conjunto diferenciado de propostas políticas, econômicas e culturais, reorganizaram (ou não) valores, atitudes, signos e expressões próprias, em função de sua sobrevivência material e cultural e de seus projetos políticos.

Esta cultura popular, resultante da *práxis* social do grupo estudado, travou confronto direto com a modernização brasileira, se afirmando justamente a partir desse confronto. O conservadorismo do projeto racionalizador da produção, fez com que a vida social do homem comum fosse invadida pelos múltiplos mecanismos da modernização e, de uma forma dinâmica, o trabalhador rural do MEB passou a interagir com as novas realidades históricas, explicitando sua preocupação recorrente de sobrevivência na terra e manutenção de seus laços sociais e culturais.

Nos anos 50, a lavoura de cana-de-açúcar experimentou um movimento circunstancial emergente da produção. Neste período, a demanda interna aumentou, assim como, as possibilidades de elevação dos índices da exportação do açúcar no mercado externo, este fato promoveu a intensificação da capacidade de produção que se baseou exclusivamente na alta exploração do trabalho. O aumento do cambão e os processos de expropriação e expulsão de camponeses para ampliação da monocultura de cana, demonstraram o acirramento das formas de exploração da mão de obra.

Os esforços racionalizadores da produção extrapolava a região canavieira e atingiam outras regiões nordestinas, na medida em que o nordeste se tornava uma importante peça no projeto nacional dos projetos desenvolvimentistas. Este contexto gerou o acirramento das disputas pela terra e, no movimento social tornaram-se visíveis um conjunto de manifestações pela reforma agrária, assim como a emergência do processo de sindicalização em massa dos trabalhadores que estimulava as reivindicações referentes ao trabalho, posteriormente ligadas à aplicação do Estatuto do Trabalhador Rural difundido no governo João Goulart.

A região da Mata, do litoral açucareiro e localidades do agreste articuladas à produção de cana, sofreram substanciais transformações. A usina de cana – proposta desde o século XIX como mecanismo de racionalização da produção – realizava seu decisivo movimento de superação do Engenho Banguê, ampliando a concentração da terra e prejudicando relações pretéritas de trabalho como a meação, a parceria, a morada, dentre outras. A presença direta do trabalhador na terra tornava-se cada vez mais inviável. Lentamente a usina se estruturava em formas modernas. Da articulação inicial, que aliava a modernidade da produção com mecanismos não modernos – como a morada de condição – a tendência foi a de instalação definitiva do trabalho assalariado, o que faz com que, numa história lenta de quatro séculos de latifúndio e dependência ocorressem insurgências pelo direito do uso da terra.

Assim, surgiram os movimentos populares e, junto a eles, os mediadores sociais de diferentes instituições buscaram efetivar seus projetos políticos articulando cultura e modernização. Na concepção dos mediadores do processo conservador, o papel da cultura deveria ser o de criar as condições necessárias para a racionalização da produção por meio do preparo do homem do campo para as novas exigências do trabalho e as novas articulações da formação econômico-social. Estes mediadores denominaram *ação cultural* o movimento que resultaria na *modernização* do homem do campo.

Porém, na verdade, as ações dos mediadores católicos, informadas por mecanismos interventores sobre a cultura popular, procuravam controlar os efeitos insurgentes da modernização, uma vez que se responsabilizavam pela elaboração de novos patamares formais da cultura, adaptados às mudanças, quais sejam: fazer transitar a mão de obra agregada, foreira, meeira e parceira para a condição legal de mão de obra assalariada, configurada dentro dos parâmetros reguladores do Estado, dispostos no Estatuto do Trabalhador Rural e no controle sindical.

Como movimento contraditório do capital, o processo modernizador/conservador, num movimento homogêneo, tentou abafar mecanismos sociais de uma história pretérita e acabou por despertar na cultura popular um sentido de radicalização.

As comunidades rurais do Nordeste brasileiro, em princípios dos anos de 1960, encontravam-se em um momento de ruptura com o passado social formalizado vivenciando transformações em sua estrutura social interna e movendo-se em direção a um pensamento transformador da sociedade. Naquele momento, a quebra de pactos sociais, como o de uso da terra para plantio de subsistência ligado ao direito de moradia, o aumento do cambão, dentre outros, levou trabalhadores rurais à resistência política organizada rompendo costumes e transmutando praxes, buscando novas atitudes: no sindicato, na escola, associação rural, projetos de reforma agrária, retiranças, migrações em busca das possibilidades da reprodução social de seu grupo.

Desta maneira, desencadearam-se processos de mudança na vida social das comunidades rurais, materializando-se em representações e concretizando-se em atitudes relacionadas diretamente com a sobrevivência cultural e econômica do grupo. Nesse sentido, a comunidade rural aderiu ao projeto de ação cultural do MEB, num cenário de disputas pela modernização em que cabiam tanto as ações reformadoras do trabalhismo de João Goulart, quanto às ações radicais das Ligas Camponesas.

Participar do MEB, para o camponês analfabeto, significava, antes de tudo, uma mudança de condição, na medida em que a escola ofertava possibilidades múltiplas. Naquele contexto a escola assumiu um sentido de transposição da condição de analfabeto, iletrado, para uma condição supostamente melhor, daquele que pode ler, escrever, fazer contas no papel, votar em seus governantes e ampliar suas informações acerca de mecanismos que melhorem sua condição social.

Ao aceitar participar da escola homens e mulheres do MEB, almejavam mudanças em suas vidas: mudar as condições de trabalho, mudar as características do lugar, construir vida melhor para os filhos, construir um novo cotidiano, mais liberto, *iluminado* pelos livros, pela habilidade de fazer contas, dentre tantas novas possibilidades. Por meio do MEB, as comunidades procuraram se beneficiar de efeitos da modernização – conquistar escolas, efetivar redes de atendimento e assistência médica, conquistar a luz elétrica, o saneamento básico, acessar as novas formas de comunicação como o rádio e o cinema.

As demandas por uma modernização que efetivamente apresentasse os benefícios da técnica e do desenvolvimento científico para as populações excluídas ficaram explícitas no conjunto de reivindicações que as comunidades apresentavam as equipes locais do MEB. Depois de instaladas as escolas, as comunidades ampliavam suas exigências junto ao dono do engenho, ao prefeito do município, ao usineiro reivindicando a luz elétrica, assistência médica, direito ao lazer, direitos do trabalho.

As cartas dos monitores e alunos do MEB, enviadas às equipes locais, nos apresentam um universo popular que compactua com um projeto de desenvolvimento econômico voltado para a melhoria das condições de vida do povo. O discurso da modernização, introduzido nas comunidades pelos mediadores do MEB, foi aceito, ou mais que isso, foi incorporado, a ponto de passar a compor a pauta de reivindicações das populações camponesas nas exigências de sua inserção social sob condições mais justas, no mercado de trabalho, na sociedade, na cultura, na política.

Diante dos supostos da modernização e de um modelo de desenvolvimento econômico demarcado por um forte papel do Estado e pela predominância do capital sobre o trabalho, a cultura popular não demonstrou aspectos rústicos, primitivos, arraigados ao passado e ao conservadorismo, alheios ou contrários aos propósitos da modernização, como seus espectadores esperavam. Ao contrário, das ligas camponesas, dos sindicatos rurais, das escolas do MEB, surgiram proposições de mudança sob perspectivas modernizadoras que contestaram a exclusão social e sua maior aliada no nordeste: a concentração fundiária.

# REFERÊNCIAS

> *"Os livros em verdade refletem o enfrentamento de seus autores com o mundo. Expressam este enfrentamento. E ainda quando os autores fujam da realidade concreta estão expressando a sua maneira deformada de enfrentá-la. Estudar é também e, sobretudo pensar a prática e pensar a prática é a melhor maneira de pensar certo. Desta forma, quem estuda não deve perder nenhuma oportunidade, em suas relações com os outros, com a realidade, para assumir postura curiosa. A de quem pergunta, a de quem indaga, a de quem busca."*
>
> *(Paulo Freire)*

ALMEIDA, C. A. *Meios de comunicação católicos na construção de uma ordem autoritária: 1907/1937*. 2002. Tese de doutoramento. FFLCH, Universidade de São Paulo, São Paulo, 2002.

ANDRADE, Manuel Correia. *A terra e o homem no Nordeste*. 6ª ed. São Paulo: Brasiliense/Editora Universitária UFPE, 1998.

_____. *Latifúndio e reforma agrária no Brasil*. São Paulo: Duas Cidades, 1980.

_____. *Modernização e pobreza: a expansão da agroindústria canavieira e seu impacto ecológico e social*. São Paulo: Editora da Universidade Estadual Paulista. 1994.

AZEVEDO, F. A. *As ligas camponesas*. Rio de Janeiro. Paz e Terra, 1982.

BARREIRO, Iraíde Marques F. *Cidadania e educação rural no Brasil: um estudo sobre a campanha nacional de educação rural (1952-1963)*. 1997. Tese de doutoramento. Faculdade de Educação da USP, São Paulo, 1997.

_____. *Educação rural capitalista: a contradição entre a modernização e a educação da classe popular na campanha nacional de educação rural*. Dissertação de Mestrado. 1989, Unicamp, Campinas, 1989.

BENEVIDES, M. V. M. *O governo Kubitschek: desenvolvimento econômico e estabilidade política*. Rio de Janeiro: Paz e Terra, 1979.

BLOCH, M. *Introdução à história*. Portugal: Publicações Europa-América, 1997.

BOURDIEU, Pierre. *A economia das trocas simbólicas*. São Paulo: Perspectiva, 1974.

BRANDÃO, Carlos Rodrigues. *Educação como cultura*. Campinas: Mercado das Letras, 2002.

CANCLINI, N. *Culturas híbridas*. 3ª ed. São Paulo: Edusp, 2000.

_____. *A socialização da arte: teoria e prática na América latina*. São Paulo: Cultrix. S/d.

CANDIDO, Antonio. *Parceiros do Rio Bonito*. São Paulo: Duas Cidades/Editora 34, 2001.

CARVALHO, Marlene A. de Oliveira. *Três campanhas brasileiras de educação de base-1947/1963. 1977*. Dissertação de mestrado. UFRJ, Rio de Janeiro. 1977.

CERTEAU, M. *A invenção do cotidiano: artes de fazer*. Rio de Janeiro/Petrópolis: Vozes, 1994.

CHAUI, M. *Conformismo e resistência: aspectos da cultura popular no Brasil*. São Paulo: Brasiliense, 1996.

_____. *Cultura e democracia*. 9ªed. São Paulo: Cortez, 2001.

COSTA, João R. *Escolas radiofônicas para a educação popular*. 2ª ed. MEC/Sirena, [19--].

DI RICCO, G. M. J. *Educação de adultos: uma contribuição para seu estudo no Brasil*. São Paulo: Loyola, 1979.

DOSSE, F. *A história a prova do tempo: da história em migalhas ao resgate do sentido*. São Paulo: Editora da Unesp, 2001.

ELIAS, Norberto. *O processo civilizador: uma história dos costumes*. Vol. 1. Rio de Janeiro: Zahar, 1990.

EISEMBERG, P. *Modernização sem mudança: a indústria açucareira em PE – 1840/1910*. Rio de Janeiro: Paz e Terra/Editora da Unicamp, 1977.

ESPINHEIRA, A. *Radioeducação*. São Paulo: Melhoramento. 1934. Coleção Biblioteca de Educação. Vol. XXIII.

FARIAS, Damião Duque. *Em defesa da ordem: aspectos da práxis conservadora católica no meio operário em São Paulo (1930-1945)*. São Paulo: Hucitec/História Social, 1998. Série Teses.

FÁVERO, O. *Uma pedagogia da participação popular: análise crítica da prática do MEB*. 1981. Tese de Doutoramento. Pontifícia Universidade Católica, São Paulo, 1981.

_____ (org.). *Cultura popular, educação popular: memória dos anos 60*. Rio de Janeiro: Graal, 1983.

FERNANDES, F. *Capitalismo dependente e classes sociais na América Latina*. Rio de Janeiro: Zahar, 1981.

FORMAN, Shepard. *Camponeses: sua participação no Brasil*. Rio de Janeiro: Paz e Terra, 1979.

FREIRE, Ana Maria. *Analfabetismo no Brasil*. 3ª ed. São Paulo: Cortez, 2001.

FREIRE, P. *Ação cultural para a liberdade e outros escritos*. 6ª ed. Rio de Janeiro: Paz e Terra, 1982.

_____. *Extensão ou comunicação?* 11ª ed. Rio de Janeiro: Paz e Terra, 1977.

GADOTTI, M.; TORRES, C. A. (orgs.). *Educação popular: utopia latino-americana*. São Paulo: Cortez/Edusp, 1994.

GANDINI, R. *Intelectuais, estado e educação: Revista Brasileira de Estudos Pedagógicos 1944-1952*. Campinas: Editora da Unicamp, 1995.

GINSBURG, Carlo. *O queijo e os vermes: o cotidiano e as idéias de um moleiro perseguido pela inquisição*. São Paulo: Companhia das Letras, 1987.

GRABOIS, J. "Que urbano é este? O habitat num espaço de transição do norte de Pernambuco". Dossiê Nordeste Seco. *Cadernos de Estudos Avançados*/USP, São Paulo, vol. 1, nº 1, p. 79-99, 1987.

HOBSBAWM, E. *Era dos extremos: o breve século XX – 1914-1991*. São Paulo: Companhia das Letras, 1998.

_____. *Pessoas extraordinárias: resistência, rebelião e jazz*. 2ª ed. São Paulo: Paz e Terra, 1999.

_____. *Sobre história*. São Paulo: Companhia das Letras, 2000.

HOBSBAWM, E.; RANGER, Terence. *A invenção das tradições*. 3ª ed. Rio de Janeiro: Paz e Terra, 1997.

HOBSBAWM, E.; RUDE, G. *Capitão Swing*. Rio de Janeiro: Francisco Alves, 1982.

IANNI, O. *A idéia de Brasil moderno*. São Paulo: Brasiliense, 1996.

_____. *O colapso do populismo no Brasil*. Rio de Janeiro: Civilização Brasileira, 1968.

IOKOI, Z. M. Grícoli. *Igreja e camponeses. Teologia da libertação e movimentos sociais no campo Brasil/Peru: 1964-1986*. São Paulo: Hucitec/Fapesp, 1996.

_____. *Intolerância e resistência. A saga dos judeus comunistas entre a Polônia, a Palestina e o Brasil (1935-1975)*. São Paulo: Humanitas /Ed. Univali, 2004.

LEFEBVRE, H. *Introdução à modernidade: prelúdios*. Rio de Janeiro: Paz e Terra, 1969.

_____. *El manifesto diferencialista*. Madri: Siglo Veintiuno, 1972.

_____. *Problemas atuais do marxismo*. Lisboa: Ulmeiro, 1977.

_____. *De lo rural a lo urbano*. Barcelona: Ediciones Península, 1978.

_____. *La presencia y la ausencia: contribuición a la teoria de las representaciones*. México: Fondo de Cultura Económica, 1980.

_____. *A vida cotidiana e o mundo moderno.* São Paulo: Ática, 1991.

LIMA, Luiz Costa. *Teoria da cultura de massa.* São Paulo: Paz e Terra, 2000.

MANFREDI, M. S. *Formação sindical: história de uma prática cultural no Brasil.* São Paulo: Escrituras Editora, 1996.

_____. *Política e educação popular.* São Paulo: Cortez, 1981.

MARTINS, J. S. *Capitalismo e tradicionalismo.* São Paulo: Livraria Pioneira Editora, 1975.

_____. *Os camponeses e a política no Brasil: as lutas sociais no campo e seu lugar no processo político.* 2ª ed. Petrópolis: Vozes, 1986.

_____. *O cativeiro da terra.* São Paulo: Hucitec, 1986.

_____. *Caminhada no chão da noite: emancipação política e libertação nos movimentos sociais no campo.* São Paulo: Hucitec, 1989.

_____. *Introdução crítica à sociologia rural.* 2ª ed. São Paulo: Hucitec, 1986.

_____. *Subúrbio: vida cotidiana e história no subúrbio da cidade de São Paulo-São Caetano do fim do império ao fim da república velha.* São Paulo/São Caetano: Hucitec/ Prefeitura de São Caetano, 1992.

_____. *O poder do atraso: ensaios de sociologia da história lenta.* São Paulo: Hucitec, 1994.

_____. *A sociabilidade do homem simples: cotidiano e história da sociedade anômala.* São Paulo: Hucitec, 1996.

MARX, K. *Teses sobre Feuerbach.* In: MARX, K. y ENGELS, F. *Obras Escogidas.* Vol. I. Moscou: Editorial Progresso. 1986.

MARX, K. y ENGELS, F. *La Ideología Alemana.* In: MARX, K. y ENGELS, F. *Obras Escogidas.* Vol. I. Moscou: Editorial Progresso, 1986.

MELO, O. C. *Alfabetização e trabalhadores: o contraponto do discurso oficial.* Campinas: Editora da Unicamp/Editora UFG, 1997.

MESZARÓS, I. *A educação para além do capital.* São Paulo: Boitempo, 2005.

OLIVEIRA, F. *A economia da dependência imperfeita.* Rio de Janeiro: Graal, 1977.

_____. *A economia brasileira: crítica à razão dualista.* Petrópolis: Vozes, 1987.

_____. *O surgimento do antivalor, capital, força de trabalho e fundo público.* Cadernos Cebrap, São Paulo, nº 22, Cebrap, 1988.

_____. *Elegia para uma re(li)gião – Sudene, nordeste. Planejamento e conflito de classes.* Rio de Janeiro: Paz e Terra, 1987.

_____. *O elo perdido: classe e identidade de classe na Bahia.* São Paulo: Editora Fundação Perseu Abramo, 2003.

ORTIZ, R. *Cultura brasileira e identidade nacional.* São Paulo: Brasilense, 2003.

PAIVA, Odair. *Caminhos cruzados: migração e construção do Brasil moderno – 1930/1950.* Bauru: Edusc, 2004.

PAIVA, V. *Educação popular e educação de adultos: contribuição à história da educação brasileira.* Rio de Janeiro: Loyola, 1973.

_____. *Paulo Freire e o nacionalismo desenvolvimentista.* São Paulo: Graal, 2000.

RIDENTI, M. *Em busca do povo brasileiro: artistas da revolução, do CPC à era da TV.* Rio de Janeiro/São Paulo: Editora Record. 2000.

SAID E. W. *Cultura e Imperialismo.* São Paulo: Companhia das Letras, 1995.

SALIBA, Elias Tomé. *Raízes do riso. A representação humorística do dilema brasileiro: da* Belle Époque *aos primeiros tempos do rádio.* Tese de Livre Docência. FFLCH – Universidade de São Paulo, São Paulo, 2000.

SHANIN, T. *A definição de camponês: conceituações e desconceituações (o velho e o novo em uma discussão marxista.* Cadernos Estudos Cebrap, nº 26, São Paulo: Cebrap, 1980.

SOUZA, de Moraes Claudia. *Nenhum brasileiro sem escola. projetos de alfabetização e educação de adultos do estado desenvolvimentista-1950/1963.* 1999. Dissertação de Mestrado. FFLCH, Universidade de São Paulo, São Paulo, 1999.

STEDILE, J. P. (org.). *História e natureza das ligas camponesas.* São Paulo: Expressão Popular, 2002.

_____. *A questão agrária no Brasil: programas de reforma agrária: 1964-2003.* São Paulo: Expressão Popular, 2005.

THOMPSON, E. P. *Costumes em comum: estudos sobre a cultura popular tradicional.* São Paulo: Companhia das Letras, 1998.

_____. *A formação da classe operária inglesa. A árvore da liberdade.* 3ª ed. Rio de Janeiro: Paz e Terra, 1997.

_____. *Senhores e caçadores: a origem da lei negra.* Rio de Janeiro: Paz e Terra, 1987.

_____. *Tradición, revuelta y consciencia de clase: estudios sobre la crisis de la sociedad preindustrial.* 2ª ed. Barcelona: Editorial Critica, 1984.

WANDERLEY, L. E. *Educar para transformar: educação popular, Igreja Católica e política no Movimento de Educação de Base.* Petrópolis: Vozes, 1984.

WANDERLEY, M. N. B. (org). *Globalização e desenvolvimento sustentável: dinâmicas sociais rurais no nordeste brasileiro.* São Paulo: Polis/Ceres/Unicamp, 2004.

WEFFORT, F. C. *O populismo na política brasileira.* Rio de Janeiro: Paz e Terra, 1989.

WERTHEIN, J.; BORDENAVE, J. D. *Educação rural no terceiro mundo.* 2ª ed. Rio de Janeiro: Paz e Terra, 1981.

WOORTMANN, K. *"Com Parente não se Negoceia": O campesinato como ordem moral.* Anuário Antropológico, 1990. Brasília: Editora da UnB/Tempo Brasileiro, 1990.

# AGRADECIMENTOS

Este livro é fruto de um importante momento de minha vida acadêmica conduzido pelo trabalho coletivo, pela seriedade profissional, a solidariedade e a amizade. Num grupo de estudos da Universidade de São Paulo, ao lado de amigos e colegas, longas tardes de sexta-feira transformaram-se em um tempo de debate, estudo minucioso, crítica procedente. Este livro nasceu naquele momento, de um esforço conjunto de reflexão e aqui expresso meu reconhecimento às pessoas que comigo compartilharam tal momento.

À minha orientadora, Zilda Márcia Grícoli Iokoi, pela confiança depositada no trabalho, pela seriedade, dinamismo e compromisso com o conhecimento crítico.

Aos amigos da vida e do ofício que sempre com muita atenção e carinho se dispuseram a ouvir e dividir os dilemas dos difíceis momentos finais deste trabalho de pesquisa, Maria Cecília Martinez, Odair da Cruz Paiva, Murilo Leal Neto, Marco César de Araújo, André Oliva Teixeira Mendes.

Aos amigos do grupo de estudo de pós-graduação pelas tardes em que dividimos dúvidas, trocamos opiniões e compartilhamos os árduos caminhos da pesquisa.

Aos amigos de trabalho na Universidade que entre cafés, reuniões e intervalos pacientemente dividiram dúvidas e deram sugestões e apoio Hélio Braga, Sandra Regina Nunes, Jaqueline Kalmus e Maria Cristina Sotto.

Aos amigos que no cotidiano compartilham comigo importantes momentos da vida, Flávio e Irlene. Ao amigo Guilherme que projetou o banco de dados para armazenamento das informações de pesquisa e pacientemente me atendeu em diversos momentos.

À amiga Ana Cecília, que com paciência e cuidado revisou o texto.

Aos alunos de hoje e de sempre que, mesmo sem notar, muito contribuíram com o trabalho.

Aos meus pais e irmãos pelo apoio incondicional.

Ao Renê e ao Renan, companheiros da vida. Agradeço o amor sensivelmente presente nos momentos de minhas constantes ausências.

Agradeço aos professores Moacir Gadotti, Renato da Silva Queiroz, Maria Helena Rolim Capelato e Carmem Sylvia Vidigal Moraes que, ao participarem da banca de meu doutoramento, deram contribuições a este livro.

Finalmente, agradecimentos à Fapesp cujo apoio financeiro propiciou esta publicação.

Esta obra foi impressa em Santa Catarina no inverno de 2014 pela Nova Letra Gráfica & Editora. No texto foi utilizada a fonte Adobe Garamond Pro, em corpo 11 e entrelinha de 15,5 pontos.